전남대학교 여수엑스포지원특성화사업단 총서 01

2012 여수세계박람회 포럼

전남대학교 여수엑스포지원특성화사업단 총서 01

2012 여수세계박람회 포럼

YES
YEOSU EXPO
SUPPORT GROUP
전남대학교 여수엑스포지원특성화사업단

전남대학교 여수엑스포지원특성화사업단은 박람회의 성공적인 개최를 지원하는 지역거점대학의 특성화된 역할을 부각시켜, "여수 엑스포의 아이디어 파트너, 전남대학교 여수엑스포지원특성화사업단"이라는 비전을 제시한다. 사업단이 관련 주체들과의 파트너십을 바탕으로 성공적인 박람회 개최에 필요한 창조적 아이디어와 핵심 역량을 제공한다는 것이다. 창조적 아이디어와 핵심 역량이란 전문지식, 인재 육성, 네트워크 구축 등 소프트웨어(software)와 휴먼웨어(humanware)를 의미한다.

심미안

2012년 5월 여수에서는 3개월 동안 세계박람회가 개최됩니다. '살아 있는 바다, 숨 쉬는 연안(The Living Ocean and Coast)' 이라는 주제를 통해 전 인류에게 '위기의 바다' 를 '희망의 바다' 로 바꾸기 위한 비전을 제시함으로써, 바다와 연안의 보존을 위한 인류의 공동 노력의 필요성을 인식하고 논의하는 매우 뜻 깊은 자리가 될 것으로 전망됩니다. 우리는 박람회장을 찾는 분들은 물론 모든 지구인에게 환경개발과 보존의 조화를 통해 자연과 인간, 선진국과 개도국이 다 함께 번영할 수 있는 메시지를 전달할 수 있기를 희망합니다.

세계박람회는 1851년 시작하여 인간, 문화, 경제, 평화, 환경, 테크놀로지 등을 주제로 총 105회가 개최되었습니다. 세계박람회를 개최한 대부분의 국가는 선진국의 반열에 올랐다는 사실에서 2012 여수세계박람회가 지역발전은 물론, 우리나라가 선진국의 반열에 진입하는 중요한 계기가 될 것임을 확인할 수 있습니다. 이 행사가 성공적으로 개최되어야 할 이유가 바로 여기에 있습니다.

박람회가 성공하기 위해서는 수많은 요인들이 함께 고려되어야 할 것입니다. 무엇보다도 명확한 목표의식과 함께 전통과 문화에 대해 통찰력 있는 주제의식이 있어야 하며, 이는 시대 의식과도 일치해야 할 것입니다.

엑스포의 성공을 위해 대학이 담당해야 할 역할도 작지 않습니다. 최근 개최되었거나 개최 예정인 세계박람회는 대학이 어떤 역할을 수행해야 하는지를 잘 보여주고 있습니다. 2005년 일본의 '아이치 세계박람회' 는 인근 나고야 대학의 환경 관련 포럼과 시민교육에 힘입어 성공적으로 개최되었습니다. 2010년에 개최될 '상하이 세계박람회' 는 대회 유치에서부터 준비까지 상하이에 소재한 대학들이 주도하고 있습니다. 대학은 박람회를 성공적으로 견인할 수 있는 학술적·교육적 역량과 인프라를 가장 잘 갖추고 있기 때문일 것입니다.

전남대학교는 박람회의 성공적 개최에 필요한 브레인풀을 제공하고, 지역의 새로운 성장 동력을 찾을 수 있도록 발전전략을 제시하며, 박람회 관련 각종 콘텐츠 및 기술 개발과 박람회의 기획·관리·진행에 필요한 전문 인력을 양성할 수 있는 풍부한 교육 인프라와 경험을 모두 갖추고 있습니다.

전남대학교의 여수세계박람회 지원 사업은 여수캠퍼스의 수산·해양문화 분야의 특성화에 기여하고 대학의 경쟁력을 제고시킬 수 있는 절호의 기회이기도 합니다.

'전남대학교 여수엑스포지원특성화사업단' 은 2008년 4월 출범하여 학술기반조성사업, 문화콘텐츠개발사업, 인력양성사업을 수행하고 있습니다. 본 총서는 그 노력의 결실이라 할 수 있습니다. 이제 이러한 결실들이 모아져 여수세계박람회의 성공적 개최를 견인하고 지역과 국가발전을 선도할 것을 기대합니다. 특히 여수세계박람회가 개최되는 2012년은 전남대학교 개교 60주년이라는 뜻 깊은 해인만큼 그 동안 쌓아 온 우리의 소중한 성과와 경험들이 여수세계박람회에 좋은 밑거름이 될 수 있기를 기원합니다.

2008년 12월

전남대학교 총장 김윤수

제3의 기술

해양문화

해양관광

벤치마킹

박람회 운영

총설

여수세계박람회와 대학 특성화 _ 이 철

여수세계박람회와 대학 특성화

이철 | 전남대학교 여수엑스포지원특성화사업단장·문화전문대학원장

1. 특성화 사업의 필요성

2012년 여수세계박람회의 개최로 지역 발전의 새로운 전기가 마련되었다. 여수는 제142차 세계박람회기구(BIE) 총회에서 모로코의 탕헤르 등과 2차 투표까지 가는 치열한 접전 끝에 2012년 세계박람회 개최지로 최종 확정되었다. 여수세계박람회는 2012년 5월부터 3개월 동안 80여 개국이 참여한 가운데 개최될 계획이며, '살아있는 바다 숨 쉬는 연안(The Living Ocean and Coast)' 을 주제로 바다와 연안의 보존을 위한 인류의 공동 노력의 필요성을 인식하고 논의하는 매우 의미 깊은 자리가 될 것이다.

여수세계박람회의 개최로 경제적 효과를 포함한 광범위한 효과가 기대된다. 한국해양수산개발원(KMI)의 추정에 의하면 이 박람회는 생산유발효과 10조원, 부가가치효과 5조원 등 막대한 경제적 효과를 유발할 것으로 예상된다. 또한 이 행사를 통해 해양에 대한 관심 제고와 해양인력의 확대, 해양산업과 과학기술 발전의 계기가 마련돼 우리나라가 해양강국으로 발전하는 기회가 될 전망이다. 지역적으로는 여수 등 남해안 일대가 해양레저·관광의 중심지로 개발되는 여건을 조성하여 국토의 균형발전에도 크게 기여할 것이다.

박람회가 성공하기 위해서는 이를 지원할 국내·외 전문가 네트워크를 구축하고 시민·학생으로 이루어진 자원봉사자를 육성하여야 한다. 엑스포유치위원회는 개발도상국의 시급한 해양 과제를 조사·연구·개발·교육

하는 프로그램인 '여수프로젝트'를 제안한 바 있는데, 개최 이전부터 주제와 관련된 국제기구 및 전문가와 협력할 예정으로 있어 전문가 네트워크의 구축이 필요하다. 또한, 박람회에는 적극적인 참여 의지를 가지고 자원봉사자로 활동할 일반인이 많이 필요하기 때문에 이들을 교육하기 위한 계획을 수립하여야 한다. 참고로 1993년 대전세계박람회에는 7천명, 2002 한·일월드컵에는 1만 6천명이 자원봉사자로 활동하였다.

여수세계박람회 행사와 관련 개발 사업에는 대규모 신규 인력 수요가 발생할 것으로 예상된다. 80개 국가, 10개 국제기구, 개최도시를 비롯한 해양 관련 5개 지방도시, 10개 국내기업이 참가하고, 총 관람객 수가 내국인 7,528천명, 외국인 427천명 등 총 7,955천명에 이를 전망이기 때문에, 박람회 개최 시 직·간접 운영인력은 자원봉사자, 행사요원 등을 포함하여 1만 9천명이 필요할 것으로 추정된다(BIE 실사보고서 참고).

박람회 행사 기획 및 준비와 관련하여 다양한 전문 분야의 인력 및 연구 수요가 클 것으로 예상된다. 핵심적인 인력만 언급하더라도 해운·항만·에너지와 자원개발·환경 등 해양 분야의 전문 인력, 정보문화산업기술을 박람회의 운영·관리·전시에 접목하는 데 필요한 전문 인력, 그리고 문화·관광분야의 기획·운영, 국제교류를 담당할 전문 인력이 필요하다.

직접적인 박람회 행사 인력 외에도 관련 인프라 및 시설 개발, 관광 개발 등 연계 사업에 많은 인력 수요가 발생할 것으로 보인다. 현재 여수 지역의 교통 접근성 향상을 위해 총 사업비 7조 9천억 규모의 대규모 교통 SOC 시설 확충 공사가 추진 중이고, 남해안 지역의 관광 거점으로서 역할을 할 여수 지역의 관광객을 수용하기 위한 대규모 고급 숙박시설 공사가 진행 중이다. 여수지역에는 관광호텔 1,768실, 가족호텔 / 콘도미니엄 1,358실, 일반 숙박업 15,528실, 청소년 이용시설 579실, 민박 / 펜션 7,342실 등 총 26,575개의 객실이 2012년까지 공급될 예정이다.

따라서 여수세계박람회 지원은 대학이 지역·국가 발전에 크게 기여할 매우 중요한 사업이라고 할 수 있다. 지역거점대학인 전남대학교가 이러한 수요를 감안하여 박람회 관련 연구개발·자문에 필요한 전문 인력을 제공하고, 행사요원과 자원봉사자로 일할 인력의 육성을 담당할 필요성이 여기에 있다.

이러한 배경은 전남대학교 특성화프로그램 지원 사업으로 여수엑스포 지원특성화사업을 추진하는 데에 타당성을 부여한다. 전남대학교가 이러한 중요한 행사의 성공적인 개최를 위해 지원에 나서는 것은 지역거점대학으로서 당연한 책무이기 때문이다. 또한 전남대학교는 관련 분야의 브레인풀을 제공하고, 지역의 새로운 성장 동력을 찾을 수 있도록 발전전략을 제시하고, 풍부한 교육 인프라를 활용하여 박람회 관련 각종 콘텐츠 및 기술 개발과 박람회의 기획·관리·진행에 필요한 전문 인력 양성에 기여할 수 있는 역량을 갖추고 있기 때문에 특히 그러하다.

또한 특성화사업은 전남대학교 내 관련분야의 국제 경쟁력을 향상시키고 대학의 브랜드파워를 제고할 수 있는 중요한 기회를 제공할 것이다. 전남대학교는 박람회 지원을 통해 수산·해양·문화 분야의 특성화 대학으로서 축적된 학문 역량을 사회에 환원하는 동시에 국제 수준의 경쟁력을 확보할 수 있다.

박람회는 전 세계의 이목이 집중되는 국제적인 메가 이벤트이기 때문에 지역거점대학으로서 박람회 지원 역할을 충실히 수행하면서 관련 분야의 국제 경쟁력을 강화하고 전남대학이 세계로 도약하는 계기를 만들 수 있다. 2012 여수세계박람회는 전남대학교의 특성화와도 직결되는 문제인 셈이다.

특히 여수지역은 해운·항만·에너지와 자원개발·환경 등 해양 분야에서 발전된 산업과 기술을 갖고 있으며 바다와 관련된 고유의 생활문화와 민속 등 독특한 전통문화를 보유하고 있다. 국제적인 관심을 불러일으키는 행사인 박람회는 이들 산업과 기술을 한 단계 업그레이드하고 지역의 풍부한 자연·문화자원을 산업화·국제화하는 계기가 될 수 있다. 전남대학교는 이와 관련된 수산·해양·문화·관광 등의 분야를 육성하여 특성화 대학으로서의 브랜드를 확보할 필요가 있는 것이다.

2. 사업단의 구성, 목표 및 중점 사업

2012 여수세계박람회 지원을 통한 박람회의 성공적 개최와, 전남대학교의 관련 분야 국제 경쟁력 향상 및 지역거점대학으로서 역할 제고를 위해 사업단의 명칭을 '전남대학교 여수엑스포지원특성화사업단'(영문 명칭은 'YES Group : Yeosu Expo Support Group, 이하 '사업단' 이라 약칭함)' 이라 하였다. 사업단은 박람회의 성공적인 개최를 지원하는 지역거점대학의 특성화된 역할을 부각시켜, "여수 엑스포의 아이디어 파트너, 전남대학교 여수엑스포지원특성화사업단"이라는 비전을 제시한다. 사업단이 관련 주체들과의 파트너십을 바탕으로 성공적인 박람회 개최에 필요한 창조적 아이디어와 핵심 역량을 제공한다는 것이다. 창조적 아이디어와 핵심 역량이란 전문지식, 인재 육성, 네트워크 구축 등 소프트웨어(software)와 휴먼웨어(humanware)를 의미한다.

사업단은 조직의 체계성을 위해 여수세계박람회의 주제가 광범위한 만큼 되도록 다양한 분야의 전문가가 참여하도록 하였다. 그 결과 광주·여수캠퍼스의 서로 다른 11개 학부(과)에서 16명의 교수가 사업단에 참여하였고, 자문위원도 같은 기준에 따라 20명의 교수로 구성하였다. 특히 여수세계박람회는 '해양'과 관련된 과학기술과 문화 모두를 포괄하기 때문에 서로 다른 분야에서 장점을 가지고 있는 광주、여수캠퍼스가 협력하여 박람회에 대한 효과적인 지원이 이루어질 수 있도록 하였다. 사업단을 7명의 광주캠퍼스 교수와 9명의 여수캠퍼스 교수로 구성한 것도 이와 같은 연계노력을 위한 것이다.

사업단의 대체적인 목적은 ① 실질적인 산학연관 협력 시스템의 구축으로 여수세계박람회의 성공적인 추진을 위한 핵심 역량을 제공하고, ②

미래지향적인 지역 발전을 선도하는 지역거점대학으로서 전남대학의 위상 및 브랜드 파워 제고에 기여하고, ③ 박람회를 성공적으로 지원해 나가는 과정에서 수산·해양·문화·관광 등 관련 분야를 특성화하고 국제 경쟁력을 제고시키며, ④ 박람회 추진 및 지원 인력에 대한 체계적인 교육 프로그램 제공으로 창조적인 지역 인재를 육성하는 데 있다.

목적을 달성하기 위해 사업단은 학술기반조성사업·문화콘텐츠개발사업·인력양성사업을 추진하되, 학술기반조성사업은 8개 주제의 분과로 이루어진 포럼팀, 학술대회팀, 홈페이지팀으로 구성하였다. 문화콘텐츠개발사업은 여수대표문화상징발굴선정팀과 다큐멘터리제작팀으로, 인력양성사업은 엑스포아카데미 1팀(인문·사회 분야)과 2팀(자연·공학 분야)으로 세분하여 조직 운영이 체계적으로 이루어질 수 있도록 하였다.

학술기반조성사업은 박람회의 성공적 개최와 그 개최효과의 제고를 위해 박람회 주제와 관련된 분야의 최고 전문가들로 구성된 '엑스포포럼'을 운영하고 세계적 규모의 학술대회를 개최하여 박람회의 학술적 기반을 조성할 것이다. 2012 여수세계박람회는 '살아있는 바다 숨 쉬는 연안 : 풍부한 자원 보전과 미래지향적 활동(The Living Ocean and Coast : Diversity of Resources and Sustainable Activities)'을 주제로 한 해양박람회로, '연안의 개발과 보존(Costal Development and Preservation)', '새로운 자원기술(New Resources Technology)', '창의적인 해양활동(Creative Maritime Activities)'이라는 소주제들을 통해 21세기 해양시대에 바다와 관련하여 부각될 중요한 문제들을 다루고, 그것을 해결하기 위한 인류의 노력을 제시한다는 전략이다. 학술기반조성사업도 이에 초점을 맞춘 것이다.

문화콘텐츠개발사업은 여수 지역의 풍부한 해양문화자원을 조사·발굴하여 산업적으로 활용할 방안을 적극 연구함으로써 지역경제 활성화에 이바지하고자 한다. '해양'을 주제로 개최되는 여수세계박람회는 우리 지역의 우수한 해양문화를 세계에 널리 알리고 우리 지역이 그 문화를 선도할 수 있는 계기를 마련하는 절호의 기회이기 때문에, 해양문화자원을 발굴하고 이를 문화콘텐츠로 개발하는 데 적극적인 노력을 기울여야 한다. 특히 여수는 오랫동안 해양문화의 중심지로 많은 문화상징을 보유하고 있다. 때문에 여수지역의 해양문화를 발굴하여 다양한 문화콘텐츠로 개발·보급할 필요가 있다. 더구나 문화콘텐츠 산업이 21세기를 대표하는 최첨단 고부가가치 지식산업으로 떠올라 그 어느 때보다 문화자원 개발이 중요시되고 있으므로 여수박람회를 그 계기로 만들 것이다.

인력양성사업은 현장 적응력, 외국어 활용 능력을 갖춘 국제적 수준의 전문 인력을 양성하는 데 목적이 있다. 이와 병행하여 사업단은 전문 인력을 양성하기 위한 정규 교육 프로그램을 개발·운영하는 한편, 박람회 관련 공무원, 자원봉사자, 시민을 교육하기 위한 특별교육프로그램도 개발·운영할 것이다. 여수세계박람회 개최를 위해서는 현장에서 바로 활용 가능한 실무 능력과 인문학적·자연과학적 지식을 동시에 갖춘 전문 인력, 그리고 박람회 이후 관광객 유치와 지역 발전을 위해 일할 전문 인력이 필요하다. 박람회 개최지의 거점대학인 전남대학교의 수준 높고 풍부한 교육 인프라를 활용하여 박람회 그리고 인문학과 자연에 대한 풍부한 지식을 제공하고자 하는 것이다.

3. 단계별 사업 추진 전략

사업단은 2012 여수세계박람회의 성공적 개최를 위한 '학술적 토대의 마련', '박람회의 방향 제시', '여수의 상징화', '박람회 관련 인력의 양성'에 사업의 목표를 두고 단계별 사업을 추진할 것이다. 단계별 추진 전략은 아래와 같다.

제1단계(2008~2009) 준비단계 : 2012 여수세계박람회 조직위원회의 주요 사업은 여수세계박람회조직위원회 구성, 국민 공감대 확산, 전략 및 기본계획 수립, 사업 발굴, 사업 추진 로드맵 작성, 박람회 전시장 설계 및 공사 착공, 국제협력에 초점을 맞출 것으로 전망된다. 이에 조응하여 사업단은 박람회 기본방향 및 지역발전 전략 연구, 과제 도출 등을 위한 포럼 및 전국·국제 학술대회 개최, 개최지 여수의 이미지 제고를 위한 문화콘텐츠 개발, 전문 인력 양성을 위한 엑스포 아카데미 운영 등에 사업의 초점을 맞추고자 한다.

제2단계(2010~2011) 건설단계 : 여수세계박람회 조직위원회의 주요 사업이 박람회 행사장 건설 및 콘텐츠 설치, 주요 인프라 건설, 박람회 참가국 및 기업 유치 마케팅, 관람객 유치 마케팅 등에 맞춰질 것으로 예측된다. 이를 반영하여 사업단은 포럼 및 전국·국제 학술대회 개최, 문화콘텐츠 개발, 엑스포 아카데미 운영 및 자원봉사자 등 인력 육성 추진, 국제협력사업 추진 등을 지속적으로 추진해 나갈 계획이다.

제3단계(2012~) 운영 및 평가단계 : 여수세계박람회 조직위원회의 사업이 원활한 전시장 관리, 관람객 유치, 사후평가 추진, 전반적인 붐 조성을 통한 관람동기 부여 및 잠재 관람객의 방문의지 제고에 모아질 것이다. 따라서 사업단은 행사 운영 지원, 행사 평가, 사후활용 방안 마련 등을 구체적으로 모색하고자 한다.

그리고 4년 동안(2008~2011년) 본 사업의 조사 및 연구 결과를 사업단이 운영·개최하는 포럼 및 학술대회(학술기반조성사업)를 통해 발표하게 하고 해마다 이를 종합하여 저서로 발간할 것이며, 문화콘텐츠개발사업을 통해 선정된 여수대표문화상징들을 해설하여 총람으로 발간함과 동시에 이를 다큐멘터리로 제작할 계획이다. 그리고 인력양성사업에 사용할 교재를 편찬함과 동시에 이를 다시 저서로 발간할 방침이다. 이러한 과정을 거친 사업단의 모든 저서는 '전남대학교 여수엑스포지원특성화사업단 총서' 라는 이름으로 발간하여 체계적으로 관리할 것이다.

사업의 원활한 수행을 위하여 본 사업단은, 2011년까지 해마다 전국 또는 국제 규모의 학술대회를 번갈아 가며 1회 개최하되, 짝수 해에는 전국 규모의 학술대회를, 홀수 해에는 국제 규모의 학술대회를 개최하고자 한다. 학술대회의 주제는 여수세계박람회의 주제들을 폭넓게 성찰하기 위해 관련 분야들을 아우르는 공통적·종합적 주제로 하되, 사업단에 참여하는 교수들의 전체 회의를 통해 결정하는 것을 원칙으로 한다. 국제학술대회에는 해양박람회 등 역대 박람회 개최국의 전문가를 초빙하여 개최 경험을 공유하는 차원에서 마련된 프로그램이다.

연구비 수주와 산학연 협력체제 강화에도 힘을 쏟을 것이다. 곧 지방자치단체, 산학협력업체, 관련연구기관 등의 협조를 얻어 본 사업을 원활하게 진행하기 위함이다. 여기에서 사업단은 사업을 총괄 및 진행하고 사업을 지도 관리하며, 사업 협의 및 감독, 기초자료 제공 등을 중점적으로 추진할 것이다. 그리고 지방자치단체는 사업단과 공조하면서 행정적 지원과 관련 자료를 제공하고 자료조사 등을 지원하며, 산학협력업체는 사업단과 공조하면서 본 사업 가운데 문화콘텐츠개발사업 진행을 협조하는 체제를 구축할 것이다.

국내외 대학 간 협력 체제 또한 구축할 것이다. 박람회의 성공적 개최를 위해 사업단의 주도적 역할과 기능이 요구됨에 따라 국내외 대학 간 협력 계획을 수립할 필요성이 제기된다. 이에 사업원단은 국내의 다양한 대학 및 연구기관과 협력 체제를 마련하여 본 사업이 원활하게 추진되도록 할 것이다. 그리고 국외 대학과의 국제적인 교류를 통해 연구 협력 체제를 마련할 계획이다.

4. 기대효과

결론적으로 본 사업은 2012년 여수세계박람회의 성공적 추진을 위한 종합 프로그램 및 전략, 여수 시민과 국내외 방문객의 적극적 관심과 참여를 유도할 수 있는 운영 시스템, 여수의 미래지향적 전망을 담아내는 혁신적 마스터플랜을 제시하는 데에 그 목적이 있다. 2012년 여수 세계박람회가 추구하는 주제들의 토대가 되는 학술적 지식과 그와 관련된 이 지역의 풍부한 사례를 제공함으로써 박람회의 성공적 개최에 기여하고자 하는 것이다. 나아가 그 결과들은 문화콘텐츠산업, 관광산업 등에 적극 활용되어 수익과 고용을 창출함으로써 지역 경제 활성화에 기여할 것으로 기대된다.

본 사업에 포함된 3개의 세부 사업들이 성공적으로 수행·완료되면 이 분야에서 최초가 될 매우 중요한 연구결과들을 도출해낼 수 있고, 이로써 이 분야의 연구에서 전남대학교의 선도적 위치를 확고하게 다질 수 있을 것이다. 해양사적으로 큰 위상과 의미가 있는 한반도 남해안 지역 해양문화에 대한 심층적인 연구를 통해 동아시아·세계의 해양문화연구를 선도하고, 기존의 내륙 일변도 연구에 해양 연구를 보충하여 균형 있는 호남학 정립에 기여할 것이다. 연구중심 대학으로서의 전남대학교의 이미지를 확고히 할 수 있는 계기인 셈이다.

그리고 전남대학교 광주캠퍼스와 여수캠퍼스의 장점을 모두 살려 해양문화를 주제로 통합의 시너지 효과를 극대화하여 궁극적으로는 양 캠퍼스를 활성화할 것이다. 특히 해양문화의 보전과 활용에 대한 인식이 상대적으로 낮고 그에 대한 연구도 매우 부족한 현재의 실정에서, 특성화사업의 추진은 여수캠퍼스의 수산·해양문화 중심의 특성화를 실질적으로 도모할 수 있을 것이다. 그리하여 여수캠퍼스는 이 분야에서 확실하게 국내 TOP 5의 위치를 점할 수 있다. 나아가 그 결실을 바탕으로 전남대학교는 국내는 물론이고 세계적인 연구중심대학에 진입하는 목표를 달성함으로써, 향후 전남대학교의 새로운 역사를 쓸 수 있는 도약의 기틀을 마련할 수 있을 것이다.

해양생태계

2012 여수세계박람회가 엑스포 발전과 인류·지구환경에 주는 의미 _ 허 민

한국 남서해역의 해양환경과 해양생태 특성 _ 윤양호

2012 여수세계박람회가 엑스포 발전과 인류·지구환경에 주는 의미

허민 | 전남대 교수

1. 2012 여수세계박람회와 엑스포 발전사

1) 엑스포 발전사

엑스포(세계박람회)의 개념은 일반대중을 대상으로 교육과 계몽을 주된 목적으로 하고 있다. 인류의 노력에 의해 이룩한 발전성과를 전시하고 홍보함으로써 인류사회의 미래에 대한 희망을 제시하고 새로운 인류사회의 발전방향을 추구하는 것이 박람회의 기본적인 목적이다. 엑스포는 수십 개의 국가관, 국제기구관, 기업관 등이 참여하여 주제와 부합되는 첨단기술, 영상매체, 사진, 모형 등을 활용한 대중교육에 의미를 두고 있다.

엑스포를 개최하는 주요 목적은 박람회를 통하여 인류가 이룩한 업적을 교육 계몽시켜서 과학기술의 발전을 꾀하는 데 있다. 세계 각국의 산업과 문화활동을 전시하여 국가간의 상호이해를 추구하고 국가간의 교류를 증진시키기 위함이다. 세계에서 살고 있는 인류의 다양한 생활상과 미래에 전개될 생활 모습을 체험시키는 교육의 장으로 기능한다. 지구상에 살고 있는 인류가 성취한 업적을 확산시켜 지역개발을 꾀한다. 세계 각국의 새로운 기술혁신을 바탕으로 과학기술의 개발에 공헌한다. 이러한 측면에서 엑스포는 무역박람회와는 그 기능과 목적, 내용이 매우 상이한 것이 특징이다. 무역박람회는 새로운 상품을 전시하고 소개하여 상품의 매매와 홍보가 주요 기능이다. 반면 엑스포는 새로운 기술과 문명을 바탕으로 인류공동체를 구축하기 위한 교육과 체험, 계몽, 그리고 미래사회의 변화에 대한 비전을 제시하는 것이 주요 목적이다. 1851년 영국의 런던박람회에서 시작되어 지난 2005년 일본 나고야에서 개최된 바 있는 엑스포는 새로운 기술을 소개하여 인류사회 발전에 커다란 공헌을 하고 있다. 엑스포의 개최를 통하여 새로운 신기술과 발명품이 나오고, 1851년 런던에서 개최된 런던박람회는 "물질문명과 정신문화의 발전상"을 제시함으로써 보다 조직적이고 체계적인 최초의 박람회로 발전하였다. 그 후 1876년 미국 필라델피아엑스포에서는 전화기, 1889년 파리엑스포에서는 에펠탑전시관, 1958년 브뤼셀엑스포에서는 원자력시대 상징, 1962년 미국 시애틀엑스포에서는 모노레일이 소개되었다. 그리고 1967년 캐나다 몬트리올엑스포에서는 파리의 지하철을 모델로 도시지하철을 건설하여 도시교통수단에서 지하철의 역할을 크게 홍보하고 확산시켰다.

근대 엑스포의 발달과정에서 나타난 특징을 시기별로 구분하면, 제1기는 기술문명개발의 시대(1851~1910년)로서 1851년 런던박람회로부터 제1차 세계대전 전까지이며, 산업혁명과 시장 확대의 움직임으로 그 시대의 기계문명과 생산기술의 발전상황을 반영하고 있다. 제1기의 개최국은 영국, 미국, 프랑스, 벨기에, 오스트리아, 오스트레일리아 등 주로 서부유럽에 집중하였다. 제2기는 과학과 예술 진보시대(1956~1939년)로서 제1기에서 시장 확대를 위한 식민지개발에 치중했던 점을 깊이 반성하고 문명을 단순히 기계와 생산수단의 발전으로만 생각하지 않고, 인간성을 높이자는 인식이 전세계적으로 확산된 시기이다. 이 시기에는 과학과 예술이 결합하여 문화적인 진보가 주요 주제였다. 개최국 역시 제1기의 개최국에서 주로 개최되었다. 제3기는 인간성 부활의 시대(1958~현재)로서 제1차, 2차 세계대전 후의 과학문명발달과 냉전이라는 국제적인 긴장의 상황 속에서 인간성을 회복하고 균형 있는 사회발선을 목표로 하고 있다. 제1기와 제2기는 단순히 관람객들에게 보여주기만 하였던 박람회인데 제3기는 창조적인 접근방법을 통하여 박람회를 개최하였다. 특히 제3기에서는 전

〈표. 1〉 역대 주요 엑스포 개최현황과 주제

연도	국 가	개최지	명칭	주제
1934	미국	시카고	시카고엑스포	진보의 1세기
1935	벨기에	브뤼셀	브뤼셀엑스포	민족을 통한 평화
1937	프랑스	파리	파리엑스포	근대생활의 技工과 기술
1939	벨기에	리에주	물과 기술의 엑스포	물과 기술
1939	미국	뉴욕	뉴욕엑스포	미래의 세계와 건설
1947	프랑스	파리	도시계획과 주거엑스포	도시계획과 주거
1949	스웨덴	스톡홀름	스포츠엑스포	스포츠
1951	프랑스	니아르	섬유엑스포	섬유
1953	이스라엘	예루살렘	사막정복의 엑스포	사막의 정복
1953	이탈리아	로마	농업엑스포	농업
1954	이탈리아	나폴리	항해엑스포	항해
1955	이탈리아	토리노	스포츠엑스포	스포츠
1955	스웨덴	헬싱보리	응용기술엑스포	현대의 인간환경
1957	서독	베를린	건축엑스포	건축
1958	벨기에	브뤼셀	브뤼셀엑스포	과학문명과 휴머니즘
1962	미국	시애틀	21세기엑스포	우주시대의 인류
1967	캐나다	몬트리올	몬트리올엑스포	인류와 환경
1968	미국	샌안토니오	샌안토니오엑스포	미대륙에서의 문화교류
1970	일본	오사카	일본엑스포	인류의 진보와 조화
1974	미국	스포캔	환경엑스포	오염없는 진보
1975	일본	오키나와	오키나와해양엑스포	바다 – 희망찬 미래
1982	미국	녹스빌	에너지엑스포	에너지는 세계의 원동력
1984	미국	뉴올리언스	하천엑스포	강의세계 – 물은 생명의 원천
1985	일본	쓰꾸바	과학기술엑스포	인간, 거주, 환경과 과학기술
1986	캐나다	벵쿠버	교통엑스포	움직이는 세계, 만나는 세계
1988	호주	브리즈번	레저엑스포	테크놀러지시대의 레져
1992	스페인	세비야	세비야엑스포	발견의 시대
1992	이탈리아	제노바	선박과 바다엑스포	콜럼버스 : 배와 바다
1993	한국	대전	대전엑스포	발전을 위한 새로운 도전
1998	포르투칼	리스본	리스본엑스포	해양 – 미래의 유산
2000	독일	하노버	하노버엑스포	사람, 자연, 기술
2005	일본	나고야	21세기엑스포	새로운 지구창조–자연의 예지

세계의 인류가 앞으로 나아가야 할 방향을 주로 제시하였다.

2) 엑스포 주제의 흐름

종합엑스포의 주제는 1958년 벨기에 브뤼셀엑스포의 '과학문명과 휴머니즘' 1967년 캐나다 몬트리올엑스포의 '인간과 그의 세계', 1970년 일본 오사카엑스포의 '인류의 진보와 조화', 1992년 스페인 세비야엑스포의 '발견의 시대' 처럼 주로 광범위하고 철학적인 주제를 일반적으로 채택하고 있다. 과학기술과 문화교류를 주요 목적으로 하는 전문엑스포는 일반적으로 2~5년 주기로 종합엑스포 사이에 열리며 주최국에서 전시관을 준비하는 것이 일반적이다. 전문 박람회는 한 개 분야 또는 몇 개 분야에 국한하여 인류사회의 발전상이 제시되는 것이 특징이다. 1974년 스포케인 박람회(주제 : 환경), 1975년 일본 오키나와 박람회(주제 : 해양), 1982년 미국 낙스빌 박람회(주제 : 에너지) 등이 대표적인 사례이다. 그리고 1993년 우리나라에서 개최된 대전엑스포는 전문엑스포에 해당된다. 그러나 1980년대 이후 엑스포의 동향은 교통과 통신의 발달로 종합엑스포보다 전문엑스포의 형식을 취하는 추세에 있으며 그 개최시기의 간격도 국가간 경쟁으로 인해 매년 개최되고 있는 상황이다. 주요 엑스포 개최 의미와 주제의 변화는 다음과 같다.

1851년 런던엑스포는 산업혁명을 이룩한 영국이 고도로 발달한 산업을 전시하고 현대 문명의 가능성을 보여 주기 위한 목적이었고, 1853년 뉴욕엑스포는 유럽의 기계문명과 교류를 통한 공산품의 강화를 목적으로, 엘리베이터가 최초로 실험된 박람회였다. 1855년 파리엑스포는 유럽에서 국력을 과시하기 위하여 나폴레옹 3세가 개최하였고, 시멘트, 알루미늄, 고무 등이 등장하여 건축재료로서 사용하는데 성공하였으며, 일용품 중심의 전시와 공업기술을 전시히는 공업국에 기계별관을 설치하여 직접 작동 전시하였고, 새로운 방법의 기획으로 미술관을 설치하였다. 1876년 필라델피아엑스포는 미국의 독립선언 100주년을 기념하기 위해 개최된 박람회로서 1개의 커다란 전시관의 전시 방식에서 탈피하여 각각의 성격에 따라 개별적인 건물을 갖는 파빌리온 방식을 도입하였다. 1878년 파리엑스포는 프랑스가 박람회를 통하여 전쟁복구와 그의 새로운 국력을 과시하기 위하여 개최하였다. 이 박람회는 수족관과 발명품 전시가 주목을 받은 박람회로서 9개의 박람회와 국제회의가 동시에 개최되는 관례를 만들었다. 1933년 시카고엑스포의 주제는 '진보의 1세기' 라는 세기적 특징을 설정하였고, 특징은 콜럼부스의 미국 대륙 발견 400주년을 기념하기 위해 미시간 호반에 새로운 인공도시를 등장시킨 박람회였다. 1935년 브뤼셀엑스포의 주제는 '민족을 통한 평화' 로 설정되었고, 1939년 뉴욕엑스포의 주제는 '내일의 세계설계' 이며, 1958년 브뤼셀엑스포는 '과학문명과 휴머니즘' 주제로 그 특징은 상업주의를 배제하고 기계문명과 전쟁의 피해를 치유하기 위하여 휴머니즘을 강조한 박람회였다. 1962년 시애틀엑스포의 주제는 '우주시대의 인류' 였으며, 과학적인 경이로움을 주된 전시물로 취급하여 21세기 인류생활의 전망을 평가하였으며, 1967년 몬트리올엑스포의 주제는 '인간과 그 환경' 으로 설정하였고, 1970년 오사카엑스포의 주제는 '인류의 진보와 조화' 였다. 1975년 오키나와엑스포의 주제는 '바다 : 그 바람직한 미래' 였으며, 1982년 낙스빌엑스포의 주제는 '에너지는 세계의 원동력' 이었다. 1984년 뉴올리언즈엑스포의 주제는 '하천문명의 세계' 였으며, 1985년 쓰쿠바엑스포의 주제는 '인간거주환경과 과학기술' 이었으며, 1986년 밴쿠버엑스포의 주제는 '움직이는 세계' 였다. 1988년 브리스베인엑스포의 주제는 '기술시대의 레저', 1989년 후쿠오카엑스포의 주제는 '새로운 세계의 만남을 구하며' 였으며, 1989년 요코하마엑스포의 주제는 '우주와 어린이' 였고, 1990년 오사카엑스포의 주제는 '꽃과 녹음' 이었다. 1992년 세비야엑스포의 주제는 '발견의 시대' 였고, 1993년 대전엑스포의 주제는 '발전을 위한 새로운 도전' 이었으며, 1998년 리스본엑스포의 주제는 '해양-미래의 유산' 이었다. 2000년 하노버엑스포의 주제는 '사람, 자연, 기술' 이었으며, 2005년 나고야엑스포의 주제는 '새로운 지구창조 – 자연의 예지' 였고, 20008년 개최 예정인 사라고사엑스포의 주제는 '물과 지속 가능한 발전' 으로 물이 인류에 미치는 영향, 자원 측면에서 물의 중요성, 오염된 물과 방지 대책 등이 주제이다.

지금까지 해양 관련 박람회는 1975년 일본 오키나와의 '우리가 알고 싶은 바다', 1992년 이탈리아의 제노바에서 개최된 '콜럼버스 : 배와 바다', 1998년 포르투갈 리스본의 '해양, 미래의 유산', 2008년 스페인 사라고사의 '물과 지속 가능한 발전' 등이나, 해양과 연안을 대상으로 하고, 지구환경 변화 속에서 해양과 연안의 광범위한 자연재해를 논의하고 선언한 경우는 없었다.

2. 지구온난화와 지구환경변화

1) 지구온난화와 기후변화

대기는 암석권, 수권, 생물권과 연결되어 있기 때문에, 기후변화는 지구 전체를 놓고 살펴 보아야할 큰 규모의 변화이다. 지난 3백만 년 전부터 기후시스템은 주요 빙기와 간빙기 주기에 따라 변하였다. 현재 지구는 간빙기에 있으며, 마지막 간빙기는 지금으로부터 125,000년 전에 있었다. 하지만, 많은 증거들을 통해 현재 지구의 기온은 과거 지질학적 간빙기 시대보다도 더 상승하는 것을 알 수 있으며, 과학자들은 이러한 현상을 지구온난화(global warming)라 부른다. 과학자들은 이러한 기온 상승, 즉 지구온난화의 주범이 인간에 있다고 한다. 산업혁명 이후 화석연료의 사용이 늘면서, 대기 중 CO2 농도가 계속적으로 증가하고 있으며, 이러한 증가는 기후변화에 많은 영향을 주었다.

46억년 지구 역사상 빙하기의 전진, 후퇴, 즉 빙하얼음이 얼고, 녹는 일련의 과정이 많이 일어난 기간은 그리 많지 않았다. 하지만 지난 10억년 동안 이러한 현상은 몇 차례에 걸쳐 일어났다. 특히 마지막 빙하기의 최후

기였던 21,000년 전에는 빙하의 크기가 가장 큰 시기이었다. 또한 이 시기에 많은 양의 담수가 이들 빙하에 저장되어 있어서 해수 높이가 현재보다 100m 아래에 위치하였다. 간빙기인 현재는 빙하가 육상의 약 10%만을 덮고 있다. 대부분의 빙하는 남극에 있고, 그보다 적은 양만이 그린란드, 알라스카, 브리티시 콜롬비아, 남부 노르웨이, 알프스, 뉴질랜드 등지에 분포한다. 지금은 간빙기 시대이기 때문에 빙하의 크기는 상대적으로 작은 편이다. 하지만 앞으로 빙기가 닥쳐서 빙하의 크기가 커질 가능성이 매우 높다. 지난 10억 년 사이 빙하기가 여러 차례 왔지만 그 원인에 대하여서는 명확히 알지 못하고 있다. 아마도 해수의 순환과 기후에 많은 영향을 주는 대륙의 위치와 관련이 있을 지도 모른다. 일단 빙기가 시작되면 지표에 도달하는 태양 복사열의 양이 조금만 변하여도 대륙빙하가 더 녹거나 더 얼 수 있다. 이러한 작은 변화는 자전축의 변화, 지축의 경사, 지구 공전궤도의 변화가 원인이 될 수 있다. 빙하는 이동하는 거대한 얼음덩어리이며, 빙하의 이동과 빙하가 녹은 물은 마을, 도로 및 여러 구조물들을 덮쳐 재해를 발생시킨다.

2) 온실효과

지구 온도는 지구가 받는 태양에너지의 양, 반사정도, 지구 표면의 열 보존 정도에 따라 변한다. 태양으로부터 지구로 도달하는 태양 복사에너지는 대부분 상대적으로 짧은 파장을 가지는 자외선이다. 짧은 파장의 에너지는 지표와 대기를 따뜻하게 한다. 또한 이들 에너지는 파장이 상대적으로 긴 적외선으로 변하여 다시 대기로 방사된다. 이러한 긴 파장의 적외선이 대기 중 이산화탄소, 메탄, 산화질소, 프레온가스와 수증기에 흡수되어 대기의 온도를 상승시킨다. 이들 온실가스가 많아져 많은 양의 열이 대기에 흡수되면 낮은 고도의 대기가 따뜻해진다. 이러한 효과를 온실효과라 한다. 수십억 년 동안 온실효과는 태양계 행성들과 지구에 많은 영향을 주었다. 온실효과는 지구온도를 33℃ 정도 높였다. 인위적으로 발생한 온실효과의 60%가 이산화탄소에 의한 것이다. 수십만 년 전부터 쌓인 남극 빙하를 시추하여 얻은 코어 시료 속에는 기포 속에서 대기에 대한 정보를 우리에게 알려준다. 산업혁명이 시작된 1860년대의 대기 중 이산화탄소 농도는 280ppm이었다. 이후 인간의 계속적인 화석연료 사용으로 대기 중 이산화탄소 농도는 기하급수적으로 증가하였다. 오늘날 대기 중 이산화탄소 농도는 375ppm이고, 이 값은 2050년에 450ppm에 도달할 것으로 예측된다. 이러한 양은 산업혁명 이전보다 약 1.5배에 달하는 양이다.

3) 기후 변화와 연관된 재해

자연현상과 기후는 밀접한 관련이 있으며 지구온난화라는 이름이 의미하듯이 지구의 모든 지역은 기후변화와 관련된 재해를 입을 수 있다. 기후와 날씨의 패턴을 기초로 하면 토네이도, 허리케인, 블리자드와 들불이 일어날 만한 지역을 예측할 수 있다. 기후가 변화하면 이 지역들이 바뀌게 될 것이고 사람들은 새로운 자연재해에 대처하지 않으면 안 될 것이다. 지구온난화가 억제되지 않는다면 인간의 삶에 영향을 주는 많은 변화가 있을 것이기 때문에 그 자체가 이미 재해가 될 것이다. 변화하는 기후는 농업 지역의 위치를 바꾸고 날씨에 영향을 줄 것이다. 빙하가 녹아서 해수면은 지속적으로 상승할 것이고, 서식지를 잃게 되는 생물이 생길 수도 있다. 게다가 온도의 상승은 건조한 지역의 사막화와 가뭄을 일으키게 하고, 들불의 빈도와 강도를 강하게 할 수 있다.

지구온난화는 폭풍의 빈도와 강도를 변화시키고 있으며, 이런 변화는 어느 지역이 습해지고, 건조해지고, 더워지고, 추워지는 문제보다 더 중요할 수 있다. 따뜻해진 대양은 허리케인과 같은 대규모의 폭풍에 더 많은 에너지를 공급한다. 허리케인의 빈도와 강도가 증가하면 인구가 빠르게 늘어나고 있는 해안에 살고 있는 사람들이 위험해질 것이다. 엘니뇨라고 하는 자연적 기후현상은 기후변화가 폭풍, 산사태, 가뭄, 화재와 같은 자연재해의 빈도와 강도에 어떤 영향을 주는지를 잘 보여준다. 엘니뇨는 동태평양의 적도부근에서 표면온도가 비정상적으로 높아져서 세계 각지에서 가뭄, 강도 높은 폭풍우를 일으키는 대양과 대기의 현상이다.

해수면의 상승은 지구온난화와 밀접한 관련이 있다. 해수면이 상승하게 되는 원인은 대부분 상부의 해수가 가열되어 열팽창하기 때문이다. 그 밖에 빙하와 내륙의 만년설이 녹아서 해수면을 상승시킬 것이다. 다음 세기 동안 예상되는 해수면의 상승치는 40~200cm로서 그 예상되는 차이가 크다. 그러나 해수면이 40cm만 상승해도 환경에 대단한 충격을 줄 것이다. 해수면의 상승은 해안의 침식을 증가시켜 해빈에서 육지가 많이 유실될 수 있다. 또한 건물이나 다른 구조물들이 큰 폭풍으로 발생한 파도에 더 쉽게 피해를 입을 것이다. 해안의 만(estuary)이 있는 지역에서 해수면이 40cm 상승하면 해안선은 육지 쪽으로 이동하고 해안 지역에 있는 여러 시설들은 피해를 입을 것이다. 해수면이 1m 상승하면 매우 심각한 결과가 초래될 것이므로 해안 지역의 재산을 보호하기 위해서는 대대적으로 시설의 재조정이 필요할 것이다. 각 지역사회에서는 해안 침식을 조절하기 위해 대규모의 투자를 하거나 아니면 육지 쪽으로 해수면이 이동하여 피해를 입는 것을 감수해야 할 것이다.

지구온난화에 의해 이미 생물권에 변화를 일으켜서 생태계와 인간을 위협하고 있다는 증거가 늘어나고 있다. 예를 들어 북극에 있는 바다얼음이 녹으면서 바닷새와 해마, 북극곰들은 살기 어려워지고, 플로리다, 버뮤다, 호주의 대보초와 그 밖의 열대의 얕은 바다에서는 수온이 높아지면서 산호초가 영향을 받고 있다. 또한 날로 늘어나는 사막화현상은 대륙에 큰 영향을 주고 가뭄도 지구온난화에 의해 증가할 수 있다.

3. 2012 여수세계박람회가 엑스포 발전에 기여하는 효과

1) 여수세계박람회 개최 신청 배경과 의의

우리나라는 삼면이 바다로 둘러싸여 있고 12,000㎞의 해안선과 3,200여개의 섬을 가진 나라로 연안지역 거주인구가 1,274만여 명에 이르고 있으며, 우리나라 수출입 화물량의 98%가 해상으로 운송되고 있다. 그리고 해운·항만·에너지와 자원개발·환경 등 해양 분야에 대한 발전된 산업과 기술을 갖고 있으며 국내 지역마다 바다와 관련하여 민요, 동요, 음식, 생활방식 등 수많은 문화와 전통을 갖고 있다. 또한 해양환경의 보전 및 관리를 위한 구체적 법률과 제정, 해양환경 전담 기획관 신설 등 해양 및 연안환경의 보전 및 관리를 위한 다양한 정책을 추진하고 있으며 향후 2008~2017년을 해양의 지속가능한 발전을 위한 기간(a decade for ocean and sustainable development)으로 지정될 수 있도록 한·중·일 해양장관회의, APEC, UN 차원에서 노력하고 있다. 따라서 2012년 대한민국에서 열리는 세계박람회를 통해 바다와 관련된 우리의 산업·과학기술 문화와 전통을 소개하고 참가자들의 산업·문화·전통을 학습할 것을 기대하며 이를 통해 대한민국의 해양산업이 개발과 보존이 균형을 이루며 발전할 수 있는 새로운 성장동력을 제공하게 될 것으로 확신한다.

우리나라의 남해안은 청정 해역과 아름다운 도서, 천연의 해안가를 보유하고 있으며, 수산업·조선업·해운업·해양관광업 등 해양산업이 발달한 지역으로 박람회를 통해 이러한 산업이 개발과 보존의 균형을 이루면서 성장할 수 있는 계기가 될 것이며, 우리나라는 이와 같은 남해안을 세계적인 관광지역으로 개발하려는 남해안 관광벨트사업이라는 국가프로젝트를 진행하고 있고, 여수지역은 이러한 남해안에서 지리적으로 중심에 위치하고 있다. 여수시는 국가지정 문화재 14점, 지방지정문화재 10점, 문화재자료 10점 등 총 34점의 역사 문화자원과 천연기념물인 화정면 공룡발자국 화석지 등 다양한 한국의 전통과 얼이 살아 숨쉬는 관광자원들을 다수 보유하고 있으며, 선사시대 고인돌 유적지와 이순신 장군의 근무지인 진남관 및 다수의 사원이 위치하고 있다. 또한 여수지역은 해양과 관련하여 오동도, 거문도, 백도, 사도, 낭도 등의 자연환경과 함께 거북선축제, 거문도 은빛바다축제, 청정음식큰잔치 등 다양한 문화행사를 선보이고 있다.

2012 여수세계박람회 주제는 위기에 처해 있는 바다와 연안의 중요성과 그 위기상황을 인류사회에게 정확히 인식시키고 개발과 보존의 조화를 통해 자연과 인간, 선진국과 개도국, 현세대와 미래세대가 다같이 번영할 수 있는 계기를 마련하기 위해 선택되었다. 2012 여수세계박람회 주제는 바다와 연안에 관련된 지식과 기술의 개선을 위한 인간의 노력을 진지하게 담고 있으며, 보다 심도 있고 전문적인 탐구가 가능하도록 바다와 연안에 한정되어있다. 또한 대표적인 항만시설과 산업단지, 그리고 해상국립공원과 세계적 갯벌지역을 포함하고 있는 여수는 바다와 연안의 개발이 보존과 조화를 이루고 있어 박람회 주제와 연관성이 높다고 할 수 있다. 주제와 관련된 국제기구로서 IOC(정부간해양학위원회), IMO(국제해사기구), WRI(세계자원기구), FAO(유엔식량농업기구), UNEP(UN환경계획) 등이 있으며, 이 기구들은 박람회 주제와 관련된 다양한 활동을 수행하고 있다. 2012 여수세계박람회 주제는 특정 국가의 참여를 제한하지 않을 것이며, 논쟁을 불러일으킬 가능성도 전혀 없다. 또한 컨벤션, 세미나 등 부수적인 모든 활동은 모든 국제기구, 국가, 학술단체 및 NGO 등에게 완전히 개방될 것이며, 2012 여수세계박람회와 같이 해양과 연안을 함께 다룬 박람회는 개최된 적이 없었다. 바다와 연안을 아우르는 박람회는 지금까지 개최된 적이 없었으며, 인류생존을 위해 자연재해, 해양환경의 보전 등이 심각하게 논의되어야 할 시급성이 그 어느 때보다 높다고 할 수 있다.

2012 여수세계박람회 주제인 'The Living Ocean and Coast: Diversity of Resources and Sustainable Activities'은 2008년 사라고사박람회(물과 지속가능한 발전) 및 2010상하이박람회(더 좋은 삶, 더 좋은 도시) 주제와는 대상과 범위는 다르지만 인류의 성과와 비전 제시라는

박람회의 목적 측면에서 연속성을 추구하고 있다고 할 수 있다.

2) 엑스포 패러다임의 변화

(1) 세계적 IT 기술을 통한 박람회의 패러다임 전환 모색

한국은 세계최초로 DMB(Digital Multimedia Broadcasting) 서비스 및 Wibro(Wireless Broadband Internet) 서비스, HSDPA(High Speed Downlink Packet Access) 서비스를 상용화하는 등 최고의 미디어 환경을 갖추고 있는 나라이다. 또한 미래의 유망산업인 IT, 반도체, LCD 등 첨단산업에 대한 높은 기술력을 갖고 있어 향후 세계박람회 운영·관리·전시에 있어 새로운 패러다임과 발전방향을 제시할 수 있을 것임이 분명하다. 박람회에 적용될 첨단 기술은 Ubiquitous 기술을 적용하여 휴대폰 등을 통해 관람객에게 다양한 정보 제공과 We기반을 둔 ICT 기술 활용을 통해 전시공간을 박람회장으로만 제한하지 않고, 도우미 로봇, 시설 관리 로봇 등을 개발하여 현장 배치하고, 가상 기술을 활용한 체험관을 조성하여 모름지기 금세기 최첨단 박물관의 위용을 나타낼 것이다.

(2) 기후변화 등에 관한 미래 해결책 제시

지난 2007년 2월 발표된 기후변동에 관한 정부간패널(IPCC : Intergovernmental Panel on Climate Change) 제4차 평가보고서는 금세기 안에 지구표면 온도가 1.8℃~4.0℃가 상승하고 해수면은 18㎝~59㎝까지 상승하여 태평양의 저지대 섬과 많은 국가, 상해와 부에노스아이레스 같은 도시들이 침수 위험에 놓일 것으로 전망하는 등 지구온난화로 인한 해수면 상승의 심각성을 그 어느 때보다도 강한 어조로 경고하고 있다. 전 세계 인구의 40%가 해안으로부터 60㎞이내의 연안지역에 살고 있는 인류에게 지구온난화에 의한 해수면 상승은 생존이 걸린 문제이며 IPCC 보고서는 이러한 위기가 먼 미래의 일이 아니라 이미 진행되고 있는 상황이라고 지적하고 있다. 이러한 진단에 따라 세계 각국은 해수면 상승

에 대한 예방 대책은 물론 해수면 상승시 발생할 제반 문제를 진단하고 이에 대한 대책 마련에 분부하다.

(3) 개도국 지원을 위한 시스템 구축

UN을 포함한 각종 국제기구가 계속해서 지적한 바와 같이 기후변화의 심각성을 자각하고 환경문제의 해결을 위한 국제적인 차원에서의 공동노력이 필요한 상황에서 2012 여수세계박람회는 전 세계 국가들과 국제기구, 관련단체들이 한자리에 모여서 기후변화로 인한 해양과 연안이 처한 위기에 대해 평가하고 대처 방법을 논의하는 장을 제공할 것이고 이를 위한 세계 각 나라간 시스템이 구축될 것이다.

2) 미래형 주제에 따른 관람객을 위한 효율적 전시 공간

2012 여수세계박람회는 주제인 'The Living Ocean and Coast : Diversity of Resources and Sustainable Activities'를 세 가지 부제로 나누고, 각각의 부제는 바다와 연안에 대한 인류의 이해를 높이고, 지속가능한 해양활동의 비전과 바람직한 실천방안을 제시할 수 있는 전시분류로, 전시분류는 다시 전시 아이템으로 세분화하여 주제를 뒷받침해주고 있다. 대주제인 'The Living Ocean and Coast : Diversity of Resources and Sustainable Activities'의 하위주제는 물질적 차원의 'Costal Development and Preservation'과 정신적 문화적 차원의 'Creative Maritime Activities', 인류의 생존에 있어 그 중요성이 점점 더해가고 있는 'New Resource Technology'로 분류된다.

3개의 하위주제 밑에 22개의 전시 분류로, 전시분류는 다시 다양한 전시아이템으로 분류된다. 참가자들은 전시를 계획함에 있어서 전시 분류를 참고할 수 있으며, 또한 과거와, 현재와 미래의 범주들을 결합하여, 창의적인 전시를 볼 수 있을 것이다. 예를 들면 과거[해양이용(교류)의 역사, 연안의 변화, 해양문화의 진화 등], 현재(해양기술, 해양산업, 해양의 보존

과 개발 등),

미래(친환경적 연안개발, 해양자연재해의 예방, 신 해양환경에너지, 인류와 교감하는 창의적인 해양활동 등)의 새로운 아이템을 만날 수 있다.

4. 2012 여수세계박람회가 인류사회에 기여하는 효과

1) 여수 선언(기후변화와 해수면 변화에 대한 대책)

2012년은 전세계적인 환경적 협력을 약속한 UN인간환경회의의 스톡홀름 선언(1972) 40주년, 세계환경보전과 개선을 위한 제원칙에 대한 선언인 UNEP의 나이로비 선언(1982) 30주년, 지구환경보존을 위한 이념적 방향, 구체적 행동 강령을 채택한 UNCED의 리우 선언(1992) 20주년, 미래 이행전략을 마련한 제2차 지구정상회의의 요하네스버그 선언(2002) 10주년 등 지속가능한 발전을 위한 인류의 공동 노력과 관련하여 국제적으로 의미있는 해라고 할 수 있다. 현재까지 지속가능한 발전에 대한 이러한 국제적인 노력이 좋은 성과를 이루었으며, 2012 여수세계박람회에서는 한 차원 높은 논의가 있을 것이다. 2012년 여수에는 21세기 'The Living Ocean and Coast'를 인류가 함께 누릴 수 있도록 한자리에 모여서 그 해결책을 함께 찾아내는 좋은 기회가 마련될 것이다.

현재 전 세계적으로 지구 온난화로 인한 해수면 상승, 육상오염물질로 인한 연안 지역 오염, 무단 쓰레기 투척으로 인한 해양 수질의 악화라는 해양 환경 문제는 이미 심각한 수준에 도달해 있으며, 국내외적으로 고갈되어가는 화석 에너지를 대체할 수 있는 새로운 에너지원의 개발이 절실한 상황이다. 세계자원기구(WRI)에 의하면 70%이상의 어류들이 한계수준 혹은 그 이상의 수준에서 포획되고 있다고 한다. 이렇게 바다와 연안의 생태계 파괴, 바다와 연안 자원에 대한 무차별적인 이용이 심각한 문제로 대두되고 있으며, 이를 해결하기 위한 상생적 관점인 '다양한 자원의 보존'과 '지속가능한 개발'은 인류 모두가 함께 공유해야 할 지상과제임이 분명하다.

이렇게 개발된 '살아있는 바다 숨쉬는 연안'이라는 주제와 관련된 다양한 활동을 수행하고 있는 국제기구 및 회의로는 IOC(국제해양학기구), IMO(국제해사기구), WRI(세계자원기구), FAO(세계식량자원기구), UNEP(UN환경계획) 등이 있으며, 대한민국은 2012 여수세계박람회 주제와 관련된 국제회의를 적극 유치하여 2012년 의미 있는 여수선언 또는 여수헌장이 이루어지도록 최대한 노력할 것이다. 특히 해양과 연안에서 발생하는 자연재해의 예방, 대처, 복구에 대한 국제기구, 국가, 시민사회의 체계적이고 종합적인 협력을 이끌어 내는 것을 간절히 희망하며 이는 세계박람회가 인류에게 줄 수 있는 가장 값진 유산이 될 것으로 확신한다.

2) 지구환경 변화를 극복하기 위한 인류의 노력

(1) 지구변화에 따른 영향 최소화

지구온난화가 진행 중이라는 증거가 특히 극지방과 산악지대에서 풍부하게 나타난다. 노르웨이의 한 연구에서는 50년 이내에 북극해의 얼음이 여름에는 다 녹을 수 있다고 예상한 바 있다. 또한 미국의 한 연구에서도 그린란드의 대륙빙하가 녹고 있으며 남극대륙의 얼음도 줄어들고 있다고 보고했다. 산악지대에서도 지구온난화의 영향이 잘 나타나고 있다. 아프리카와 남미대륙에 있는 산의 빙하와 만년설이 15년 내에 녹을 것이고 지난 12년 동안 아프리카에서 가장 높은 봉우리인 킬리만자로산을 덮고 있는 얼음이 1/3이나 녹았다고 최근 과학자들은 보고했다. 안데스와 알프스, 히말라야 산맥의 빙하도 놀라운 속도로 줄어들고 있다. 빙하가 녹는 것은 봄에 눈이 녹은 물을 이용하는 지역에 많은 영향을 미친다. 히말라야의 빙하가 녹으면 이미 물이 부족한 동남아시아 전역에 더 심한 피해가 올 것이다. 또한 이러한 모든 현상은 지구상에 살고 있는 동식물에게 커다란 영향을 줄 것이다. 대륙빙하와 해빙이 많이 녹는다면 해수면이 상승할 것이고, 이는 해안지방 주민들의 삶을 황폐화시킬 수 있을 것이다. 세계자연보호기금(WWF)의 2000년 가을 보고서에 따르면 세계 대부분의 지역에서 심한 폭풍우, 가뭄, 열대성 저기압을 비롯한 다른 기후 재해가 증가할 것이라고 예측했다. 이러한 자연재해의 증가는 지구온난화와 직접적인 관련이 있다는 것이다.

지구온난화가 실제로 일어나고 있는 현상이라는 것을 과학적으로 인정한다면 우리는 그 피해를 최소화하기 위해 노력을 해야 한다. 이는 전 지구적인 문제이므로 세계의 지도자들은 지구온난화를 억제하기 위해 서로 협력해야 한다. 국제적인 합의와 이의 존중이 필요하고 완화할 수 있는 방법이 개발되어야 한다. 우리 '지구촌'의 주민들이 함께 노력한다면 온난화의 추세를 성공적으로 줄일 수 있을 것이고 그와 연관된 자연재해도 함께 줄일 수 있을 것이다.

한편, 대기 중에 이산화탄소를 줄이는 연구도 중요하다. 식물은 광합성을 하면서 이산화탄소를 사용하고 산소는 배출한다. 따라서 수목으로 뒤덮인 넓은 지역을 대기 중에 이산화탄소를 없애는 시스템이 개발된다면 숲의 면적이 늘어나고 이산화탄소의 양도 줄고 따라서 지구온난화도 줄일 수 있다는 생각도 있다. 그러나 바다를 상대로 한 조치는 시행하기 전에 철저한 분석이 선행되어야만 한다.

환경적인 관점에서 보면 지구온난화에 대한 최선의 치료책은 화석연료 의존도를 낮추고 청정대체에너지로 전환하는 것이다. 그러나 헤이그 회담의 경우처럼 이러한 의견은 그 경제적 파장이 너무 크기 때문에 채택되기가 어렵다. 한편에서는 최근의 모델링 연구결과를 인용하여, 지구온난화는 어쩌면 눈앞에 닥친 아주 시급한 사태는 아니기 때문에 대체에너지를 개발할 때까지 십여 년 동안은 화석연료를 사용해도 괜찮을 것이라고 제안되기도 하였다. 그러나 화석연료에서 이산화탄소를 덜 배출하는 대체자원으로의 대규모 전환이 이루어지려면 과도기가 필요할 것이다. 기후 변화는 몇 십 년 안에 갑자기 일어날 수도 있고 가능성이 높지는 않지만 갑작스럽게 지구온난화가 일어난다면 그것의 영향은 아주 빠르고 심각할 수 있다. 인간 문명이 발생한 이래 현재의 고도로 산업화된 사회로 발달하기까지는 단지 약 7,000년의 시간만이 소요됐을 뿐이다. 그 기간은 인간이 살기에 비교적 안정된 기후로 간주되어왔지만 지구의 전체 역사를 보면 기후는 많이 달랐을지도 모른다. 지구상에 수십억의 인구가 늘어날 다음 세기 말쯤 기후가 갑자기 나쁜 상황으로 변화되어 인간이 고통 받는 것을 상상하는 것은 쉬운 일이 아니다.

(2) 국제적 합의

지구온난화가 주로 온실가스의 증가에 의한 것이라는 사실을 과학자들이 인정한다면 대기 중에 이 가스를 줄이는 것이 제일의 전략이 되어야 할 것이다. 전 세계의 지도자들이 지구온난화와 싸우기로 서약한 1992년 리오데 자네이로의 정상회담 이후 국제적인 협상은 계속 이어져왔다. 1997년 일본의 교토에서 열린 유엔기후변화협약기구(UNFCCC)에서는 온실가스, 특히 이산화탄소의 배출을 감축하자는 이른바 교토의정서라는 국제적 합의를 이끌어냈다. 이 합의에서는 각 국가가 온실가스의 배출을 줄이는 것을 목표로 설정했다. 미국은 처음에는 감축에 동의했지만 2001년, 동의의 이행을 거부하여 많은 국가들, 특히 유럽 국가들에게 실망을 안겨주었다. 인간 활동에 의해 배출되는 이산화탄소는 대부분이 화석연료를 태우면서 발생한다. 따라서 풍력이나, 태양열, 지열과 같은 대체에너지 자원에 의존하는 에너지 계획을 세운다면 대기 중으로 배출되는 이산화탄소의 양을 줄일 수 있다. 핵에너지 사용을 높이는 것도 대기 중 이산화탄소의 농도를 줄이는 방법이다. 그러나 온실가스 배출을 억제하는 것은 비용이 많이 들기 때문에 개발도상국으로서는 어렵거나 불가능한 일이다.

2000년 헤이그에서 열린 국제정상회담에서는 교토의정서에서 정한 온실가스 배출 목표를 달성하기 위한 대안에 초점을 맞추었다. 이 대안에는 개발도상국의 회사나 정부로 하여금 이산화탄소의 흡수를 돕는 재조림 사업과 같은 투자를 하도록 장려하는 청정개발계획, 선진국이 개발도상국에 투자나 기술 전수를 통해 개발도상국의 목표 달성을 도와주고, 배출 목표 점수를 개발도상국과 선진국이 공유하도록 하는 공동이행제도, 자국의 배출목표를 쉽게 달성한 국가에서 달성에 실패한 국가에게 남는 점수를 팔 수 있는 배출 거래제도가 포함되어 있다. 그러나 불행하게도 헤이그 회담은 합의를 이끌어내지 못하고 끝났다. 그 이유는 이산화탄소를 흡수하는 농지와 숲을 가지고 있는 나라에서 그 나라에 이산화탄소를 방출하는 할당량에 어느 정도 점수를 인정해줄 것을 요구하는 제안에 다른 나라가 반대를 하였기 때문이다. 미국, 일본, 캐나다가 이 제안에 찬성했고 유럽 연합과 대부분의 환경단체는 강하게 반대하였다. 우리는 현재의 경제구조상 온실가스를 배출하는 화석연료에 의존할 수 밖에 없다. 앞으로 100년 동안 지구온난화와 해수면상승에 대한 두 개의 시나리오를 보면, 우리가 화석연료에 대한 의존도를 낮추는 것이 얼마나 중요한지를 알 수 있다.

3) 여수프로젝트

(1) 여수프로젝트가 갖는 의미

인류는 산업화를 거치면서 자연을 적극적으로 개발하고 이용하는 방법을 습득하였고 이를 통해 문명의 진보라는 커다란 혜택을 누리기도 했지만 동시에 자연환경의 파괴로 인한 심각한 환경문제에 직면하게 되었다. 인류의 산업 활동으로 인한 해양 오염과 해양생태계 파괴로 어족자원이 감소하였으며, 인류는 거주 환경의 오염과 생물 농축으로 인한 질병의 초래 등 피해를 경험하게 되었다. 특히 해양의 오염으로 인한 환경변화는 진행이 매우 느려 그 영향이 직접 파악됐을 때는 이미 회복이 불가능한 경우가 많으므로 그 심각성을 미리 알고 대처할 필요가 있다. 기후조절 메커니즘의 변동은 전 세계적으로 가뭄, 태풍, 한파, 허리케인, 극지방, 만년설 해빙, 해수면 상승 등의 이상 기후로 나타나고 있으며, 2005년 미국 남부

지역의 일부를 강타한 카트리나의 경우 약 2,000억 달러에 이르는 천문학적 재산 피해를 발생시키는 등 그 피해는 선진국과 개도국 구분 없이 나타나고 있다고 할 수 있다.

이러한 바다와 연안의 급작스런 지구 환경 변화는 바다와 연안의 개발과 보존의 중요성을 인식시켜주고 있다. 이를 위해서는 다음과 같은 과제를 조사, 연구, 개발, 교육하는 프로그램을 만들어야 한다.

(2) 연구 및 개발하여야 할 과제들

연안의 개발과 보존 측면

바다와 연안의 생태계(해양 생물종의 구성, 종의 양적변화와 진화, 생태시스템의 보존, 먹이사슬, 연안갯벌생태계 등), 해양과 자연재해(태풍, 폭풍해일, 지진해일, 이상조위상승, 해수부 진동 등), 연안지형 보존을 위한 노력(해안사구·석호 등 보존, 갯벌보존, 연안침식방지, 매립규제, 연약지반보호 등), 친환경적 연안 개발(연안도시 및 마을의 개발 보존사례, 해안생태공원조성, 자체에너지를 활용한 수상호텔 등), 해양오염을 줄이기 위한 노력(해양배출 폐기물규제, 해양오염물질제거, 해양환경측정관리, 해양청정환경을 위한 기술과 장비 해난사고 처리 등), 해양예보시스템(해양환경기후 예측 통신위성, 해양예보모델의 개발, 해양관측입력자료 생산기술, 해양예보자료 실시간 제공시스템 등), 해양의 교통, 선박, 항만 기술(친환경 에너지사용, 해상 운송로의 최소화, 항만의 개발, 위성통신, 자동항법, 해상과 내륙을 연결하는 복합운송, 항만교통정보시스템 등), 해수면 상승에 대한 대책(이산화탄소 방출 규제, 청정에너지 사용, 연안도시, 항구, 해상구조물 등에 대한 대책)

새로운 자원 기술 측면

바다와 연안의 자원들이 무한한 것은 아니지만, 여기에서는 아직 개발의 여지가 남아 있는 새로운 자원들의 지속가능한 개발을 위하여 바다와 연안의 바람직한 자원 개발과 이를 지원하는 기술들은 다음과 같다. 해양에너지 기술, 지속가능한 양식 및 수산 기술, 해양생명공학, 해양광물자원 활용 및 심층수 탐사 기술, 해양생태계 복원기술, 해양생물자원 활용기술, 해수자원 이용기술 등이다.

대한민국은 2012 여수세계박람회를 계기로 위기에 처한 바다를 희망찬 바다로 바꾸기 위한 노력을 지속할 것이며 이러한 노력은 인류, 특히 개발도상국들이 직면한 위기에 대한 해결책을 연구·개발하는 'The Living Ocean and Coast 프로젝트(일명 여수프로젝트)' 를 통해 구체화될 것이다. 여수프로젝트는 일회성에 그치는 프로젝트가 아니라 유치결정 시부터 박람회 종료 이후까지 지속적으로 추진될 것이며 과제 및 연구자 선정 등을 국제기구와 공동으로 추진할 것이다. 2012년 여수세계박람회 개최 시 이러한 여수프로젝트의 구체적인 성과들이 전시될 것이며, 관련 국제컨퍼런스도 개최 전, 개최 중, 개최 후에 지속적으로 개최될 것이다. 대한만국 정부는 2008년에 20억 원을 투입하여 시범프로젝트를 우선 수행하고, 개최 후 80억원 규모의 추가 정부지원금을 투입하고 부지의 사후 활용 수입금과 세계적인 기업 등으로 후원금을 조성하여 여수프로젝트를 집중화할 예정이다. 우선 2008년에는 박람회 유치 결정 후 개도국들의 신청을 받아 1~2개 과제를 우선 선정하여 박람회 개최 기간 중 결과를 발표하는 계획도 수립되어 있다.

첨단 기술을 활용한 세계적 해양 고부가 산업화 프로그램

해양, 연안, 도서, 갯벌 등은 천연자원을 다량 함유하고 있을 뿐 아니라 우수한 자연환경과 더불어 부가 가치가 높은 산업으로 전환될 수 있는 여건을 가지고 있다. 이러한 연구를 위해서는 지질학, 광물학, 지구화학, 해양학, 미생물학, 생태화학, 암석역학 등 다양한 학제간 연구를 통하여, 해양/도서/갯벌환경의 관광자원과 천연자원(지하수/해수/저서생물/미생물/

광물)의 특성을 연구하고, 이러한 연구결과를 기초로 천연자원과 관광자원의 실질적 개발방안 확립이 절실하다. 특히 연안과 도서의 효율적 개발을 위한 도서의 식수 문제 해결, 관광산업 공간의 효율적 확보, 지하해수의 활용, 연안환경문제 해결 등을 위한 새로운 프로그램이 요구되고 있다. 여기에는 High Risk but High Return이라는 자원개발사업의 특성상 개발이 성공적으로 이루어질 경우 엄청난 이익을 회수할 수 있다. 여기에는 갯벌 특화 개발 사업(갯벌의 건강산업화, 자연친화적 펄욕 및 특화펄 자원개발, 지화학적/광물학적 특성을 고려한 갯벌별 특화개발 (예: 게르마늄 갯벌), 연안과 갯벌 내 희귀 미생물 자원개발 사업(갯벌 미생물을 이용한 나노소재 개발 연구), 갯벌과 연안 서식 미생물 생산 전기 활용 사업(연안 갯벌 내에 서식하고 있는 미생물은 유기물을 분해하며 이때 내놓은 전기를 수집하여 연안 환경 모니터링을 위한 첨단센서의 자체 동력원으로 이용이 가능), 첨단 센서를 활용한 연안 환경 모니터링 사업(연안은 항시 자연 재해의 위험이 존재하므로, 연안을 활용한 산업의 경우 연안 환경 변화에 대한 예측이 매우 중요하며 수집된 모니터링 자료를 이용 환경 변화 예측하여 예상되는 자연 재해로부터 인명과 재산을 보호) 등이 새로운 연구과제이다.

4) 인류 공동 노력의 필요성

지구에 있어 바다와 해양은 어느 지역, 민족, 국가에 한정되어 있는 공간이 아니고 전 세계를 이어주는 연결망이자 엄청난 자원을 내재하고 있는 인류공동의 자산이다. 또한 해양오염의 심화, 해양생태계의 파괴, 지구온난화와 이로 인한 환경재해의 빈발은 어느 특정 국가의 문제가 아닌 전 세계인이 함께 겪고 있는 피해로 나타나고 있으며 따라서 해양환경을 개선하기 위한 노력과 해양과 지구시스템에 대한 보다 심도 있는 이해의 필요성이 제기되고 있다. 리우선언에서 알 수 있듯이 인류에게 있어 지속 가능한 개발과 다양한 환경생태계 보전을 아우르는 문제는 인류의 생존에 있어 매우 중대한 과제인 것이다. 이와 같은 범세계적인 차원의 문제는 주권국가의 단독적인 노력으로는 해결될 수 없으며 각종 국제관계의 주체들이 공동으로 협력하여 해결해 나가야 할 것이다.

5) 내륙국에 대한 해양체험 제공

그동안 인류사회는 바다와 연안을 개발하여 식량, 자원, 에너지 등 많은 혜택을 얻었으나 이와 동시에 바다와 연안이 황폐화되는 결과를 초래하였다. 선진국이든 개도국이든, 해양국이든 내륙국이든 관계없이 인류의 먼 후손들까지 쾌적하고 풍요롭게 살기 위해서는 바다와 연안의 보존이 무엇보다 중요한 것이다. 여수세계박람회는 이러한 바다와 연안의 중요성과 역할, 보존의 필요성을 이해하는 교육과 학습의 장을 제공하게 될 것이다.

6) 최첨단 과학 기술을 갖는 미래의 첨단 여수엑스포

2012 여수세계박람회의 주제는 '바다' 와 '연안' 에서의 자원 다양성 유지와 지속가능한 이용을 위한 인류의 노력이 '과학의 발전' 과 '기술 혁신' 이라는 형태로 나타나고 있음을 보여주게 될 것이다. 또한 수산업, 조선, 항만, 물류 등 해양과 관련된 전통적 산업들이 무선통신과 컴퓨터, Ubiquitous 기술 등 새로운 IT 기술과 로봇기술 등과 접목되어 향후 어떠한 혁신적 결과물들을 낳을 수 있으며 경제적, 기술적 진보를 낳아 우리의 삶을 풍요롭게 만들 수 있을 것인지에 대해 조명해 볼 것이며, 해양과 연안을 보다 효과적으로 활용하기 위해 개발되고 있는 새로운 기술들에는 어떠한 것이 있으며 또 그로 인한 성과는 어떻게 나타날 것인지 보여줄 수 있을 것이다.

한국 남서해역의 해양환경과 해양생태 특성

윤양호 | 전남대 교수

본 주제는 2012년 여수해양엑스포와 관련하여 엑스포 개최도시가 위치하는 우리나라 남서해역의 바다환경과 해양생태학적 특성을 간략히 살펴보고, 해양엑스포 개최 및 여수선언 등 제반 행사진행에 조금이나마 도움이 될 수 있으면 하는 차원에서 "지구환경에서 바다의 중요성"에 대하여 기술하고 다음으로 작은 규모이지만 전세계의 바다 전시장을 보여주는 "한국연안해역의 특이성"을 간략히 설명하여 "우리나라 남서해역은 어떠한 환경을 나타내는 바다인지?"와 "2012년 국제해양엑스포가 개최되는 여수인근 바다는 어떠한 환경학적 의미를 나타내는가?"에 대해서 살펴본다.

1. 지구환경에서 해양의 역할

지구는 현재까지 태양계에서 유일하게 생명체를 가지는 행성으로 알려져 있다. 즉, 생명의 현상을 유지하는 데 적합한 환경구조를 가진다는 것을 뜻한다. 이와 같이 지구에 생명체가 존재하고 생명체의 서식에 적합한 환경을 나타내는 것은 물의 존재와 관련한다는 것을 부정할 사람은 없을 것이다. 그러나 단 하루도 물 없이 살 수 없는 우리들은 항시 물을 이용하면서도 지구의 물은 바다에 의해 조절되고, 바다라는 광활한 단일 시스템의 저수지가 존재하기 때문에 지구에 반영구적 물의 공급(순환)이 가능하다는 것에 대해 깊이 있는 생각을 해 본 사람들은 그리 많지 않을 것이다.

현재 지구상의 육지와 바다의 배치 및 해수의 대용량은 물을 포함한 지구의 각종 물질의 순환을 원활히 하면서 생명체 유지가 가능한 환경을 지속될 수 있도록 매우 적합한 비와 규모를 보이고 있어, 45억년이란 지구사(地球史)에서 지구라는 생명체가 진화과정의 결과물로서 현재의 형태를 표현하는 것이 아닌가 하는 생각을 하게 한다. 그럼 지구환경에서 생명의 모체로서, 지구환경의 쓰레기 처리자로서, 기상조절자로서, 다양한 식량의 공급은 물론 부존자원 및 에너지의 공급처로서 바다는 어떠한 모습일까? 전체 지구표면적 510×106 ㎢ 중 70.8%에 해당하는 361.1×106 ㎢가 바다로서, 광활한 면적이 평균수심 약 3,800m의 해수로 채워져 있으며, 육상은 이에 반해 평균고도 840m에 148.9×106 ㎢만이 육지 부분에 해당한다. 즉, 지구가 평평한 타원의 형태를 보인다면 수 천m 이상의 수심을 가지는 바다로 이루어진 행성이 된다는 것이다. 지표면에서 해양이 차지하는 비율은 북반구와 남반구에서 다소 차이를 보여, 북반구에서는 60.6 %이지만, 남반구에서는 81.0 %로 바다가 육지의 4배에 달한다. 지구표면에서 해양은 〈그림 1〉과 같은 크기를 가지며, 지구표면에서 보이는 기상 등 다양한 자연현상에 직·간접적으로 영향을 미친다.

〈그림 1〉 지구 주요해양 육지의 면적

〈표. 2〉 지구 주요해양 및 체적, 평균수심, 고도

구분	면적(×10⁶ ㎢	체적(×10⁶ ㎢	평균수심(m)	최고수심(m)
태 평 양	179.7(35.2%)	723.7	4,028	11,034
대 서 양	106.5(20.9%)	354.7	3,332	8,385
인 도 양	74.9(14.7%)	291.9	3,897	7,450
전체해양	361.1(70.8%)	1.37	3,795	11,034
전체육지	148.9(29.2%)	0.3	−840	−8,848

다음으로 지구의 생명현상 및 기상인자의 조절자로서 물은 어떠한 장소에 저장되고 있을까? 학자에 의해 절대값에 다소 차이는 있지만 바다라는 거대한 저수지에 육상의 동·식물에 직접적으로는 도움이 되지 않은 염수(짠물)의 형태로 바다에 약 97.3%에 해당하는 지구의 물이 존재한다. 다음으로 우리의 생활 터전인 육상에는 나머지 2.7%의 물의 존재하나 이중 74.5%에 해당하는 29 x 106 ㎦의 물이 북극과 남극의 빙하 형태로 존재하며, 우리가 상수원으로 이용하는 호수 및 하천과 같은 지표수로는 전 지구의 물에서 겨우 0.00899%에 불과한 0.1264 x 106 ㎦의 물만이 존재하고 있는 것이 된다. 기타로는 각종 기상 현상을 발생하고 조절하는 대기의 수증기 형태 및 생물체의 구성인자로서 물의 형태와 지하수 형태로 존재한다(〈표 3〉).

〈표. 3〉 지구상 물의 저장고 매체에 따른 지구 물의 저수량(10^6㎦)

저수장소			물의 양 (106㎦)	저수 백분률(%)	비고
		존재형태			
해양		해수	1,370	97.25	
육상		얼음	29	2.05	
		담수	9.5	0.68	
		담수	0.125	0.01	
		담수	0.0017	0.0001	
대기권		수증기	0.013	0.001	
생물권		생체	0.0006	0.00004	
합계			1,408.6403	99.99114	

Bermer and Bermer(1987)

또한 물은 서로 평형을 유지하려는 힘의 작용으로 한 곳에 정지하지 못하고 계속 이동하는 유체(流體)이다. 해양표면에서는 매년 423,100 ㎦/year의 해수가 수증기로 증발하는 데 이중 385,700 ㎦/year는 비가 되어 다시 해양에 돌아오기에, 바다의 증발량은 강수량보다 423,100 - 385,700 ㎦/year = 37,400㎦/year가 많다. 반면, 육상은 증발량이

72,900㎦/year 인 것에 비해 강수량이 110,300㎦/year가 되어 바다와는 반대로 강수량이 증발량보다 37,400㎦/year가 많다. 이와 같은 지구상에서 육지와 바다에서 발생하는 물수지 불평형, 즉 바다의 증발 잉여분 = 육상의 강우 잉여분인 37,400㎦/year가 육상 및 해양생물의 서식을 지탱하는 기반이 된다. 즉, 지구 물 수지의 평형을 위해서는 바다의 잉여 증발량은 육지로, 육지의 잉여 강수량은 바다로 유입되어야 한다. 이 과정에서 바다의 잉여 증발량은 수증기로서 바람에 의해 대기권을 통해 육상으로 수송되는 반면, 육상의 잉여 강수량은 하천을 통해 지형학적으로 육상보다 낮은 바다로 유입된다. 다시 말하면, 바다에서 육상으로는 해수가 아닌 순수한 물(수증기, H2O)의 형태로 대기를 통해 수송되어, 강우의 형태로 육상생물에 공급되기에 육상의 모든 생물이 이용할 수 있게 되며, 육상의 잉여분은 하천을 통해 육상의 토양성분 등, 다량의 원소를 포함한 형태로 바다에 유입되어 이들 성분은 해양생물의 성장에 절대적으로 필요한 영양물질의 공급자로서의 역할을 수행하고 있는 것이 된다(〈그림 2〉).

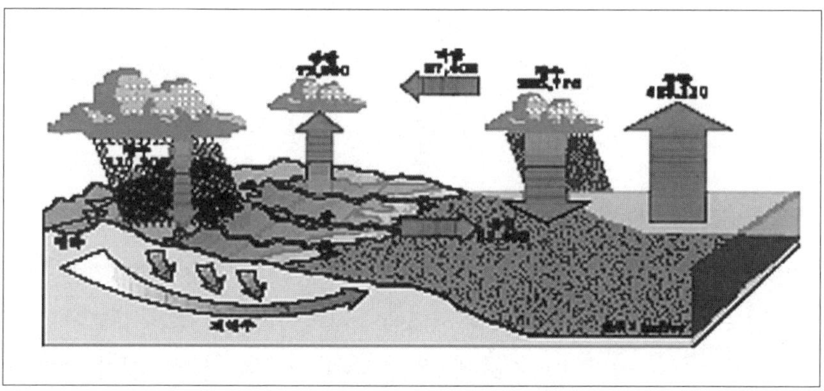

〈그림 2〉 지구 규모에서의 물의 순환 (Pinet, 2006)

지구규모의 물 순환과정에서 육상 및 바다 생물의 생명현상을 유지시킬 수 있는 인자의 상호보완적 작용을 수행하고 있음은 물론, 바다는 지형학적으로 보다 높은 곳에 위치하는 육상에서 유입된 필요 불급한 물질들을 저장(짠물을 나타내는 이유)함은 물론, 육상기원의 각종 쓰레기를 36,000년 이상의 오랜 시간동안 바다에 체류시키면서(해수의 체류시간은 위의 바다의 해수 체적에 연간 이동하는 물의 이동량으로 나누어서 쉽게 계산할 수 있음), 해수의 물리, 화학적 작용 및 생물학적 인자들의 복합적 작용에 의해 처리하게 하여 항시 깨끗한 지구환경을 유지시키는 역할을 수행한다. 또한 바다는 연속된 하나의 계로 형성되고 있으며, 유체인 물로서 채워져 있기에 조석 및 해류, 그리고 파랑과 같은 해수이동에 따른 에너지 공급, 소금 등 해수 중에 용존된 다양한 원소와 생물작용에 의해 형성된 심해저의 망간 단괴 등과 같은 부존자원 공급 및 다양한 어류 및 해조류 등에 의한 식량자원을 우리에게 공급해주는 역할까지도 수행하고 있으며, 최근에는 인류의 난치병을 치료할 수 있는 치료제까지도 해양미생물에서 탐색되고 있는 등 바다는 지구의 역사와 함께 개발에 의한 훼손보다는 환경 친화적 공간 활용 및 자원의 이용을 위해 영속적인 보존의 대상이 되어야만 하는 영원한 인류의 유토피아라 할 수 있을 것이다.

2. 한국연안해역의 특이성

우리나라는 삼면이 바다로서 해양영토가 육지영토보다 넓은 해양 국가이며, 삼면이 바다는 서로 다른 지형 및 환경특성을 나타내어 해양의 전시장이라고도 할 수 있다. 즉, 전세계 해역에서 우리나라처럼 적은 규모에서 동·서·남해와 같이 이질적 환경특성을 보일 수 있는 곳을 찾기란 쉽지 않다.

우리나라는 동고서저의 육지지형으로 대부분 하천이 동쪽에서 발원하여 서쪽으로 흐르고, 서쪽의 양자강 및 황하를 포함하는 중국대륙과 동남쪽의 일본열도에 의해 둘러싸인 지형특성으로 서해와 남해는 복잡한 해안선 구조와 함께 큰 조석차를 보이는 반면, 동해는 단조로운 해안선과 동해의 큰 해수 용량에 비해 해수 출입구가 매우 협소한 지형적 특성으로 매우 작은 조석차를 나타낸다. 또한 하천유입량이 서해에 집중되어 서해는 넓은 갯벌의 발달과 매우 높은 탁도, 그리고 높은 생물생산을 보이는 반면, 동해는 급경사에 의한 해안선으로 모래사장이 발달되어 있으면서, 많은 해수와 낮은 생물생산을 나타낸다(〈그림 3〉, 〈표 4〉). 남해는 동해와 서해의 중간적 성격을 나타내면서도 서해에 보다 가까운 환경특성을 보인다.

〈그림 3〉 한국 연안해역

〈표. 4〉 한국 연안해역의 지형 및 환경특성

구분	동해안	남해안	서해안
수심	대	중	소
조석 간만의 차	소	중	대
수온의 년 교차	소	중	대
탁도	소	중	대
간석지(갯벌)	소	중	대
하천 수 유입량	소	중	대
저질	바위	바위, 자갈, 펄	펄
해안선의 형태	simple	ria shoreline	ria shoreline

3. 한국남서해역은 어떠한 바다인가?

1) 해역의 개요

한국 남해안은 동·서해안과는 달리 비교적 큰 조석차와 발달된 리아시스식 해안 특성을 보여, 수많은 도서 및 소형 반도형의 곡선형 해안선에 의한 반폐쇄적 특성을 보이는 내만해역이 발달되었다. 이와 같은 해역특성으로 남해안은 오래 전부터 수산자원의 산란 및 육성장은 물론 증·양식장으로 광범위하게 이용되고 있다. 그러나 1960년대 이후 국가경제발전계획에 의한 공업생산 우선 정책에 의해, 비교적 수심이 얕고 배후 도시가 형성된 진해만, 광양만을 중심으로 남해안은 대규모 매립에 의한 임해공업단지와 인구집중화가 진행되었으며, 다량의 산업폐수와 생활하수가 내만해역으로 유입되었다. 그 결과 일부 내만해역은 극도의 부영양화가 진행되어, 적조 등 다양한 해역환경문제가 발생하여, 그에 따른 막대한 수산피해 등의 산업·경제적 손실로 인하여 크나큰 사회문제로까지 발전하고 있다.

특히 남해안은 아직도 비교적 천연의 자연환경을 유지하는 청정해역과 산업화에 의해 극도의 부영양화가 진행되어 생물생산장으로서 해역 이용이 어려운 오염해역이 공존하고 있다. 즉, 남해의 중앙부인 여수반도를 중심으로 광양만, 진해만 및 부산연안해역 등의 남동해역은 산업개발에 따른 부작용이 극심한 부영양화 해역으로 다양한 환경문제가 발생하는 반면, 여자만, 득량만, 도암만 등의 남서해역은 아직도 청정해역으로 수산자원의 산란, 성육 및 증·양식장으로 널리 이용되고 있다.

2) 주요수괴 및 해류

바다는 해수라는 매질로 채워져 있어, 보기에는 동일한 하나의 물 덩어리로 구성된 단순한 형태를 하고 있는 것처럼 보이지만, 실제로는 우리의 족보와 같이 발원지에 따라 특성을 달리하는 여러 개의 물 덩어리, 즉 물의 족보인 수괴(water mass)들이 복잡한 세력 확장영역에 따라 환경특성을 달리하면서 시·공간적으로 매우 변동성이 큰 다양성을 나타낸다. 즉, 기상학에서 우리나라 주변은 고온 다습한 북태평양 기단, 고온 건조한 양자강 기단, 저온 다습한 오호츠크해 기단 및 저온 건조한 시베리아 기단과 같이 발원지에 따라 환경특성을 달리하는 4개의 공기 덩어리인 기단(air mass – 공기의 족보)의 세력 싸움에 의해 장마, 삼한사온 등 날씨변화가 비교적 뚜렷한 4계절을 나타낸다. 바다에도 이와 같이 여러 개의 이질적 수괴가 존재하면서 계절에 따른 영향권의 차이에 의해 우리나라 주변바다의 해양환경을 지배한다.

우리나라 주변해역에 영향을 주는 대표적인 수괴는 Kuroshiwo(黑潮)의 지류로 동중국해를 북상하여 우리나라 남해는 물론 서해 및 동해까지 영향을 미치는 Tsushima(對馬)난류와 황하 및 양자강 중심인 중국대륙내의 하천수 유입에 의한 중국대륙연안수, 그리고 규모는 중국대륙연안수보다 적지만 한반도의 대소하천 유입에 의해 형성된 한국고유연안수 및 여름에 한정되지만 겨울 황해저층에 냉각된 해수로서 여름까지 지속되는 황해저층냉수괴 등 4개의 수괴가 존재한다. 이들 수괴의 세력은 시·공간적으로 차이를 보이나, 가장 중요한 쓰시마난류의 경우는 아직도 계절에 따른 한국남해연안으로의 세력 확장에 대한 내용은 학자에 따라 다소 차이를 보인다(〈그림 4〉). 즉, 동중국해의 해류 및 수괴구조를 〈그림 4, 위〉와 같이 표시하여 쓰시마 난류가 겨울에는 제주서방 및 제주해협에 영향을 미치나, 여름에는 황해저층냉수괴 등의 확장으로 제주 동부에 제한되는 것으로 보고하였다. 그러나 일부 학자들은 기존의 동중국해 해수유동 패턴결과(Niino and Emery, 1961 ; Mao and Guan, 1982)에 1980년과 1981년 중국과 미국의 공동 project에 의해 실시한 양자강 하류해역에서의 여름과 겨울의 조사결과를 추가하여 동중국해 및 황해의 해수순환 패턴을 〈그림 4, A〉와 같이 정리하였다. 또한 국내의 일부학자들은 제주연안에서 대한 / 쓰시마 해협을 통과하는 해류를 쓰시마 난류 (TWC), 제주서안을 시계방향으로 돌아 제주해협을 통과하는 해류를 제주난류(CWC)로 구분하였으며, 겨울에 제주난류에서 황해 쪽으로 북서진하는 흐름을 YSIF로 정의하는 등 쓰시마 및 제주난류와 중국대륙연안수 사이에는 광범위한 전선(前線, front)이 형성되는 것을 보고하였다(〈그림 4, B〉).

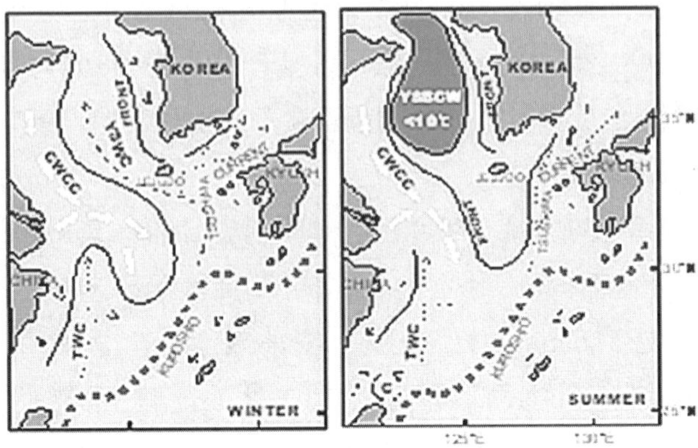

YSWC : Yellow warm current, CWCC : Coastal waters of Chinese continet, TWC : Taiwan warm current, YSBCW Yellow sea bottom cold water(Kondn 1985)

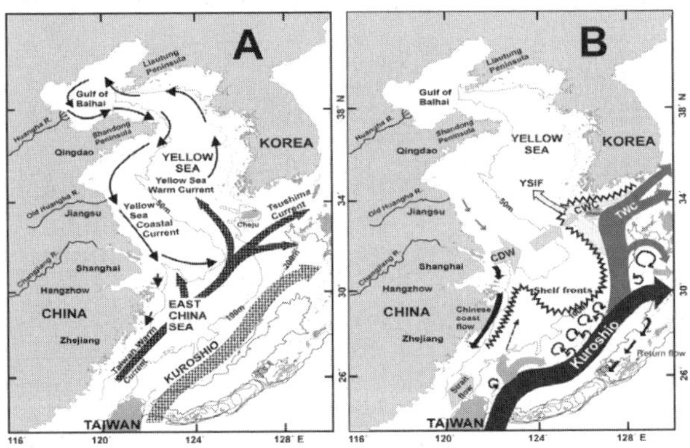

〈그림 4〉 우리나라 주변해역의 해류 및 주요 수괴분포도
(위 : Kondo, 1985, A : Beardsley et al., 1985, B : Lie and Cho, 2002)

우리나라 남해는 남에서 북상하는 쓰시마난류가 중국대륙을 따라 남하하는 중국대륙연안수 일부를 동반하여 북상하는 해황에 영향을 받는다. 즉, 제주도를 포함하는 광역 남해조사에서 표층해수는 대마난류와 양자강 희석수에 의해, 저층해수는 대만난류와 황해냉수괴에 의해 지배되고 있음을 보고하는 내용과 여름철 한국남해 중앙부의 저층에 형성된 14 이하 저온수가 한국남해 서쪽에서 유입되는 것을 추정하는 등, 여름 황해저층냉

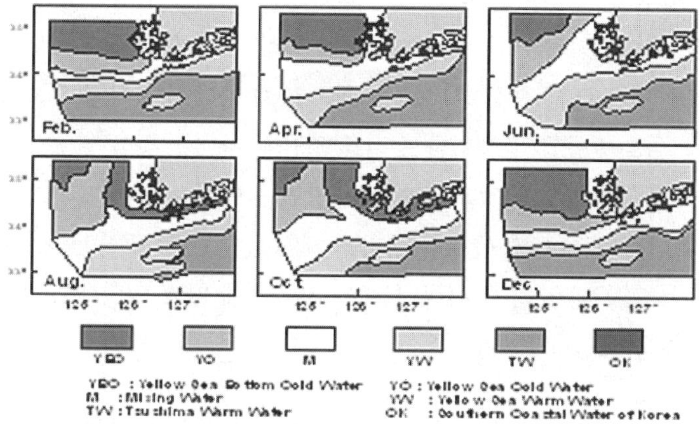

〈그림 5〉 한국남서해역의 수괴구분(Rho and Pang, 1995)

수는 남해 중앙부까지 영향을 미치는 것으로 판단할 수 있다. 또, 윤 등(2007)은 2005년 6월 여름 황해중앙부에 저층냉수괴가 광범위하게 분포하고 있음에도 불구하고, 겨울철에 보이는 Lie and Cho(2002)의 YSIF로 정의되는 해수가 황해남부의 중앙부 해역에 출현하는 것으로 보고하고 있는 등 이들 수괴의 시·공간적 차이가 매우 큰 것을 보고하였다.

Rho and Pang(1995)는 20여년의 수온 및 염분 자료를 이용하여 한국남서해역의 격월별 수괴를 〈그림 5〉와 같이 구분하고 있기에 참고하기 바란다. 또한 수괴에 의해 형성되는 전선에 대해서는 다음의 표영환경에서 설명한다.

3) 한국남서해역의 수질환경

한국남서해역은 내만해역이 발달되어 반폐쇄적 특성을 나타내나, 섬진강, 영산강 이외에는 내만으로 유입되는 대형 하천이 없어 육상으로부터 유입되는 영양염류 공급이 충분하지 않다. 〈표 5〉에는 한국남서해역의 일부 해역을 대상으로 측정·분석했던 주요 수질항목의 농도를 표시하였다.

표로부터 광양만, 가막만, 목포연안 등 대형하천이나 산업폐수 및 생활하수가 직접적으로 유입되는 일부 해역의 극단적인 농도를 제외하면 질소는 5.0 μM, 인은 0.5 μM, 그리고 규소도 10.0 μM 내외의 값으로 변화하여 해역 수질 I 등급의 양호한 수질 환경을 나타내는 것을 알 수 있다. 다만, 산업폐수의 영향을 강하게 받는 광양만 등에서는 인 농도가 극단적으로 높게 나타났으며, 축산폐수 영향을 강하게 받는 목포연안 해역에서는 질소의 농도가 매우 높게 나타나는 등 유입수에 따라 영양염류의 농도가 다른 특징을 보였다(〈그림 6〉).

〈표. 5〉 한국남서주요 해역의 영양염류(μM) 및 화학적 산소요구량 농도(ppm) 분포범위

	여수해만	가막만	득량만	완도연안	목포연안 (시아해)
용존무기질소 (DIN)	0.37~6.31 (1.87)	0.14~6.31 (1.56)	0.02~8.72 (2.17)	0.46~8.30 (3.29)	1.47~20.44 (9.13)
인산염	0.16~4.41 (1.28)	nd~1.56 (0.56)	0.05~0.68 (0.16)	0.03~0.80 (0.31)	0.03~1.00 (0.36)
규산염	1.79~16.76 (9.07)	nd~35.28 (9.42)	0.61~16.72 (5.94)	5.31~39.51 (13.22)	3.50~41.77 (28.68)
화학적 산소 요구량	0.1~2.8 (1.3)	0.40 ~ 10.16 (1.97)	–	0.10~4.08 (2.07)	–
인용문헌	신 등(2002)	조 등(1994)	양 등(1995)	조와 윤(1997)	윤(2000)

한국남서해역은 제한된 해역이지만 일부 내만해역은 이미 극심한 부영양화가 진행되었으나. 해역에 따른 부영양화의 원인은 해역에 따라 그 요인을 달리한다(〈그림 6〉).

즉, 남서해역 중에 대규모 임해공업단지가 조성되어 있는 광양만 등이 주로 산업폐수가 해역의 부영양화의 원인이라면, 완도권역, 목포권역 등 중앙부 이서 해역은 산업폐수보다는 생활하수나 축산폐수 등이 주원인이 되고 있다(통상산업부 등, 1996).

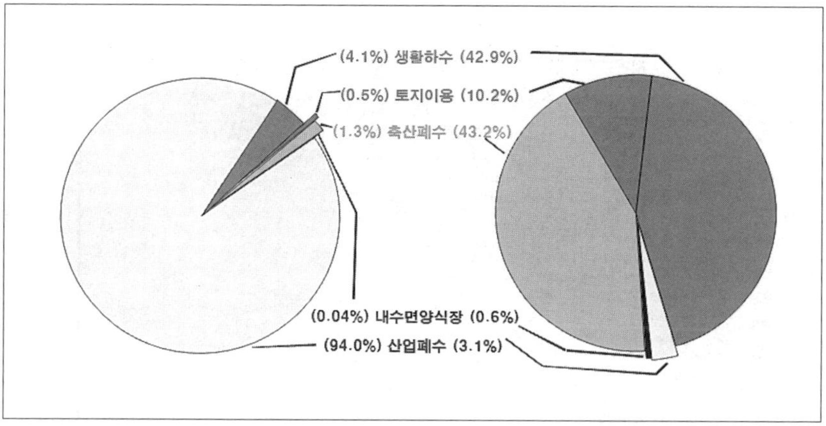

〈그림 6〉 해역에 따른 부영양화 요인의 차이(왼쪽: 가막만 및 광양만, B: 목포연안, 윤, 1996)

그러나 대부분의 한국남서 내만해역은 육상기원의 영양염류 공급이 적어 낮은 영양염 농도를 나타내고 있음에도 불구하고, 만내 해역은 물론 만외 해역까지 매우 광활한 해역을 자연적 생물생산에 의존하는 패류, 해조류 등의 양식장으로 이용되고 있다. 따라서 이들 생물의 성장에는 필연적으로 높은 농도의 영양염류가 필요하게 되고, 그 필요량은 내만해역으로 유입되는 육상기원의 공급만으로는 절대량이 부족하게 된다. 한국 남서해역에서 보이는 이와 같은 수요와 공급의 모순적인 현상은 어디에서 오는 것일까? 일반적으로 내만, 연안해역의 기초생산은 하천에 의해 유입되는 육상기원의 영양물질에 의존하게 된다. 그러나 한국 남서해역은 내만, 연안해역에 대형 하천 등이 없어 인접된 육상기원의 영양물질 유입이 제한되고 있기에, 한국연안 고유수, 황해저층 냉수 및 중국대륙 연안수와 같은 육상 또는 연안 저염수에 기원을 두는 대형 수괴가 계절에 따라 세력 확장 범위를 달리하면서(조와 김, 1994; Rho and Pang, 1995; 양 등, 1995; 양 등, 2000), 외해 쪽에서 내만 및 연안해역으로 생물생산에 필요한 영양염류를 공급하고 있다고 할 수 있다(〈그림 7〉).

즉, 한국남서 연안해역의 영양염류 공급은 내만의 하천 등에 의한 직접

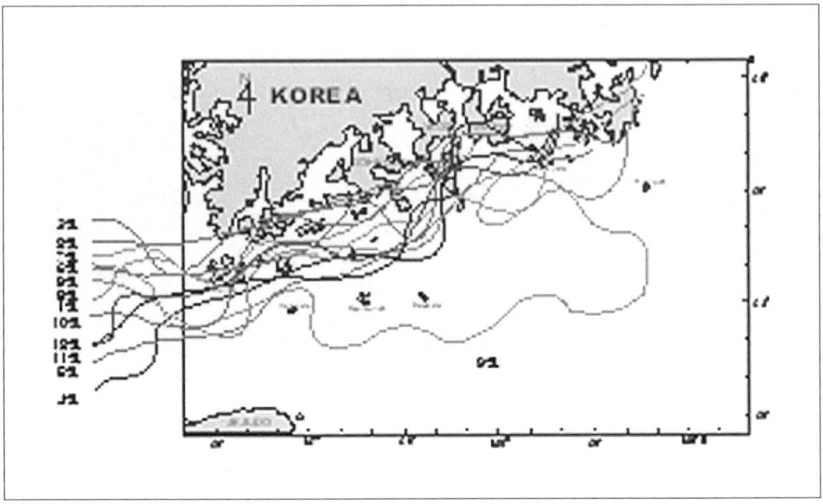

〈그림 7〉 한국남서해역의 이질적 수괴에 의한 전선역의 계절변화

적인 육수 공급원보다도 육상기원의 수괴에 의한 외해로부터의 공급원이 더욱 큰 특징을 나타낸다(양 등, 1995; 양 등, 2000; 윤, 2000, 윤과 박, 2000, 윤 등, 2000).

4) 표층퇴적물 중 유기물량

해양의 저서(퇴적)환경은 수질환경과 달리 표영환경 내의 각종 생물생산 활동 결과 해저에 침강 퇴적된 물질의 누적지표로서, 해역의 환경문제를 고찰하는 데 있어, 생물작용이나 해수유동 등 외부요인에 의해 쉽게 변화하는 수질항목보다 더욱 객관성을 나타낸다. 따라서 본 항에서는 저서환경 중 표층퇴적물 중의 유기물량을 이용하여 한국남서해역의 저서환경을 살펴보았다. 〈표 6〉에는 한국 남서해역의 주요 내만 및 연안해역의 퇴적물 중의 유기물량을 강열감량(IL), 황화물량(H2S), 화학적 산소 요구량(COD)으로 구분하여 계절별, 해역별 변동범위를 나타내었다. 〈표 6〉의 평균값으로부터 비교적 쉽게 분해될 수 있는 이(易)분해성 유기물 지표를 나타내는 COD는 완도 신지도를 제외하고는 모두 양식장 적지기준(일본수산용수기준) 내에 있으나, 유기퇴적물의 누적지표 특성을 나타내는 황화물량은 모든 해역에서 양식장 적지기준을 초과하는 것으로 나타났다. 즉, 한국 남서해역의 표층퇴적층은 외형적으로는 매우 양호한 것처럼 보이나, 실제적으로는 유기오염 등으로 매우 우려할만한 환경조건임을 시사하는 내용이다.

〈표 6〉 한국남서주요 해역의 표층퇴적물 중 유기물농도의 분포범위

항목 \ 해역	가막만	금오수도	득량만	완도연안	일본수산 용수기준
Ignition loss(%)	5.02 ~ 21.11 (8.88)	1.23 ~ 16.79 (6.69)	3.10 ~ 21.51 (5.55)	3.70 ~ 19.15 (7.95)	
Total sulphide (mg/g dry)	nd ~ 16.76 (1.52)	nd ~ 2.43 (0.46)	nd ~ 3.30 (0.36)	nd ~ 1.34 (0.23)	〈 0.2
COD(mg/g dry)	1.80 ~ 44.73 (16.39)	3.55 ~ 42.27 (12.34)	0.37 ~ 18.21 (5.72)	nd ~ 72.87 (20.70)	〈 20
인용문헌	조 등(1994)	윤(2000b)	윤(2000c)	윤(1998b)	

20개 정점 이상의 표층퇴적물 중의 4계절 조사한 결과를 원칙으로 하였음. 극단적인 값은 특정 일부 해역 및 계절에만 해당

또한, 이와 같은 결과는 표영환경의 수질과는 상반되는 내용으로 생물활동 등에 의해 쉽게 변화되는 표영환경은 비교적 양호한 상태를 나타내나, 해저표층퇴적층은 양식 부산물 등이 대량 투기로 해저 골 등에 유기물이 집적되는 것을 의미한다. 실제, 황(2001)은 고흥군의 경우 미역 단일품종으로 연간 약 10만 톤을 생산하나, 포자를 형성하는 미역귀는 수확되지 않고 양식 부산폐기물로서 전량 해양에 투기된다고 하였다. 고흥군에서 연간 투기되는 미역귀는 무게기준으로 전체 미역 생산량의 30~40%에 해당되는 3~4만 톤으로 추정하였다. 즉, 한국남서해역의 저서환경은 표영환경과는 달리, 양식장으로 이용되는 해역을 중심으로 해저유기오염

등에 의한 해역환경문제의 심각성이 우려되며, 이들은 직접적으로 해역 생물생산의 저하와 질병 발생 등 해역에 나쁜 영향을 미칠 것으로 판단할 수 있다.

이와 같은 결과는 Kang et al.,(1993)이 우리나라 연안전체를 대상으로 각 해역별로 몇 개의 정점을 선정하여 1회의 표층퇴적물 중 유기물량을 측정한 결과, 한국 남서해역의 대부분은 매우 낮은 농도로 깨끗한 표층퇴적 환경을 나타낸다는 보고와는 상반되는 내용이다. 그러나 이와 같은 차이는 광역의 해역에 대해 대표성이 부족한 몇 개의 정점 값만으로 해역특성을 판단하기에 나타나는 결과로 해역특성 파악에서는 대표성을 표현할 수 있는 적정수준의 랜덤 표본이 필요함을 시사하는 결과라 할 수 있다.

다만, 우리나라 연안해역에서 가장 양호한 해양환경을 보이는 남서해역의 표층퇴적물의 유기오탁 정도가 우려되는 수준이라는 것은 우리나라 연안해역 전체의 문제로서, 앞으로 해역의 생물자원을 효율적으로 이용해야 하는 국가적 입장에서는 해역문제를 해결하기 위한 해역관리 및 이용방안 도출이 시급히 이루어져야만 한다는 것을 시사하는 것이라 할 수 있다.

5) 한국남서해역 해양생태 특성 – 식물플랑크톤 군집을 중심으로

(1) 종조성 및 우점종

한국 남서해역의 기초생산을 담당하는 식물플랑크톤 군집구조의 특징을 살펴보면, 출현종수는 계절 및 해역, 그리고 연구자에 의해 많은 차이를 나타낸다(<표 7>). 따라서 일반적으로는 오랜 기간 다양한 연구자에 의해 다양한 연구 자료가 축적된 광양만과 같은 해역은 최근 1-2회 연구 자료에 의존하는 완도권 및 목포권역에 비해 다양한 종 출현을 나타내게 된다. 이와 같은 이유로 단순히 <표 7>에 제시된 자료만으로 해역 간 비교 · 분석하기에는 다소 문제가 있으나, 전체적으로는 내만해역에서 보다 많은 종이 출현하고 있으며, 목포연안 등 여름철 황해저층냉수괴의 영향을 받는 해역보다는 대마난류 영향을 받는 고흥연안 및 여수 연안해역에서 보

다 다양한 종 출현 특성을 나타낸다. 그러나 한국남서해역의 경우 해역의 부영양화 정도와 출현종수 사이에는 큰 관련성이 없는 것으로 나타났다. 다만, 한국남서해역 식물플랑크톤 연구는 분류학자가 아닌 생태학자에 의한 보고 내용들로서 제시된 연구방법(광학현미경 등)으로는 지나치게 종 분류가 세분화되어 있는 문헌들이 다수 있어 분류 학자에 의한 재확인이 필요하다고 할 수 있다.

우점종은 대상해역에서 적어도 한 계절 이상 정점 평균 약 30% 이상 출현하는 종을 원칙으로 하였으며, 광양만과 득량만의 일부문헌, 고흥연안의 문헌자료에서는 우점율 파악이 어려워 문헌에 우점종으로 나열된 종을 일괄 정리하였다. 또한, 우점종은 동일종에 대해서도 계절에 따라 다른 우점율을 나타내기에 표에는 우점 순위를 무시하여 규조류, 식물성 편모조류 순으로 나타내었다(〈표 7〉).

〈표 7〉로부터 한국 남서해역의 식물플랑크톤 군집은 전체 계절 중심목 규조류에 의한 우점 현상이 탁월하였다. 다만, 고수온기에는 내만 / 연안해역을 막론하고 와편모조류를 중심으로 하는 식물성 편모조류 출현 및 우점이 보여 지며, 비교적 외해 및 개방된 해역에서도 와편모조류에 의한 우점이 관찰된다(윤 등, 1992 ; 김과 윤, 1997 ; 윤, 1998a ; 정 등, 2000a). 특히 여수 및 고흥연안의 개방된 해역인 남해 중앙부 해역에서는 와편모조류인 Scrippsiella trochoidea에 의한 우점현상이 특징적으로 보이며, 휴면포자의 분석에서도 S. trochoidea에 의해 극우점되는 결과를 보인다. 또한 남서해역은 계절과 해역에 따라서는 저서성 규조류가 최우점종으로 출현하기도 한다. 그리고 2002년 이른 여름에는 제주서방의 외해역에서 양자강 하구의 영향을 받는 해역에 적조를 형성하는 와편모조류, Prorocentrum donghaience에 의한 극우점 및 적조현상이 보고되기도 하였다.

〈표 7〉 한국남서 주요 해역의 식물플랑크톤 출현종조성과 우점종

해역 / 항목	종조성	우점종	일본수산 용수기준
광양만	104종 342종	*Asterionellopsis glacialis, Chaetoceros affinis, Ch. curvisetus, Ch. devilis, Ch. didymus, Ch. socialis, Detonula pumila, Eucampia zodiacus, Guinardia delicatula, G. striata, Leptocylindrus danicus, Pseudonitzscia pungens, Skeletonema costatum, Stephanopyxis palmeriana, Thalassionema nitzschiodes, Alexandrium flatercula, Ceratium fusus, Chroomonas sp., Prorocentrum detatum, P. triestinum*	최(1970), 심 등(1984), 조 등(1994), 윤(2001), 윤과 고(2001), 윤 등(2001)
가막만	54속 98종	*A. glacialis, Ch. curvisetus, E. zodiacus, L. danicus, Pn. pungens, S. costatum, Scrippsiella trochoidea,*	윤(1995), 윤(1998), 윤(2000f)
여자만	34속 87종	*Ch. curvisetus, Ch. decipiens, Coscinodiscus centralis, Cylindrotheca closteium, Thalassiosira weissflogii*	이와 윤(2000)
득량만	50속 111종	*A. glacialis, Bacillaria paxillifer, Bacteiastrum delicatulum, Ch. affinis, Ch. curvisetus, E. zodiacus, Guinardia flaccida, Nitzschia longissima, Proboscia alata, S. costatum, Prorocentrum minimum*	이와 이(1999), 윤(1999), 윤과 김(2003)
고흥연안	72속 183종	*Chaetoceros pseudocurvisetus, Pn. pungens, S. costatum, Alexandrium cohorticula, Gyrodinium impudicum, P. triestinum, S. trochoidea*	정 등(2000)
완도연안	33속 56종	*Chaetoceros sp., E. zodiacus, L. danicus, S. costatum, Alexandrium catenella, Prorocentrum micans,*	윤(1998)
목포연안 (시아해)	27속 36종	*B. paxillifer, L. danicus, S. costatum, Paralia sulcata*	윤(1998)
개방해역 (여름)	41속 85종	*Guinardia delicatula, G. striata, Gyrodinium sp., Pleurosigma normanii, Prorocentrum donghaience*	김과 윤(1997), 윤 등(2003; 2007)

(2) 세포밀도(현존량)

한국 남서해역에서 계절조사를 원칙으로 한 식물플랑크톤 현존량(출현 세포밀도) 자료를 살펴보면, 전반적인 시·공간적 분포는 매우 크게 나타나서 103 cells/L에서 106 cells/L의 단위로 출현한다(〈표 8〉). 해역별로는 남서해역의 동측에 위치하는 광양만, 가막만, 여자만 등의 비교적 산업단지나 하천에 의한 담수유입이 원활한 내만 해역에서 106 cells/L 이상의 출현밀도를 나타내며, 완도, 목포연안과 같이 서부의 개방된 해역에서 105 cells/L 내외의 출현밀도를 보였다. 그리고 공간적 분포 차이는 당연하나, 일반적으로 부영양화 진행으로 정점 사이의 영양염류 농도 구배가 크게 나타나는 내만해역에서 크고, 개방된 특성으로 비교적 균일한 해양환경을 보이는 해역에서 적었다.

그러나 적조발생 등 비정기적인 조사에서 기록되는 출현 세포밀도는 광양만의 경우 1985년 이후 107 cells/L 이상의 높은 세포밀도가 13회 이상 기록되었으며, 최고는 1988년 7월 남조류인 *Mycrocystis* sp.에 의한 적조발생 때에 1.4x108cells/L를 보이는 등(윤, 2001) 매우 높은 세포밀도를 보였다. 가막만도 광양만과 유사하여 1980년 이후 10^7 cells/L 이상의 세포밀도가 13회 이상 기록되었고, 최고는 1987년 8월 규조류, *Chaetoceros affinis*, 와편모조류, *Alexandrium affine*, 남조류 *Mycrocystis* sp.에 의한 혼합 적조발생 때에 1.3x108cells/L를 나타내었다(김 등, 1998).

이와 같은 높은 식물플랑크톤 세포밀도가 출현하는 것은 해당해역 전체는 아니라 할지라도 일부 폐쇄성이 강한 내만해역의 경우 극심한 부영양화과정을 지나 과영양화 단계에 접어들어 있음을 뜻한다고 할 수 있다. 실제, 1990년 이후 한국남서해역의 가막만 북서 내만해역에서 7월에서 9월 고수온기에 해저 무(저)산소층이 발견되는 등 극심한 부영양화 현상이 관찰된다(윤, 미발표).

〈표 8〉 한국남서해역의 식물플랑크톤 세포밀도(cells/L)

해역/항목	세포밀도의 범위(cells/L)	인용문헌
광양만	1.1x105 ~ 2.8x106	심 등(1984)
가막만	2.8x103 ~ 5.2x106	윤(1995)
여지만	4.8x103 ~ 2.8x106	이와 윤(2000)
득량만	2.6x103 ~ 1.0x106	윤(1999)
완도연안	2.8x103 ~ 8.4x104	윤(1998a)
목포연안	9.6x103 ~ 6.3x105	윤(1998c)
개방해역	1.1x104 ~ 3.3x105	김과 윤(1997)

(3) 식물플랑크톤 군집 동태

식물플랑크톤의 패치나 군집의 변동 스케일은 공간적으로는 수 km 범위의 변동을, 시간 단위로는 주간 변동을 보이기에, 한국 연안에서 일반적으로 보이는 월간 또는 계절 간격의 몇 개 정점을 대상으로 한 연구결과만으로는 군집동태를 파악할 수는 없다. 그러나 여러 가지 해양조사에 대한 제한성 때문에 이와 같이 부족한 자료에 의한 식물플랑크톤 군집구조 및 동태 해석을 할 수밖에 없는 것도 현실이다. 그러나 본 절에서는 한국 남서해역의 내만해역에 해당되는 가막만과 개방특성을 보이는 제주도 연안의 1개 정점을 대상으로 주 1회에서 3회 조사한 생표본 관찰에 의해 분석된 자료(윤 등, 1992; 윤, 1995, 김, 1999)를 토대로 한국남서해역의 식물플랑크톤 군집의 계절 동태를 서술한다.

일반적으로 한국연안과 같은 온대해역의 식물플랑크톤 군집은 연간 규조류에 의해 점유되나, 고수온기에는 와편모조류를 중심으로 하는 식물성 편모조류에 의한 출현비율과 우점도가 높게 나타난다. 즉, 한국남서연안 중 개방된 특성을 나타내는 제주북쪽 연안에서 격일 간격으로 생시료를 대상으로 분석한 식물플랑크톤 군집 중 규조류와 식물성 편모조류의 시간적 변동 특성을 보면(〈그림 8〉), 이와 같은 내용을 잘 설명해준다. 〈그림

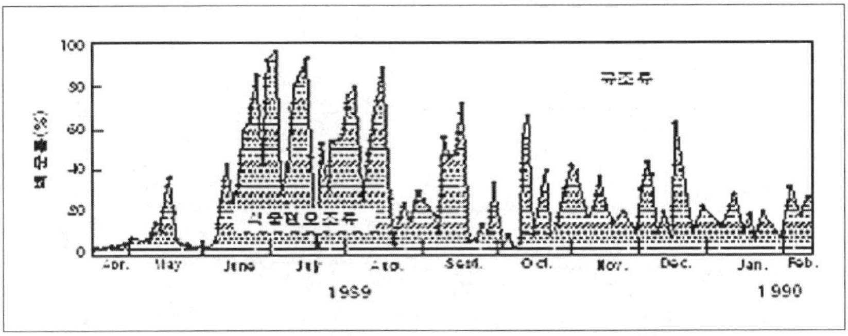

〈그림 8〉 남해 제주북부연안에서 식물성 편모조류와 규조류 출현세포밀도의 주간변화 상대비(윤 등, 1992)

8〉에서 식물플랑크톤 군집 중에 규조류에 의한 세포밀도는 연중 규조류에 의해 점유 비율이 높게 나타나지만, 6월에서 8월 초까지의 수온 급 상승기 및 고수온기에는 식물성 편모조류에 의한 점유율이 60% 이상으로 높게 나타난다(윤 등, 1992).

이와 같은 결과는 한국남서해역인 가막만에서도 유사하며(윤 1995; 김, 1999, 〈그림 11, B〉 참조), 생물군별 출현 특성에서 규조류는 계절적인 중장기변동의 특성을 보이는 것에 반해, 와편모조류를 중심으로 하는 식물성 편모조류는 종에 따라 다르지만 고수온기에 매우 짧은 간격으로 수일, 주간 또는 월 간격의 매우 단기적인 변동양상을 보인다(〈그림 9〉).

그리고 계절적인 변동 양상은 제주연안해역과 같이 개방되어 있고, 육상으로부터 담수유입이 적은 해역에서는 봄철에 식물플랑크톤 군집이 blooming을 발생시키나(〈그림 10〉), 한국남서 내만해역에서는 일정한 계절변화 양상이 보이지 않을 뿐만 아니라(조 등, 1994; 윤과 고, 1995; 윤, 1995, 1998a, 1999; 이와 이, 1999), 영양염류 고갈이나 해수혼합으로 식물플랑크톤 군집의 성장이 나쁜 것으로 알려진 여름(윤과 고, 1995; 윤, 2000a)이나 겨울(윤, 1995, 1998, 1999)에 봄 보다 더 높은 세포밀도를 나타낸다.

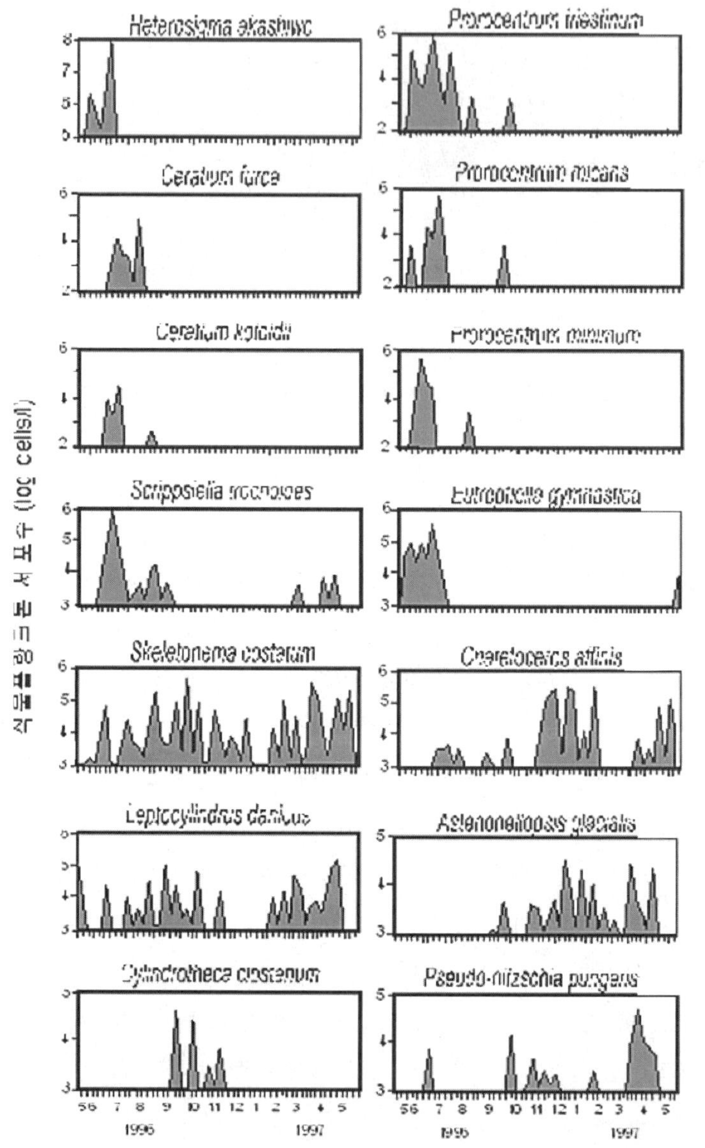

〈그림 9〉 가막만 주요 우점종의 출현양상(위 4단 식물성 편모조류, 밑 3단 규조류) (김, 1999)

즉, 부영양화가 진행된 내만해역의 경우는 연중 영양염류 농도가 충분하며 혼탁된 특성을 보이기에 수온이 높고 빛 투과 특성이 좋은 여름에 식물플랑크톤 출현 세포밀도가 높게 된다는 결과(Yoon, 1989; 윤, 2000)나, 일반적인 온대해역의 경우 봄과 가을에 식물플랑크톤 군집의 대발생이 보이는 것에 반해, 수심이 얕고 수직혼합이 잘되는 내만 해역에서는 겨울에 대발생이 일어난다는 보고와 일치하는 현상이다.

조사 빈도에 따라 다소 다른 결과를 보이지만 일반적으로 한국남서 내만 해역의 경우에는 저수온기(겨울)가 타 계절보다도 높은 식물플랑크톤 세포밀도를 나타낸다(〈그림 11〉). 〈그림 11〉에는 득량만과 가막만에서 식물플랑크톤 출현 세포밀도의 경시적 변동특성을 나타낸 것으로서 겨울이 가장 높은 세포밀도를 나타냄을 보여준다(윤, 1995, 1999). 이와 같은 결과의 원인으로서는 한국남서 내만 해역의 경우, 수심이 얕고 조석 차가 커서 조석혼합이 활발하고, 수괴의 연직 성층과 혼합정도도 조석주기에 따라 변화하는 특성을 나타내기 때문이다. 또한 한국 남서해역은 대마난류의 영향으로 겨울에도 비교적 높은 수온을 나타내며, 식물플랑크톤의 광합성 활동에 필요한 광 조건도 다른 계절에 못지않게 충분히 해수 중에 투과되는 특성을 나타낸다.

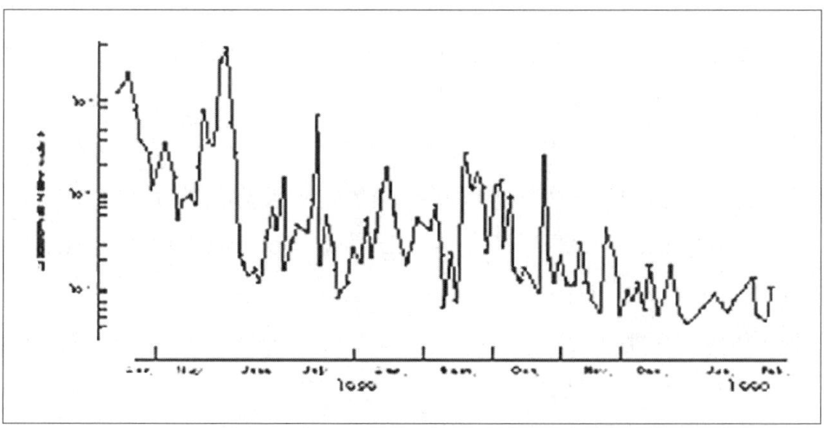

〈그림 10〉 제주 북부연안의 식물플랑크톤 세포밀도의 격일변화(윤 등, 1992)

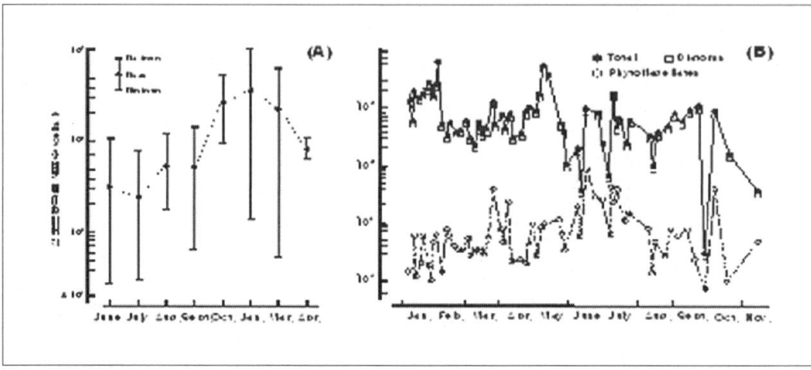

〈그림 11〉 득량만(A: 윤, 1999a)과 가막만(B: 윤, 1995)의 월별, 주간별 식물플랑크톤 세포밀도의 변화

(4) 식물플랑크톤 생물량

한국남서해역의 식물플랑크톤 생물량(Chlorophyll a, Chl-a) 역시 해역에 따라 조사 횟수의 차이가 있어 일률적인 비교 및 해석은 어려우나, 연 평균으로 2.07 mg/m^3에서 6.36 mg/m^3로 변동하여 매우 높은 기초생물생산 잠재능력을 가지는 것으로 나타났다. 식물플랑크톤 세포밀도와 같이 광역적인 조사나 영양염류 농도 경도가 큰 해역에서 큰 공간적 분포 차이를 보이며, 특히 그 경향은 내만 해역에서 더욱 뚜렷하다(〈표 9〉). 이는 한국남서해역은 매우 높은 생물생산 잠재력을 지니고 있는 해역으로 효율적인 이용과 관리방안이 수립되어 시행된다면, 막대한 해양생물자원 생산이 기대될 수 있다는 것을 시사하는 내용이라 하겠다.

해역별로 가막만의 경우, 약 3주의 간격으로 Chl-*a* 농도의 증가와 감소가 반복되는 경향을 보이나, 뚜렷한 계절변동 양상을 보이지 않았다. 또한 Chl-*a* 농도는 봄보다 식물성 편모조류에 의한 점유율이 높은 여름과 가을의 고수온기와 식물플랑크톤 출현세포 밀도가 높은 겨울에 높은 값을 나타낸다(〈그림 12, A〉). 이와 같은 결과는 월 간격으로 분석한 광양만의 경우도 유사하였다(〈그림 12, B). 그리고 층별로는 대부분의 계절에 표층이 저층보다 높은 Chl-*a* 농도를 나타내지만, 겨울에는 저층이 표층보다

〈표 7〉 한국남서 주요해역의 엽록소(Chl-*a*)의 변동범위

해역/항목	Chlorophyll a(㎎/㎥)	인용문헌	비고
광양만	0.21 ~ 18.72(6.36)	윤과 한(2001b)	월간 측정
가막만	0.34 ~ 17.89(5.00)	윤(2000e)	격일 측정
득량만	0.19 ~ 12.31(2.71)	윤(1999a)	격월 측정
완도연안	0.01 ~ 8.44(2.07)	조와 윤(1997)	계절별 측정
목포연안	0.63 ~ 20.52(2.48)	윤(2000d)	계절별 측정

자료는 표층값으로 ( )속은 자료 전체 평균값(연평균)을 나타냄.

높은 농도 특성을 보인다(윤, 1999 ; 윤과 한, 2001). 한국 남서해역에서 겨울 저층에 높은 Chl-*a* 농도를 보이는 것은 식물플랑크톤 세포밀도와 같은 이유라 할 수 있으며, 수온도 표층보다 저층에서 보다 높은 값을 나타내게 된다.

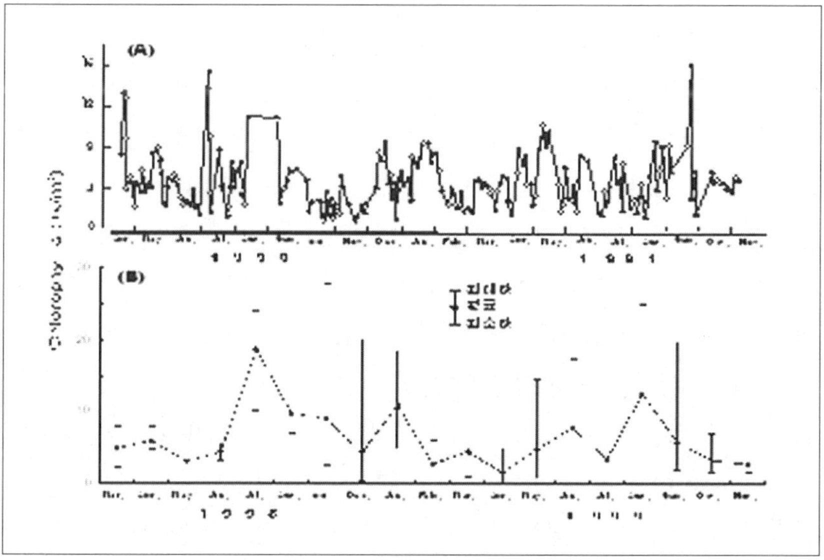

〈그림 12〉 가막만(A ; 윤, 2000e)과 광양만(B ; 윤과 한, 2001b)의 식물플랑크톤 엽록소량의 격일/월 변화

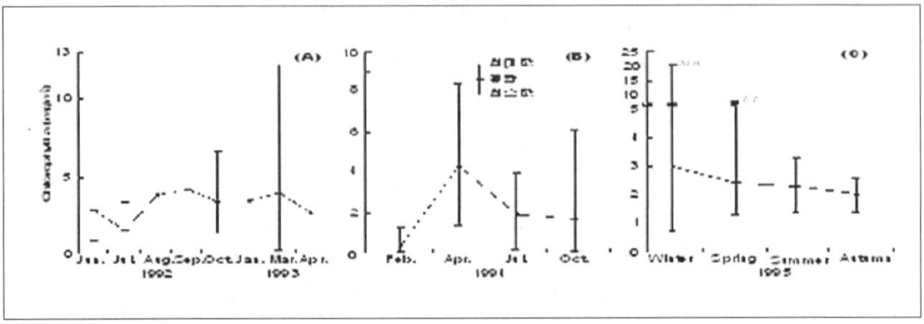

〈그림 13〉 득량만(A ; 윤, 1999a), 완도연안(B ; 조와 윤, 1997) 및 목포 시아해(C ; 윤, 2000e)에서 엽록소 *a* 량의 월변화

그러나 기타 득량만, 완도연안 및 시아해 등 격월이나 계절분석에 의해 보이는 Chl-a 농도의 계절변화는 일정한 경향 없이 해역에 따라 다른 양상을 나타내며, 동시에 조사했던 식물플랑크톤 현존량과도 일정한 관계식이 성립하지 않는다(〈그림 13〉). 특히 이들 해역에서 보이는 최대값 등은 극히 제한된 정점에서 한정적으로 나타나는 특성을 보였다.

그리고 이들 해역에서는 여름에 낮은 식물플랑크톤 세포밀도에 반해 높은 Chl-a 농도를 보이는 등, 동일한 생물군에 의해 표현되는 현존량과 Chl-a 농도 사이에 모순된 결과를 나타내고도 있다(윤, 1999). 이와 같은 두 요인 사이의 상반된 결과 표현은 식물플랑크톤 단위 세포당 Chl-a 농도 함량이 식물성 편모조류와 규조류에서 차이가 있는 점(식물성 편모조류〉규조류)도 있으나, 연안 해역에서는 일반적인 광학현미경 관찰로서 동정이나 계수가 어려운 초미소 플랑크톤에 의한 생물량이 매우 높기 때문이다(심과 신 1989; 심 등, 1984, 1992; Maita and Odate, 1988; Yamaguchi and Imai, 1996). 즉, 한국남서 내만 해역의 식물플랑크톤 군집에서는 현미경 관찰이 어려운 초미소 및 미소 플랑크톤에 의한 점유율이 연중 높게 나타나며(심과 신 1989; 심 등, 1984, 1992; 윤 등, 2003), 이들 미소 플랑크톤에 의한 Chl-a 농도가 높아 광학현미경에 의한 조사방법으로는 상당부분의 식물플랑크톤 현존량이 과소평가되게 한다.

(5) 한국남서해역의 적조

우리나라 연안해역의 적조발생과 확산은 대규모 임해공업단지 조성과 밀접한 관련성을 나타내지만, 최근의 적조발생은 해역의 부영양화와 관련하여 발생하는 빈도가 높아지고 있다. 한국남서해역의 적조발생 기록은 1984년과 1985년 가막만과 광양만에서 발생한 적조를 대상으로 한 이후라 할 수 있다(윤, 1996). 1980년대 중반 이후 이들 해역에서는 지속적인 적조발생과 발생횟수의 증가가 보여 지며, 1995년 이후에는 여름에서 가을에 한정되는 시기이기는 하지만 한국남서 전 해역에서 적조발생이 보인다(김 등, 1998). 한국남서해역 적조 중 가막만에 대해서는 윤(2006), 광양만은 윤(2001) 고흥연안에 대해서는 윤(2001) 및 Yoon(2001)에 정리되어 있다. 또한 목포연안 및 완도 도암만 등에 대해서도 1980년대 말부터 와편모조류에 의한 적조가 보이는 등 해역의 부영양화와 관련한 적조발생이 고수온기를 중심으로 매년 발생한다(김 등, 1998, 국립수산과학원 자료).

본 절에서는 최근 한국남서해역을 기점으로 매년 늦여름에서 초가을 적조발생으로 큰 사회문제화 되고 있는 유해성 와편모조류, *Cochlodinium polykrikoides* 적조에 대하여 간략히 서술한다. 한국연안해역의 *C. polykrikoides* 적조는 1984년 이후 남동해역의 내만 해역을 중심으로 발생이 보여 지던 것이, 1995년부터는 남해 중앙부인 나로도 인근의 연안해역에서 발생을 시작하여 조류와 대마난류에 의해 급속히 남동해역 및 동해로 확산되면서 장기간에 걸쳐 광역적인 해역에 적조를 발생시켜 막대한 수산피해를 발생시키고 있다(〈그림 14〉). 즉, 1995년에는 완도연안해역에서 동해 삼척연안까지 확산되면서 한국 적조발생 사상 최대인 약 800억 원에 달하는 수산피해를 발생시켰고, 이후 매년 피해가 반복되며, 2001년에도 약 80억 원 등의 수산피해를 발생시켰다(〈표 10〉).

〈그림 14〉 적조에 의해 폐사된 어류군집

〈표 10〉 한국연안해역에서 적조생물에 의한 수산피해 기록

년도	적조원인 생물	발생해역	발생해역	피해액 (억원)
1978	*Ceratium fusus(〉45%)*	진해만	패류, 어류	23
1981	*Gymnodinium mikimotoi*	진해만	패류(굴, 홍합, 피조개)	17
1983	*Skeletonema costatum*	온산만	패류, 우렁쉥이	?
1985	*Cochlodinium polykrikoides*	남해도 미조연안	어류(방어, 부시리, 볼락)	?
1988	*Skeletonema, Nitzschia*	통영연안, 원문만	패류(굴)	1.3
1989	*Cochlodinium polykrikoides*	통영연안	어류(방어, 우럭, 농어 등)	6.3
1990	*Gymnodinium sp.* *Alexandrium affine,* *Cochlodinium polykrikoides*	통영연안, 여천연안, 남해군연안	어류(농어, 넙치)	14.9
1991	*Cochlodinium polykrikoides*	남해군연안	어류(넙치)	?
1992	*Cochlodinium polykrikoides*	통영, 고성, 거제연안	어류(방어, 볼락 등)	93.9
1993	*Cochlodinium polykrikoides*	통영, 고성, 거제연안	어류(방어, 볼락 등)	840
1994	*Cochlodinium polykrikoides*	거제연안	어류(넙치)	5
1995	*Cochlodinium polykrikoides*	남해안에서 동해안	어류, 패류, 우렁쉥이 등	764(216)
1996	*Cochlodinium polykrikoides*	남해동부	어류	21(13)
1997	*Cochlodinium polykrikoides*	남해중부에서 동해남부 해역	어류	15 (1)

년도	적조원인 생물	발생해역	발생해역	피해액 (억원)
1998	*Cochlodinium polykrikoides*	남해동부	어류	1.6(0)
1999	*Cochlodinium polykrikoides*	남해동부에서 동해남부	어류	3.2(0)
2000	*Cochlodinium polykrikoides*	남해동부	어류	2.0(0)
2001	*Cochlodinium polykrikoides*	남해	어류	84(1.8)
2002	*Cochlodinium polykrikoides*	남해	어류	49(30)
2003	*Cochlodinium polykrikoides*	남해	어류(전복포함)	215(176)
2004	*Cochlodinium polykrikoides*	남해	어류	1.2(1.2)
2005	*Cochlodinium polykrikoides*	남해	어류	11(9.7)

피해금액 중 ( )속은 전라남도 지역의 적조피해를 나타냄.

그러면 연안 유해적조인 *C. polykrikoides*는 한국남서해역 여수 및 고흥연안의 어떠한 해양환경에 자극을 받고 발생하는 것일까? 이에 대한 해답이 발생기구 해명이기에 아직 명확한 답은 없다. 그러나 한국남부 중앙부에 위치하는 나로도 및 여수연안은 여름철 남해 남쪽해역으로 후퇴하였다가 늦여름에 연안해역까지 강하게 압박해오는 대마난류의 영향으로 이들 해역 인근은 한국연안수 및 중국대륙연안수 등에 의한 전선형성 등으로 복잡한 해황(海況)구조를 나타낸다. 특히 8월말에서 9월은 해수표면 수온이 최고점에서 하강기에 접어들면서 해수가 연직혼합을 발생시켜 성층이 파괴되는 시기이다. 즉, 여수 및 고흥 연안해역의 전선 등에 의한 복잡한 해황구조와 연직혼합에 의한 성층 파괴를 유도하는 수온 등의 물리학적 환경요인이 *C. polykrikoides* 적조발생에 크게 영향을 미치고 있는 것으로 판단된다. 다시 말하면 *C. polykrikoides* 적조발생은 해역의 질소, 인과 같은 영양염류나 생물간 종간 경쟁(정 등, 2000a ; 양 등, 2000)보다 전선형성과 성층 파괴에 의한 수온변동이 가장 큰 요인으로 작용하는 것으로 판단된다(Yoon, 2001). 물론 현재 이에 대한 명확한 자료 제시는 없다. 뿐만 아니라, 아직도 *C. polykrikoides* 적조에 대해서는 표영 환경의 유영세포(종) 유입 기원, 종의 생리적 특성, 수산생물에의 피해 기구 등에 대해 명확하지 않다(Yoon, 2001 ; Kim *et al.*, 2004 ; 오 등, 2006). 다만, *C. polykrikoides* 적조의 생물 군 성장이 매우 느리다는 것(Yoon, 2001 ; Kim et al., 2004), 일반 연안성 적조 원인종과 같이 종 기원이 휴면포자의 발아보다는 외부 유입 가능성(Geesey and Tester, 1993; Tester and Geesey, 1993 ; Imada and Honjo, 2001)이 크다는 것 등에 대해서는 상당한 자료가 축적되어 있다.

(6) 한국 남서해역의 해양환경과 해양생태 특성의 요약

기존의 해양환경 및 식물플랑크톤 군집 특성 관련 문헌에 의해 살펴본 한국남서해역의 해양환경 및 생물해양학적 특성은 다음과 같이 요약된다.

- 한국남서해역은 쓰시마난류, 한국연안 고유연안수, 황해저층냉수괴 및 중국대륙연안수 등 다양한 수괴의 영향으로 시·공간적 해양환경변동이 매우 크다.
- 한국남서해역의 표영환경은 매우 양호한 수질특성을 보이나, 저서환경(표층 퇴적물의 유기오탁)은 해조류 양식장 등 일부 연안·내만 해역에서 우려할 만한 유기오염 징후를 나타낸다. 특히 광양만 인근 해역은 이상적으로 높은 인산염 농도를 나타낸다.
- 한국남서 연안해역의 기초생물생산을 유지시키는 영양염류의 공급원은 내만해역보다는 외부에서 유입되는 육상기원의 수괴에 의해 공급되는 비율이 높다.
- 식물플랑크톤 군집은 매우 다양한 종조성을 나타내며, 연중 규조류에 의해 점유되고 있으나, 고수온기에는 와편모조류 등 식물성 편모조류에 의한 점유 및 우점율이 높게 나타난다.
- 규조류가 연중 월별, 계절별 장기변동을 보이는 반면, 식물성 편모조류는 고수온기에 수일 또는 주간 단위의 단기적 출현 특성을 나타낸다.
- 식물플랑크톤 군집의 계절변동 특성은 얕은 수심과 강한 조석혼합 등

으로 겨울에 도 매우 높은 출현세포밀도를 보인다.

- 고수온기 식물플랑크톤 군집은 극(초)미소 플랑크톤에 의한 점유율이 매우 높은 것으로 나타났다.
- 한국 남서해역은 유해성 적조뿐만 아니라 내만성 적조발생 빈도도 증가하고 있어, 일부 폐쇄적 특성을 나타내는 내만 해역은 심각한 부영양화가 진행되고 있다.
- 유해성 와편모조류, Cochlodinium polykrikoides 적조의 발생기구는 일반 내만성 적조와는 달리 연안해역의 해양구조에 의한 해양환경 특성과 밀접한 관련성을 나타내기에 현재의 특정기관이나 일부 연구자에 의한 단편적인 조사가 아닌 중앙정부 차원의 학제적인 종합연구를 통해 시급히 규명되어야 할 것이다.

이상으로부터 현재 한국 연안에서 해양생물 생산장으로서 가장 좋은 해양환경조건을 가지는 한국남서해역은 외형적으로 보이는 것보다 우려할 만한 환경문제 잠재력을 내포하고 있어, 보다 장기적이면서도 효율적인 해역의 이용과 관리를 위해서는 해양환경은 물론 해양생태구조 전반에 대하여 보다 체계적인 자료 구축 및 정리를 위한 종합적인 연구가 필요하다고 할 수 있다.

4. 2012년 세계해양박람회와 여수?

해양을 주제로 2012년 세계박람회가 열리는 여수지역의 해양환경은 어떠한 특성을 나타내고 있을까? 정부는 여수박람회를 기하여 기후변화에 대한 환경관련의 여수선언을 준비하고 있다. 반드시 주제를 포함하는 특별한 의미를 가지는 지역에서 선언을 해야만 되는 것은 아니겠지만, 선언하고자 하는 주제와 밀접한 관련성을 나타내는 지역의 경우, 그 의미 전달은 더욱 크게 부각되리라 본다. 그런 의미에서 여수란 지역 및 해역에 대해 접근해보면, 육상의 경우는 기후변화에 기여하는 정도가 매우 큰 석유화학단지를 포함한 철강 등 공업단지로서 탄소배출원이 큰 지역으로서의 환경보전의 역할을 제시할 수 있다면, 바다는 어떠한 환경특성을 부각시킬 수 있는 것일까?

정부는 2000년 해양환경의 건강성을 제고하고 생태계 보전을 위한 종합적 관리 체제 구축을 위해 해양오염방지법을 개정하여(2000. 2. 9~2008년 1월 이후 해양환경관리법으로 통합 운영), 효율적인 연안관리를 위해 전국 연안해역에서 향후 지속적인 환경보전을 필요로 하는 가막만, 득량만, 완도-도암만 및 함평만 등 4개 해역을 '환경보전해역', 극심한 해양환경문제가 발생되어 특별관리가 필요한 광양만, 마산만, 부산연안, 울산연안 및 시화호-인천연안 등 5개 해역을 '특별관리해역'으로 선정하여, 해역의 효율적 관리방안을 도출하려 노력하고 있다(해양수산부, 2001). 이들 9개 지정해역 중 1개의 특별관리해역과 4개의 환경보전해역 모두는 여수인근해역을 기점으로 하는 한국남서해역에 포함된다. 즉, 광양만은 1970년 이후 여수석유화학단지, 광양제철소, 광양 컨테이너부두 등 대형 임해공단이 연안부에 건설되면서 공업화에 의한 부영양화 현상이 진행되어 있는 반면, 여자만, 득량만, 완도-도암만 등의 내만해역은 지금도 주로 해양 동·식물의 산란, 성육장은 물론 증·양식장소로만 이용되고 있어, 과거의 환경을 잘 유지하고 있는 해역으로 앞으로도 해역보전과 이용에 더욱 세심한 검토가 필요한 곳이라 하겠다(〈표 11〉).

〈표 11〉 국가지정 해양환경보전해역과 해양환경 특별관리해역 지정현황

구분	지정해역	지정면적	비고
환경보전해역 (4개소)	함평만,도암만(완도) 득량만,가막만	2,192.8㎢(해면부:1,127.6㎢ 육지부:1,065.2㎢)	모두 전남
특별관리해역 (5개소)	시화호및인천연안,광양만 마산만,부산연안,울산연안	2,891.1㎢(해면부:1,172.4㎢ 육지부 : 1,718.4㎢)	

해양수산부고시제2000-3호

또한 2000년 이후 해양수산부(현재 국토해양부)는 습지보전법에 의거 국내 연안갯벌에서 비교적 환경보전이 잘된 갯벌에 대하여 연차적으로 해양습지보전지구로 지정하여 개발행위를 제한하는 등 보전대책을 실시하고 있다. 현재 연안갯벌에서 8개를 지정하여 보전지구로 지정하고 있으며, 8개 중 6개는 서해안, 그리고 남해안에 2개 지역이 지정되고 있지만, 모두 여수서측에 위치하는 여자만 상부에 위치한다(〈표 12〉). 현재는 모두 매립으로 임해공업 단지화가 되어 있지만 최근까지도 광양만 내만해역 및 섬진강 하구역은 잘 보존된 습지였으며, 현재에도 갈사갯벌 등은 비교적 원형이 잘 보존되어 있다.

이와 같이 여수를 중심으로 해역특성을 살펴보면, 2012년 여수세계박람회 부지로 지정된 오동도 인근의 여수해만을 중심으로, 상부 광양만을 비롯 경상도 측의 동부해역은 1960년대 이후 산업개발에 따른 각종 공업부산물 배출로 인하여 해역의 부영화 등 해역환경문제가 심각하게 발생하는 해역인 반면, 가막만, 여자만, 득량만, 도암만, 함평만 등은 아직까지도 산업발전에 따른 공장폐수 등의 부산물 영향의 없이 해양환경을 이용한 높은 생물생산을 영위하는 해역으로 구분될 수 있게 된다.

〈표 12〉 습지보존법에 의해 지정된 갯벌습지보전 지구 현황

지역명	면적(㎢)	지정일자	비고
무안 갯벌	35.9	2001. 12. 28	람사 등록
진도 갯벌	1.24	2002. 12. 28	
순천만 갯벌	28.0	2003. 12. 31	
보성 벌교 갯벌	7.5	2003. 12. 31	람사 등록
옹진 장봉도 갯벌	68.4	2003. 12. 31	람사 등록
부안 줄포만 갯벌	3.5	2006. 12. 15	
고창 갯벌	11.8	2007. 12. 31	
서천 갯벌	16.5	2008. 02. 01	

즉, 국제적으로도 한국남해안과 같이 비교적 적은 규모에서 산업개발에 의한 부영양화 등 환경문제가 빈발하는 해양환경과 근대 산업부흥과는 다소의 거리감을 나타내는 원시적 자연환경을 유지하면서 높은 생물생산을 영위하는 해역이 동시에 존재하는 지역은 찾아보기 어려운 예라 할 수 있다.

따라서 이와 같은 지역 및 해역적 특성을 나타내는 여수에서 해양산업과 관련한 박람회의 개최 및 여수선언을 준비하고 발표할 수 있다는 것은 매우 큰 상징적 의미를 가질 뿐만 아니라, 현재의 해양한경문제가 되는 해역의 성공적인 환경복원 사례 등은 여수를 단순한 엑스포 개최지가 아닌 해양환경 분야에서 선도적 기술을 보유하고 응용하는 국제적 사례지로서 엑스포 이후에도 지속적인 관심을 집중시킬 수 있는 곳으로 부각시키는데 부족함이 없는 여건을 구비하고 있다고 할 수 있다.

지속가능성

여수세계박람회와 친환경양식 _ 정관식

연안통합관리와 연안환경보전 _ 조현서

여수세계박람회와 친환경양식

정관식 | 전남대 교수

1. 식품소비의 대한 동향과 친환경(유기)식품

최근 전 세계적으로 안전하게 먹을 수 있는 식품의 안전성과 건강한 삶을 추구하는 데 필수적인 웰빙(Well-being)식품에 대한 관심은 공통적인 현상이다. 이러한 배경으로 식품에 대한 소비자의 요구도 보다 까다로워지고 고도화되고 있으며 특히, 안전하고 믿을 수 있는 식품, 즉 친환경(유기)식품에 대한 선호가 높아지고 있다. 오늘날의 식품소비는 안전성 유무가 섭취의 기본적인 요건으로 자리매김하였으며, 그 결과 안전하고 믿을 수 있는 친환경(유기)식품에 대한 수요가 꾸준히 높아지면서 관련시장의 규모가 확대되고 있다.

전 세계의 친환경(유기)식품시장은 매년 40%이상의 고성장을 이루고 있는 추세이며, 미국의 경우 1999년에서는 65억 달러에서, 2000년도에는 80억 달러로 성장하였고, 유럽과 일본은 각각 53억 달러, 30억 달러 규모의 시장을 형성하고 있으며, 2010년에는 460억 달러, 110억 달러 확대될 것으로 전망하고 있다. 국내에서는 친환경(유기)농산물(유기농산물, 전환기유기농산물, 무농약농산물, 저농약농산물)의 생산량은 2004년 기준으로 약 46만 톤으로 알려져 있으며, 시장규모는 2003년엔 4천 70억 원에서는 2004년에는 약 6천 7백억 원, 2006년에는 1조 3000억 원으로 추산되고 있으며, 2010년에는 3조 2천억 원, 2020년에는 8조 9천억 원으로 전망되고 있다. 또한 친환경(유기)농산물은 일반농산물에 비해 고가임에도 불구하고 소비자의 선호도 및 소비량은 증가추세에 있으며, 이것은 국내 소비자들의 건강에 대한 관심이 무공해 식품, 웰빙에 환경 개념을 추가한 로하스(LOHAS, Lifestyles of Health and Sustainability)적 식품을 선호하는 의식으로 전환되고 있기 때문이다.

2. 친환경(유기)이란 무엇인가?

친환경이란 용어는 영어로 "Environment friendly" 또는 "Eco-friendly", 보통 "Eco-friendly"가 주로 사용되고 있다. 그 이유로는 'Eco'의 사전적인 의미가 환경은 물론 생태라는 의미를 모두 포함하기 때문이다. 또한 식품 분야에서는 "유기(Organic)"라는 용어도 사용되고 있으나 친환경이란 용어가 일반인들에게 더 널리 알려져 있으며 범위도 더 넓다. 하지만 농업을 비롯한 관계된 자료에 의하면 친환경과 유기를 대부분 공유하고 있어 친환경과 유기는 혼용하여 사용되는 경우가 대부분이다. 그리고 친환경(유기)과 상반되는 용어로서 "관행(Conventional)"이 있으며, 이는 친환경(유기)으로 인증 받지 못하는 방법에 의해 생산되는 농업 생산물을 말하고 있다. 이러한 친환경(유기)에 대한 개념은 "자연환경과 생태계를 지속적으로 보존하면서 국민모두가 건강하게 살아가고자 하는 인간의 사회적 웰빙" 또는 "환경을 파괴하지 않고 자연스러운 환경과 어울리는 성질"로 정의 할 수도 있으나 친환경(유기)의 개념 및 범위에 대해서는 국가나 단체에 따라 다양하게 정의되고 있다.

친환경(유기)의 역사는 농업에서 시작되었다. 산업혁명 이후 농업생산량을 획기적으로 늘릴 수 있는 화학비료가 개발됨에 따라 증산위주의 식량 정책에 크게 기여하였다. 그러나 자연생태계의 파괴와 토양의 산성화, 황폐화와 생산성 저하로 화학비료를 이용한 영농의 폐해가 심각한 지경에 이르자 친환경(유기)농업에 대한 실천이 요구되기 시작하였다. 이러한 자연생태계에 악영향을 주지 않는 영농방법인 친환경(유기)농업에 대하여 관심을 갖기 시작하였으며, 이러한 친환경(유기)농업은 유럽에서 시작되어 점차 전 세계적으로 확산되기 시작하였다. 이러한 시점에서 유기농업운동의 전 세계적 추진과 각국 유기농 공동체와의 네트워크 형성과 유기생산 및 가공에 대한 품질기준 제정 및 인증을 위해 1972년 프랑스 베르사유에서 국제 유기농업운동연맹(International Federation Organic Agriculture Movement, IFOAM)이 설립되었다. 2008년 현재 IFOAM 세계 120개국 7백50여 단체로 구성되어 있으며, 이들 단체 중 36개 단체가 IFOAM으로부터 인가를 받아 인증기관으로 활동하고 있고, 이중 약 12개의 인증기관이 양식생산기준을 채택하고 있다. 국내의 경우 친환경농업 관련 단체로 흙살림, 글로벌 유농인, 돌나라 등 46개 단체가 IFOAM회원으로 등록돼 있으며 인증기관으로는 글로벌 유농인과 돌나라가 활동 중에 있으나, 친환경(유기)수산물 관련단체는 회원으로도 아직 가입돼 있지 않다.

식품은 크게 농산물과 수산물로 나눌 수 있으며 농업과 관련된 인구와 연구가 수산업과 비교해 월등히 높기 때문에 발전속도는 항상 농산물이 수산물과 비교해 앞서가고 있다. 따라서 친환경(유기)에서도 농산물은 수산물에 비해 연구자료나 제도적인 면에서도 훨씬 앞서가고 있다. 그 예로 국내의 경우 농산물은 1997년부터 친환경 농업육성법이 제정되어 품질인증을 받은 친환경 농산물이 생산 및 유통되고 있지만, 수산물에서는 2007년에 수산물이력추적관리제도와 친환경수산물인증제도를 도입하는 수산물품질관리법이 개정되어 2008년부터 시행되고 있다. 이렇듯 친환경 수산물은 농산물에 비해 출발단계로 볼 수 있으며 또한 어업인들과 국민들이 친환경 수산물에 대해 이해할 수 있도록 지속적인 홍보가 필요한 시점이라 할 수 있다.

최근 친환경(유기)트랜드는 현대문명에 대한 새로운 대안으로 부각되고 있는 만큼 전 세계적으로 지속적인 유지와 발전이 이루어질 것으로 전망된다. 그 이유로는 건강과 장수는 인류의 소망인 만큼 강한 전파력을 나타내며, 사스 광우병, 비만 등 인류 건강에 대한 위협요소가 커져가고 있는 상황에서의 친환경 수산물에 대한 인식변화와 친환경과 친건강 개념을 접목한 수산물 친환경(유기)트랜드의 급속한 파급이 예상되고 있다. 특히 수산물의 트랜드는 다른 분야와 융·복합하여 새로운 형태로 진화하여 새로운 산업형태로 급성장할 것으로 예상될 수 있다

3. 친환경 수산물의 정의

친환경 수산물이란 영어로 "Eco-friendly aquaculture seafood" 또는 "Organic aquaculture seafood"로 표현되고 있으며 인체에 유해한 동물의 약품 및 기타 화학적 합성물질 등의 사용을 억제하여 수서생태계를 보전하고 '친환경 수산물 생산기준' 에 따라 생산된 안전한 양식 수산물로 정의될 수 있다. 이러한 친환경 수산물은 해수, 기수 및 담수에서 다양한 형태로 생산되는 생물로서 못, 수조 등과 같은 폐쇄된 양식장과 줄, 구조물 등을 이용한 개방된 양식장에서 성장하는 수산동식물 포함하고 있다.

최근 경상대 친환경 수산물 연구그룹에서는 친환경 수산물을 해수, 기수 및 담수에서 IFOAM(국제유기농업운동연맹)의 기초기준에 따라 동물용의약품 및 기타 화학적 합성물질의 사용을 최대한 배제하고, 생태계의 유지와 생물의 건강 및 복지에 입각해 친환경 수산물의 생산기준에 따라 생산된 양식산 수산물로 정의하고 있다. 이렇듯 친환경 수산물은 수산자원의 고갈을 초래할 우려가 없으며 인위적인 관리가 가능한 양식수산물이 대상이 된다.

모든 농수산물과 같이 친환경(유기)수산물 역시 최종적으로 인간에서 식품으로서의 가치를 최우선으로 하기 때문에 식품에서의 필수적인 가공과정에서도 친환경에 대한 요구가 증대되고 있어 친환경 수산물에 대한 가공식품에 대해서도 그 관심이 증대되고 있으며, 이러한 친환경 수산가

공에 대해서 친환경으로 생산된 양식수산물을 원료로 위생적 처리 시설(세척, 건조, 냉장, 냉동, 살균 및 포장 등)을 갖춘 가공공장에서 제조·가공한 식품이라고 정의하고 있다.

4. 친환경(유기) 양식이란?

친환경식품 중에서도 유기식품은 '지속적인 생산이 가능할 것', '환경에 대한 부화를 경감할 것' 이라는 두 가지 전제를 만족시켜야 한다. 즉 유기식품이란 지속가능한 생산시스템을 구성 · 촉진하는 것이야 한다는 의미이다. 이러한 점에서 양식수산물은 남획을 통해 수산자원의 고갈을 초래할 우려가 없다는 점과 생산자가 생산과정 전체를 인위적으로 조정할 수 있다는 점 때문에 유기생산의 대상이 된다. 또한 부화에서 어획되기까지 먹이, 성장환경 등 전체과정이 명확하게 밝혀지기 때문에 제품에 대한 신뢰가 가능하다는 추가적인 이점도 있다. 따라서, 친환경(유기)양식에 대해 정리해 보면 친환경 수산물은 모든 관리가 인위적으로 가능한 양식수산물에 대해서만 적용될 수 있으며, 이것은 친환경 수산물을 생산하는 방식이라고 할 수 있을 것이다. 또한 친환경(유기)양식은 양식어장으로서의 환경수용력(Carrying capacity)을 고려하여 양식생산성을 지속적으로 유지(Sustainable aquaculture)시켜 양식생물자원의 부가가치를 높이기 위한 양식을 의미하기도 한다.

5. 왜 친환경(유기)양식이어야 하나?

영국시사주간지 『이코노미스트(Economist)』는 수산양식을 청색혁명(Blue revolution)으로 표현하였으며, 2030년 정도에는 수산 인류가 섭취

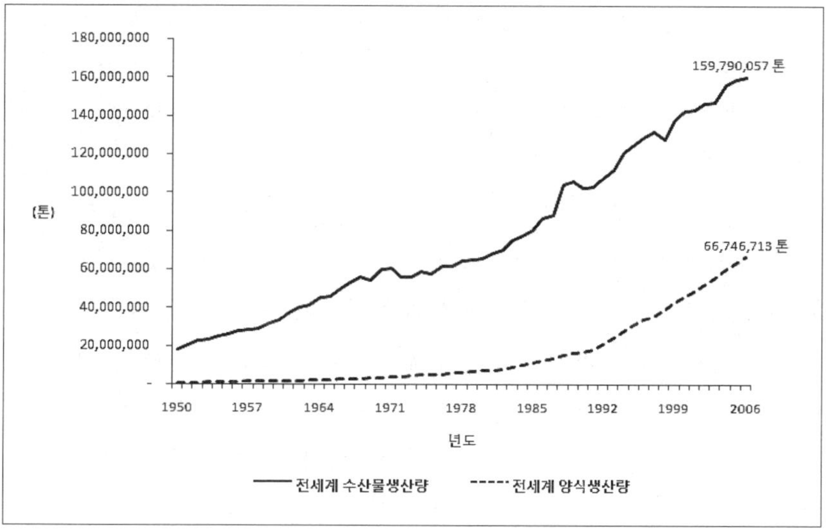

〈그림 1〉 전세계 수산물 및 양식생산량의 변화(FAO)

하는 수산(해양)식품의 대부분이 양식에서 충당될 것으로 전망하였다. 또한 FAO 통계에 따르면 전 세계의 양식생산량은 지난 1950년부터 꾸준한 증가세를 보이고 있으며, 지난 2006년도의 세계 양식생산량은 약 6천6백75만 톤(해조류 포함)이며, 생산금액으로는 약 8백 62억 달러 규모이며 이는 전체 수산물 생산량에 42%에 달하고 있다(〈그림 1〉). 이렇듯 양식생산량은 전체 수산물 생산에서 차지하는 비중이 점차 증대되고 있으며 양식 수산물의 교역량도 매우 빠른 속도로 증가되고 있다. 그러나 이러한 양식 산업의 빠른 성장세로 인하여 양식생산물의 안전 문제, 자원의 지속가능성 문제 그리고 사회적 수용가능성 문제에 대한 우려가 제기되고 있어 친환경(유기)양식을 통한 양식생산은 전 세계적으로 확대되어 나아가고 있다.

지난 2000년 친환경 수산물의 세계 총 생산량은 약 5천 톤으로 이것은 전 세계의 총 양식생산량의 0.01%에 불과하며 대부분 유럽에서 생산, 유통됐다. 하지만 현재까지 전 세계 친환경(유기)양식 생산량과 다양성은 전

세계의 양식생산량의 영역에서 볼 때 크게 뒤처져있다. 이러한 이유로는 친환경(유기)양식의 생산을 위해 적용 가능한 기준 확립이 되어 있지 않으며, 또한 최근까지 선진 몇 개국(유럽, 북아메리카, 오세아니아)이 전 세계 양식생산량의 약 10%에도 미치지 못함에도 불구하고 친환경(유기)양식 인증기관을 거의 독점하고 있는 것도 주요한 요인으로 지적되고 있다. 그러나 세계 양식생산량의 약 90%를 점유하고 있는 중국, 일본, 한국 등의 아시아 국가에서 친환경 수산물에 대한 인식이 고조되고 있기 때문에 앞으로 친환경 수산물의 생산량은 크게 증가될 것으로 전망되고 있으며, 친환경 양식생산량의 경우 2000년 약 5천 톤에서 2030년에는 약 1백 20만 톤으로 약 2백 40배까지 늘어나 2030년 세계 총 양식생산 추정치(1억 9천 4백만 톤)의 약 0.6%를 점유할 것으로 예상되고 있다.

6. 어떤 친환경(유기)양식산업의 형태를 갖추어야 할까?

1) 친환경(유기)양식의 생산기준

우선적으로 친환경(유기) 양식이 되기 위해서는 크게 양식에 의한 환경오염 문제 해결을 전제로 하여야하며 친환경적인 양식형태를 갖추어야 한다.

그러나 바다에 위치한 양식장은 개방된 공간에 위치해 있기 때문에 주위환경에 큰 영향을 받는다. 특히 해류가 소통하기 때문에 입지적인 조건의 영향이 커서 인근의 위치한 양식장 등의 영향을 많이 받아 농업처럼 토지에 해당하는 어장의 인위적 관리가 용이하지 않기 때문에 농업과 축산업 등에 비해 상대적으로 유기생산이 어렵다. 이처럼 양식어업의 성격상 완전한 유기생산에 현실적인 난제가 많다 보니 유기수산물에 대한 국제적인 공통규정이 마련되어 있지 않다.

친환경(유기) 수산물 생산을 위한 세계 각국의 인증기관은 약 20여개의 국가기관 및 사설기관이 있으며, 이들 대부분의 인증기관인 IFOAM의 기초기준을 기본으로 하고 생물의 특성과 지역 특성을 고려하여 세부기준을 설정하고 있다.

IOFAM는 2000년에 유기생산 및 가공기초기준을 제정하면서, 이중 양식생산(Aquaculture production)기준은 제9장에 가공 및 취급(Processing and handling)기준은 제6장에 포함시켰는데, 이때 친환경(유기)양식 수산물에 대한 개념을 정리하고 가이드라인을 발표하였다. 이 가이드라인에서는 유기양식의 수산물의 범위에서부터 어장환경, 생산방법, 나아가 가공에 이르기까지의 포괄적인 항목에 대해 제시하고 있으나, 각 국가에서는 자국 내 실정과 환경조건을 감안하여 자체적인 기준을 설정·운영하고 있다.

IFOAM의 양식생산물을 생산하기 위한 기본조건을 보면 양식생산을 위해서는 환경과 생물의 번성 및 건강을 고려해 ① 지속적이고 재생 가능한 환경에서 생물의 생리학적, 행동학적 요구를 수용하고 ② 대상생물이 주위의 생물상에 미치는 영향을 최소화하고 ③ 이용되지 않는 수산물이거나 수산부산물을 사료로서 주로 이용하도록 하고 ④잔류의약품이 주위의 생태계에 영향을 미치지 않도록 하며 ⑤ 합성수정제의 사용을 금지하고 ⑥가능하면 생물다양성을 유지하는 병행생산을 하도록 권장하고 있다.

일본의 경우 사설단체인 '日本有機水産物認證協會(JOMCA, Japan Organic marine products certified association)'에서 2003년도부터 유기수산물(에코 수산물) 포함 생산기준 설정작업을 실시하여 2004년에는 8종의 담수 및 해수 양식어류에 대한 유기 및 에코 수산물 생산기준을 설정하였다.

영국은 자국 내 유기식품인증단체 중에서 전통적인 권위를 가진 Soil Association의 유기양식어류 인증기준은 자연적인 순환시스템을 중요시하며, 사료, 어장환경, 약품 등 인공합성물질에 대한 기준이 설정되어 있으며, 유기양식장으로 인정받은 곳은 최소한 1년에 1회는 각각의 기준을 준수하는 지를 조사 받는 방식으로 시행중에 있다.

〈표 1〉 친환경 양식관리(생산기준)

기준(안)	
① 양식장 환경 관리에 관한 사항	
② 종묘 입식에 관한 사항	
③ 가두리 관리에 관한 사항	비고
④ 사료 투여량 및 양식에 관한 사항	FOAM의
⑤ 사료 및 사료첨가물 입수, 관리에 관한 사항	기초기준 및
⑥ 어병 진단 및 방역에 관한 사항	JOMCA(유기 및
⑦ 생산물의 어획, 출하에 관한 사항	에코) 기준
⑧ 의약품류의 입수 및 보관에 관한 사항	
⑨ 생산물의 판매관리에 관한 사항	
⑩ 인증기관에 대한 연간생산계획 및 생산결과의 보고에 관한 사항	
⑪ 생산관리 및 현황에 대하여 인증기관에 의한 확인 등 업무수행에 관한 사항	

국내에서도 2008년 8월부터 시행되는 수산물품질관리법 제16조의 10항에 '친환경수산물의 인증기준'을 보면 첫 번째로 양식장의 수질환경은 '환경정책기본법 시행령' 제2조에 따른 수질기준 및 '지하수의 수질보전 등에 관한 규칙' 제11조에 따른 수질기준에 따라 농림수산식품부 장관이 정하여 고시하는 기준에 적합하여야 하며, 두 번째로 친환경수산물 양식용으로 도입하는 종묘는 질병이 없음이 증명되어야 하며, 세 번째로 종묘 도입에서 출하 시까지 양식과정에 대한 관리기록을 유지하여 양식이력을 확인할 수 있어야 하는 것으로 정하고 있다.

2) 친환경(유기)양식과 동물복지

친환경(유기)양식에는 크게 연안의 지속가능한 이용과 생태계 순환모델을 기반으로 한 복합양식(Polytrophic aquaculture)과 환경수용력을 고려하며, 무투약을 실시하여 식품의 안전성을 추구하는 유기양식(Organic aquaculture)으로 나눌 수 있다. 그러나 IOFAM과 영국, 일본, 미국 등의 친환경 수산물의 생산기준을 보면 두 가지 방식의 조건을 모두 만족시켜야 하는 경우가 대부분이다. 따라서 친환경(유기)양식은 주로 생태기반 양식방법의 형태로 이루어진다고 해도 큰 무리는 없을 것이다. 그러나 생태기반 양식방법에 있어서 중요하게 대두되는 부분이 바로 사육되는 생물의 건강과 번성에 직접적으로 연결되는 동물복지이다.

동물복지(Animal welfare)란 동물에게 적절한 주거 환경의 제공, 관리, 영양 제공, 질병 예방 및 치료, 책임감 있는 보살핌, 인도적인 취급, 필요한 경우의 인도적인 안락사 등 동물의 복리와 관련한 모든 것을 제공하는 인간의 의무를 뜻한다. 결국, 동물복지는 문화의 한 부분으로 동물의 수직적인 관계로 인간이 동물을 이용할 수 있으나 불필요한 학대나 고통을 금지하는 것을 지칭하는 말이며, 가축에 있어서는 좀 더 쾌적한 환경을 제공하여 안전하고 위생적인 축산물을 생산·공급함으로써 소비자가 안심하고 소비할 수 있는 기틀을 마련하는 것이라 할 수 있다. 동물복지는 현대의 소비자들은 식품을 안전과 맛으로만 평가하는 것이 아니라 동물(가축)의 복지상태에 따라서도 평가되는데 즉, 동물 복지를 기준으로 평가한 생산물이 가장 안전하고 우수하다는 인식이 내재되어 있는 것이다. 이러한 소비자의 요구에 부응하기 위한 각 나라에서는 동물(가축)복지 축산물에 대한 생산을 시도하고 확산시키는 추세이다.

가축의 복지 축산물의 동향을 보면 현재 생산자, 판매자 또는 임의 단체에서 설정한 기준으로 판정하여 인증하고 있으며, 유럽연합(EU)과 세계적 관련 단체들에 의한 통합기준 설정에 노력 중에 있으며, 특히 EU에서는 2006년 1월 23일 유럽위원회를 설립하여 2006년부터 2010년까지 가축복지 5개년 행동계획을 공표하기도 하였다. 이러한 EU의 가축복지 5개년 행동계획 기본구성을 보면 5개 분야로 나누어져 있는데 첫 번째로 가축복지의 최저 기준을 높이고 낮은 기준의 제 3세계 상품의 수입을 방지하며 동시에 EU상품을 수출하고 두 번째로 동물 복지분야의 연구 및 동물실험에 있어서 3가지 원칙, replacement(대용), reduction(감소), refinement(개량), 즉 3R을 촉구하며 세 번째로 동물 복지에 관한 품질

표시와 규격화를 도입하며 네 번째로 사육자나 일반시민을 상대로 동물복지에 관한 정보 제공과 공동인식을 촉구하고 있다. 마지막 다섯 번째로 EU는 동물 복지분야에 있어서 국제적인 initiative(주도권)을 유지하는 것이다.

일본의 경우는 아직 가축복지 기준에 의해 축산물을 평가하여 상품화된 것은 없으며 다만, 2006년에 유기 축산물 및 유기가공식품규정에 가축복지 관련규정을 삽입하였다. 또한 쾌적성을 고려한 가축의 사양관리에 관한 연구 그룹인 가축복지관련 연구회를 구성하여 가축 복지의 체계적 검토와 국제적 대응책에 대해 연구하고 있으며, 중국의 가축복지는 2007년에 수출용 축산물생산을 위한 '가축복지 축산물 평가기준 연구' 및 모델농장을 설립하였고, 2007년 11월 WSPA, RSPCA, CIWF, FAI, International 등과 공동으로 중국에서 가축 복지 관련 국제 포험을 개최하는 등 일본의 수세적 자세에 비하여 적극적으로 참여하고 있다.

국내의 가축 복지 동향을 보면 국제적 동향에 대한 파악이 부족하고 관련분야 연구는 거의 전무한 실정이며 가축복지 및 가축행동에 관한 개념이 도입 단계에 있다. 현재 안전한 축산물 생산을 위한 시스템인 '위해요소중점관리기준(HACCP)' 이 시행 중에 있으며, 그동안 HACCP의 적용은 도축장(소, 돼지, 닭), 식육포장처리장, 식육가공장, 유가공장, 알가공장, 배합사료공장 등 가축사육단계 이후의 작업장을 주된 대상으로 하였다. 그러나 2006년부터는 농림부(현 농림수산식품부)에서는 HACCP 적용 대상을 가축사육단계까지 확대하기로 하고 축종별로 연차적으로 적용할 계획을 수립하여 시행 중에 있다. 그러나 아직까지도 안전한 먹거리와 국민건강과 관련한 가축복지에 대한 생산자, 소비자 및 국가의 관심 및 인식이 결여되어 있어 좀더 적극적인 자세가 요구되고 있다.

이러한 동물복지, 즉 가축복지는 양식생산물인 수산동물에게도 적용이 요구되고 있으며, 친환경(유기)양식의 목적과 부합되기 위해서도 수산동물의 복지 향상은 필수적인 부분이라 할 수 있다.

IFOAM에서 권장하는 수서동물의 건강과 복지에 대한 일반원칙을 보면 유기경영관리는 균형 있는 유기영양과 품종에 알맞고 스트레스가 없는 생활조건, 질병과 기생충 및 감염에 내성이 있는 품종 선택을 통하여 건강과 안녕을 증진시키고 유지하여야 한다. 또한 권고사항으로 관리자는 질병 또는 감염 발생의 원인을 확인하고, 질병의 원인과 예상되는 발생을 감소시킬 수 있는 있는 기준을 포함한 경영관리를 이행하며, 치료가 필요할 때에는 최우선적으로 자연적인 방법과 친환경적인 의약품을 이용하여야 한다.

기준 요구사항으로는 관리자는 수의약품을 예방약으로 사용하거나 화학적 대중요법의 수의 약물과 항생제의 사용은 무척추 동물에 대하여 금지된다. 또한 합성 호르몬과 성장 촉진제는 성장 또는 생식을 인위적인 자극에 이용하는 것이 금지하며, 수질, 사육밀도, 건강 및 각 집단의 행동을 일상적으로 감시하고 수질, 건강, 자연행동을 유지하도록 관리하도록 요구하고 있다.

국내는 물론 국외에서도 양식생물들의 동물복지와 관련된 연구와 개념은 도입단계에 있거나, 시도 중에 있다. 최근에는 양식생산물에 있어서도 축산업과 같이 가공과정과 사료제조에 있어서 HACCP이 적용되고 있으며, 2008년 8월부터는 '수산물이력추적관리제도'가 시행되고 있어 인정받을 수 있는 친환경(유기) 인증수산물 생산이 가능하게 되었으며, 이번 법령제정으로 인해 친환경(유기)생산물은 8품목을 대상으로 하고 있으나 향후 지속적으로 대상품목이 늘어날 것으로 보인다. 하지만 이번 법령과 관련해 양식생물의 양식과정에 대한 관리기록 유지만이 제시되어 있을 뿐, 동물복지와 관련된 사육기준에 대해서는 인증기준이 부여되지 않고 있으며 친환경수산물의 추가인증기준에 대한 가능성만을 고시하였다. 차후 양식생물의 동물복지에 대한 기준과 연구가 지속적으로 이루어져야 할 것이다.

3) 국내 양식산업이 살아남으려면?

최근 전 세계적으로 수산물 소비는 지속적으로 증가하고 있으나 해면어획 수산물의 생산량은 정체되어 있고 일부 지역에서는 생산 한계에 도달한 지역도 있어 세계 양식산업의 중요성은 더해 가고 있다. 또한 세계적으로 양식 산업의 생산 체계를 집중화 · 다각화시키면서 새로운 어종을 지속적으로 개발하며, 양식생산 체계에 대한 관리 규제의 중요성이 강조되면서 생산관리체계에 대한 관심도 증가되고 있다. 따라서 그동안 양식 산업에서 중요한 축이 소비자의 수요, 시장, 마케팅이었다면 미래에는 소비자가 환경과 안전에 보다 많은 관심을 가지게 됨으로써 양식 수산물에 대한 시장의 요구 조건이 더욱 까다로워지고 있다. 특히 고가의 수산물을 수출하고 저가 수산물을 수입하는 경향이 강해지면서 수입국은 수입 수산물에 대한 엄격한 요구 조건을 제시하게 되는데, 이 과정에서 소규모의 경쟁력을 갖추지 못한 업체들은 경쟁에서 도태될 가능성이 높다. 이러한 세계적인 추세에서 한국의 양식산업이 살아남기 위해서는 기존 양식산업의 양산(증산)체제에서 친환경 양식체제로의 전환은 필수적이며, 친환경 양식산업의 발전을 위해 생산주체들의 친환경적 생산과 소비주체와의 상호간에 유기적이고 효율적인 협력체제 구축 및 유지를 위한 제도 및 정책이 절실히 요구된다. 또한 첨단(IT, BT, ET)기술 또한 타산업(유통, 가공, 관광)과의 융 · 복합화한 새로운 형태의 친환경 양식산업을 개발하여 사람의 건강 보호기준에서 대상생물의 건강 복지를 위한 친환경 양식산업으로 진화되어야 할 것이다.

최근 전라남도에서는 안전한 수산물을 생산하여 소비자 불안을 해소하고 수산경쟁력을 높이기 위해 전국 최초로 '친환경 수산양식' 을 선포하였으며, 특히 여수에서는 2012년 세계박람회가 개최됨에 따라 전라남도는 물론 국내의 '친환경 수산양식' 에 있어 선두적인 역할을 담당할 수 있는 기회가 될 수 있어야 할 것이다.

연안통합관리와 연안환경보전

조현서 | 전남대 교수

유엔해양법협약 발효로 각 국의 해양관할권이 200해리 배타적 경제수역(EEZ)까지 확대됨에 따라 어업자원의 확보 및 대륙붕 개발 등 해양자원의 경제적 가치가 증대되고, 21세기 '해양의 시대'를 맞이하여 해양의 중요성이 강조되면서, 새로운 국제협약 채택 등 국제적인 해양오염 규제가 강화되고 있다(이봉길, 2004).

근년 우리나라 해양환경은 해양오염물질의 총량증가와 오염물질의 다양화, 육상기인폐기물의 지속적 해양유입 및 해역 자체 오염물질의 유입, 지속적인 유류유출 사고 발생 등으로 연안의 해양수질악화 및 해저퇴적물 오염이 심각하게 진행되고 있다. 그 결과 1990년대 이후부터 유해적조와 빈산소수괴상태가 상습적이고 넓은 해역에서 장기간 발생되고 있으며, 수산물 생산의 감소와 환경 악화로 이어지고 있다.

그렇지만, 해양오염실태 및 오염원에 대한 체계적인 정보 부족, 육상중심의 환경정책과 육상기인 해양오염물 관리의 체계성 결여, 투자재원의 제한성 등으로 관계기관 및 관련 연구기관 등의 노력에도 불구하고 해양환경의 획기적인 개선 및 효율적인 관리는 미미한 실정이다.

한편, 최근 연안의 보존과 이용·개발로 인해 관련 당사자 사이의 마찰이 심화되면서 연안을 둘러싼 다양한 문제들을 해결하기 위해 육역과 해역을 통합하여 관리하는 연안통합관리의 필요성이 제기되었다. 1992년 리우환경회의에서는 모든 연안국에 연안통합관리체제의 도입을 권고하기에 이르렀고(Sorenson, 1997), 우리나라에서는 연안관리법이 1999년 2월에 제정 공포, 1999년 8월에 시행되었을 뿐만 아니라 2000년 국가단위의 연안통합관리계획과 각 지역별 연안관리지역계획이 수립되는 등 연안통합관리제도의 기반이 구축되고 있다(해양수산부 1999a, 1999b, 1999c, 2000a, 2000b). 연안통합관리는 연안의 보전과 지속가능한 개발을 목적으로 하는 환경자원 및 사회문화자원, 제도적 지원능력 등의 분배를 위한 통합적인 전략을 개발하고 실행하는 하나의 과정으로서, 복합적인 연안환경을 둘러싸고 발생하는 다양한 이해관계의 조율이 요구되는 복합적인 관리과정이다.

위와 같은 연안통합관리계획의 실행은 지역별 연안통합관리계획의 실행에 달려 있다. 그러나 지역계획의 수립 및 실행의 주체가 되는 연안 시·군·구는 개발수요에 밀려 미래를 위한 보전보다는 이용·개발에 중점을 두어 계획을 수립할 뿐만 아니라 집행과정에 있어서도 당초 계획보다 보전측면의 활동이 위축될 우려가 있다. 즉, 각 지방자치단체가 지역별 연안통합관리계획을 효과적으로 실행할 것이라고 기대하기는 다음과 같은 세 가지 이유로 어렵다. 첫째, 지방자치단체는 연안의 보전보다 개발에 역점을 두기 쉽기 때문이다. 연안의 개발은 쉽게 가시적인 성과를 낼 수 있는 반면, 연안의 보전은 장기간의 노력을 요하며, 짧은 기간에 가시적인 효과를 내기도 힘들기 때문이다. 또한, 연안관리는 도시의 개발욕구를 적절히 억제하고, 지도하며, 장기적인 관리 계획을 요구하는데, 짧은 임기를 갖는 지방자치단체장과 지방의회가 보전을 위한 계획을 세우기는 쉽지 않다. 둘째, 연안관리는 연안에 대한 과학적 정보와 꾸준한 개선노력을 필요로 하는데, 지방자치단체의 물적 자원과 인적 자원은 제한적이어서 다양한 요인에 의해서 영향을 받는 연안에 대한 정보를 얻고, 필요한 조치를 취하기란 쉽지 않다. 셋째, 지역 연안통합관리를 강제할 법적 장치가 확실히 마련되어 있지 않다. 지역의 연안관리계획이 연안의 이용과 관련된 다른 법규와 충돌하게 될 때, 연안관리계획에 따른 연안의 보전에 우선권이 주어지는 것은 아니며, 개발과 보전의 갈등을 조정할 법적, 제도적 장치가 없고, 지방자치단체가 개발과 보전의 갈등을 적극적으로 조정하리라고 기대하기 쉽지 않기 때문이다.

연안통합관리계획에 있어서 위와 같은 세 가지의 도전을 잘 극복하기 위해서는 첫째, 연안의 개발 못지않게 연안의 보전에 주목하여야 하고, 둘째, 지방자치단체의 연안관리 능력을 향상시켜야 하고, 지방자치단체의 자원과 능력이 제한적이라면, 연구기관, 시민사회단체 및 시민의 참여를 통하여 지역연안관리 능력을 향상시켜야 한다(이찬원, 2003 ; Hon Pan Shi Jian, 2001). 셋째, 지역 연안통합관리계획은 연안의 보전, 이용, 개발과 관련한 국가 및 지방자치단체의 각종 계획을 종합 검토 조정하는 조정계획이므로, 통합관리계획의 수립과 실행과정에서 이해관계자 집단이 참여토록 하여 갈등을 조정토록 유도할 방안이 필요하다. 이와 같이 연안통합관리는 연안역의 이용과 보전에 있어 전문가, 정책수행자, 이해당사자 등이 같이 참여하여 통합적으로 조정하는 복합적인 관리방안으로 연안환경 보전에 있어 기술적인 발전과 함께 제도적인 방안의 유용한 한 축으로 작용할 수 있다.

따라서 본 논고에서는 근년 우리나라 연안역 해양환경 실태를 살펴보고 연안통합관리를 통한 연안환경보전에 대하여 간략히 살펴보고자 한다.

1. 국내 해양오염 현황

해양오염 물질은 약 80%가 육상에서의 산업활동, 일상생활을 통하여 유입되고 있으며, 해상에서는 주로 어로행위, 양식, 물류수송, 레크리에이션 등에 의해 발생되고 해양으로 유입되어 각종 오염현상을 일으키고 해양생태계를 교란시킨다. 다음에 주요 오염 현상에 따른 발생현황에 대해 살펴본다.

1) 우리나라 연안 해양환경 현황 및 경년변화

우리나라 연안역 해양환경 조사를 체계적으로 조사하고 있는 수산과학원의 보고서를 인용하여 소개하면 다음과 같다.

(1) 해양환경 현황(수산과학원, 2002, 2003)

남해 연안의 각 만의 수질을 평가한 결과 진해만, 북만, 자란만 및 가막만 등은 빈산소 수괴가 발생하는 수역이 존재하고 한산·거제만과 고성만도 낮은 용존산소 농도를 보이는 수역이 나타나고 있었으므로 환경적으로 문제가 발생되고 있는 수역으로 판단되었다. 남해안 퇴적물의 COD, AVS 및 POC 등 3가지 퇴적물 오염도 측정 항목에 의한 결과를 종합해 볼 때 진해만의 퇴적물 오염이 가장 심각하였고, 그 다음이 북만이었으며, 여자만, 득량만 및 도암만 등은 퇴적물 오염도가 낮은 수역으로 판단되었다.

서해 연안의 수질의 부영양도는 강화·영흥 연안, 아산연안 및 서천 · 군산연안의 지수 값이 4이상으로 높게 나타났으며, 다른 수역도 2~3으로 동해안에 비해 영양도가 높은 것으로 나타났으나 낮은 COD 농도 및 양호한 용존산소 분포 등을 감안할 때 유기오염이 심각하게 진행되는 곳은 없는 것으로 판단되었다. 서해안 퇴적물의 오염도는 AVS가 아산연안에서 기준을 초과하였으나, 기타 수역은 오염이 진행되지 않은 것으로 판단되었다. 그러나, 반폐쇄성 수역인 천수만과 함평만이 다른 수역에 비해 상대적으로 퇴적물 내 유기물의 양이 많은 것으로 나타났다.

동해 연안의 수질은 대도시나 공업단지가 위치한 울산, 온산 및 부산연안 수역에서 부영양도가 높게 나타났고, 기타 수역은 인위적인 영향이 거의 없는 깨끗한 수역이었다. 동해안의 어장환경은 전반적으로 양호하며, 대도시 인근 수역인 부산, 온산 및 울산연안은 수질이 부영양화 되어가고 있으므로 육상 오염원 관리가 필요한 것으로 판단되었다.

(2) 경년변화(수산과학원, 2002, 2003)

특별관리해역 및 환경보전해역의 주요 수질지표에 의한 해양환경 경년변화를 살펴보면 다음과 같다.

특별관리해역은 COD가 비교적 높은 마산만과 행암만의 경우 최근에 다소 낮아지는 경향을 보이고 있으나, 아직도 해역기준 Ⅲ등급 수준을 유지하고 있으며, 특히 하계에는 저층에서 빈산소 혹은 저산소수괴가 출현하고 있었다. 그리고, DIN의 농도가 비교적 높은 울산연안과 온산연안 및 마산만과 행암만의 경우 최근 들어 다소 낮아지는 경향을 보였으나, 하계의 경우 현저히 높아지는 경향은 과거와 큰 차이를 보이지 않았다. 따라서, 강우에 의한 육수의 유입으로 부영양화의 원인이 되는 질소와 인이 육상으로부터 지속적으로 유입되고 있다고 판단된다. 특히, 반폐쇄성내만인 마산만과 행암만의 경우 해양환경보전을 위한 지속적인 노력이 필요하다고 생각되었다.

환경 보전해역의 DO는 대체적으로 수온변화에 따른 DO 포화도의 차이에 의한 계절변화특성을 보였으며, 대부분 해역기준 Ⅰ등급 수준을 유지하였다. COD는 특정시기의 자료를 제외하면 대부분의 해역에서 해역기준 Ⅱ등급 수준을 유지하였다.

DIN과 DIP의 경우 대체적으로 농도도 매우 낮았고, 경년변화양상도 그다지 뚜렷하지 않았다.

2) 유류오염 발생현황

우리나라 항만 및 주변해역의 해상교통량은 매년 증가하고, 연간 400여건의 오염사고가 발생되고 있으며, 대형오염사고 발생 가능성이 상존하고 있다. 대형 유류오염사고는 한번 발생하면 어장·양식장에 대한 직접적인 피해를 가져올 뿐 만 아니라, 해양생태계 파괴 등 심각한 환경오염을 초래하여 방제 및 복구에 많은 비용과 시간이 소요된다. 최근 우리나라 연안에서 발생한 유류오염 사고를 중심으로 소개하면 다음과 같다(이봉길,

2004).

지난 10년간('94~'03) 우리나라 연안에서 발생한 오염사고 건수는 총 3,933건으로 연평균 400여건이 발생되고 있으며, 매년 증가하다가 2000년을 기점으로 최근 다소 감소되고 있다. 유출량은 총 25,920㎘로 대형오염사고 발생 유무에 따라 연간 유출량 차이가 많으며, '97년 이후 발생건수는 증가되면서도 유출량은 적다.' 97년도 이후 2007년 이전까지 제3오성호사고(방카C 1,698㎘)를 제외한 대형오염사고 발생은 없고, 대부분 1㎘ 미만의 소량사고 증가에 기인하고 있다.

그러나 '07년도 12월 태안에서 발생한 허베이 스피리트호 사건으로 원유 1만2547㎘가 유출되는 초유의 대형 오염사고로 많은 피해가 발생하였다. 이 사고로 인하여 대형 유출사고에 취약한 방제 시스템의 문제점이 도출되어 방제 시스템을 종합적으로 재정비하고 있으며 생태계에 미치는 영향 및 피해조사를 실시하고 있다. 한편 이번 사고를 극복하기 위한 전 국민적인 자원봉사 참여로 세계에 유례가 없는 자원봉사 기록을 세우기도 하였으나 여러 가지 개선해야할 문제점이 도출되기도 하였다.

3) 해양폐기물 분포

(1) 전국 주요 연안 해양폐기물 발생 현황(해양수산부, 2000)

우리나라 해양폐기물 발생량은 1998년까지 연간 30만톤 이상의 해양폐기물이 수거·처리되었다. 다만, 이 수치에는 패각이 포함되어 있으므로 이를 제외하면, 해양폐기물의 수거량은 이보다 훨씬 적다고 할 수 있다. 연구결과에 따르면, 우리나라에서는 2005년에 31만톤의 해양폐기물이 발생하는 것으로 추정된다. 우리나라 해양폐기물은 그 종류가 매우 다양하다. 먼저 우리나라에서 발생하는 해양폐기물의 종류를 살펴보면, 1999년 해양대청소에서 수거된 폐기물 가운데 플라스틱과 페스티로폼이 전체의 50%를 넘고 있었다. 또한 인천 앞 바다에서 부유하고 있는 해양폐기물의 93%가 플라스틱으로 조사되었다. 동해안의 해변쓰레기 조사에서는 플라스틱 폐기물이 42%, 금속 및 종이류가 각각19%, 15%로 나타났다. 그러나 인천 앞바다 수중 침적폐기물 실태조사 결과, 폐그물과 폐로프와 같은 어구가 전체의 74%를 점유한 반면 플라스틱류는 10%에 불과하였다. 남해안 및 서해안 해역의 수중 침적폐기물 실태조사에서는 폐 로프(28%), 폐 와이어(21%), 금속류(20%) 순으로 분포하고 있는 것으로 나타났다.

(2) 연근해(동중국해) 해저 폐기물 분포 특성(Lee et al., 2006)

전남대학교 실습선 동백호(1050톤)를 이용 동중국해 일부해역에서 해저 폐기물 분포를 조사하였다. 폐기물은 저층 트롤(전개폭 41.15~51.11m[평균 46.0m])을 이용하여 예망부터 양망시까지 걸린 시관과 예망 속도를 고려하여 조사면적을 구하고 양망된 폐기물의 조성 및 양을 조사하여 지역 면적당 폐기물의 분포특성을 조사하였다.

해저 폐기물의 특성은 어구류를 중심으로 다양한 생활용품이 인양되었으며, 폐 통발이 폐기물의 대부분을 차지하고 있었다. 그 외에 그물, 유리병, 로프, 라면봉지 등이 여러 지역에서 분포하고 있었으며, 문어단지, 유리병, 낚시줄 등과 같이 대부분이 어업환경에서 버려지는 폐기물이 대부분을 차지하는 것으로 나타났다. 2002년과 2003년에 걸쳐 모두 제주도 동부해역의 지점에서 다른 지역보다 다양하고 많은 종류의 폐기물이 인양되었으며, 서쪽해역의 외해에서는 종류도 적었고 그 양 또한 적게 인양되었다.

4) 주요연안 유해화학물질 오염 현황

유해화학물질 오염은 POPs 및 내분비계 장애물질로 대표되는 물질로 약 100여종 이상의 오염물질이 알려져 있다. 본 절에서는 이 중 일부 물질에 대하여 전남대학교 해양오염 연구실에서 수행된 최근의 연구결과와 수산과학원에서 수행된 중금속 오염에 대하여 간단히 소개한다.

유기주석 화합물 오염(조현서 등, 2002; Cho et al., 2003)

유기주석화합물은 주로 선박의 방오도료의 주성분으로 이용되어 온 해양활동기원 유해화학물질의 대표적인 물질로 방오도료로서 그 유용성이 인정되어 널리 사용되어 왔으나 저농도에서 복족류에 Imposex(생식기구 이상)를 일으키는 등 수중생물에 대한 독성이 아주 강한 등 생태계에 대한 악 영향이 문제시되고 있는 물질이다. 해양에서의 유기주석 화합물의 오염원은 그 유입원의 대부분이 항만, 조선, 요트, 어망 등 해상에서의 선박활동 및 수산활동에 의해 이루어지고 있다.

해수(하천수) 중 유기주석화합물 조사 결과, 페닐계 화합물은 거의 검출되지 않았으며, 대부분의 부틸계 화합물에서 울산항 해수, 부산항 해수, 태화강 하류 하천수, 낙동강 하구 해수, 낙동강 하류 하천수의 순으로 높은 농도를 보였으며, 울산항 해수에서 다른 지역보다 1오더 높은 농도를 나타내었다. 또한 조선, 선박 정박이나 운항 등 선박 활동이 큰 울산항과 부산항 해수에서 높은 값을 보였으나, 낙동강 하류 하천수와 낙동강 하구 담수의 영향을 크게 받는 하구댐 주변 지점에서는 거의 검출되지 않아 유기주석화합물의 오염이 선박활동이 많은 해역에서 뚜렷하게 높게 나타났다. 이는 유기주석화합물의 주 오염원이 해상에서의 선박활동(조선, 정박, 운항 등)에 기인하고 있음을 보여주고 있으며, 유기주석화합물의 주 유입경로가 육상보다는 해상 자체에 있음을 나타낸다.

해양 퇴적물 중 유기주석 화합물 분석결과는 울산항에서 해수 중의 농도 경향과 같이 부산항보다 높은 값을 보여주고 있으며, 낙동강 하구와 하류 하천 퇴적물에서는 이들 두 항구의 퇴적물 농도보다 크게 낮은 값이었다. 울산항에서는 조선소 인근 지점 및 장성포항에서 높은 농도를 보였으며 외해로 갈수록 낮아지는 경향을 나타내었다. 조선소 인근 지점과 장성포항에서는 TPT화합물도 비교적 높은 농도로 검출되었다. 부산항에서는 조선소 가까운 지점에서 매우 높은 농도를 보였으며 내항에서 높은 농도를 보였고, 외항으로 갈수록 낮은 분포를 나타내었다. 페닐계 화합물도 부틸계 화합물보다 크게 낮은 값이었다. 하천 퇴적물에서는 낮은 농도를 나타내었다. 이 결과는 해수 중의 결과와 유사한 경향을 보여주는 것으로 유기주석화합물의 주 오염원이 해상에서의 선박활동(조선, 정박, 운항 등)에 기인하고 있음을 보여주고 있으며, 퇴적물에 고농도로 농축되어 있음을 나타낸다. 특히 조선소 인근 퇴적물에서 크게 높은 농도를 나타내고 있다.

마산만 퇴적물에서는 마산만 바깥쪽에서 만 안쪽으로 갈수록 농도가 증가하였으며 특히 여객선 터미널이 위치한 인근 지점과 행암만 안쪽 지점에서 높은 농도를 보여 유기주석화합물의 주 오염원이 해상에서의 선박활동(조선, 정박, 운항 등)에 기인하고 있음을 보여주고 있었다. 마산만의 경우 OTCs에서 부틸계 화합물이 대부분을 차지하며, 모든 지점의 부틸계 화합물 가운데 80%이상이 TBT화합물로 검출되어 TBT화합물의 유입이 최근에도 이루어지고 있다는 것을 보여주고 있었다.

대수리 임포섹스 현상(Cho et al., 2002; 조천래 등, 2007)

임포섹스 현상은 대수리 암컷 개체가 성장과정에서 유기주석화합물(TBT, TPT 등)의 영향으로 수컷 생식기가 발생하여 성장하여 그 정도가 중해지면 암컷 개체가 산란할 수 없는 상태에 이르는 현상으로 내분비계 장애현상의 대표적인 현상으로 잘 알려져 있다.

1차조사시(1995년~1998년) 대수리의 임포섹스의 출현율은 남해의 보성만, 강진만 및 완도대교 지점을 제외한 전 지점에서 100%였다. 남해안 중부와 동부 해역이 남해안 서부 해역보다 유기주석 오염의 영향을 크게 받고 있는 것으로 나타났다. 2차조사시(2002년 3월) 제주도 일부지점을 제외하고는 보성만을 포함한 남해안에서 채집된 전체지점에서 임포섹스는 100%를 기록하였다.

유기주석 화합물의 오염의 영향으로 나타나는 산란불가능 개체의 출현율은 해수 및 생물체내의 농도가 높은 해역에서 높게 나타나고 있었다. 1차조사시(1996년) 여수 가막만과 진해만, 부산을 중심으로 한 남해안 동부

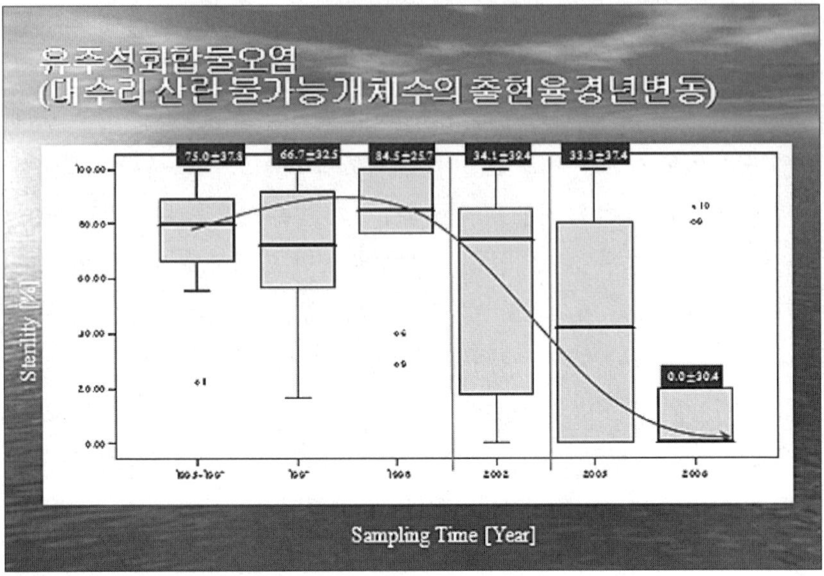

〈그림 1〉 대수리 산란불능 개체 출현율 변동(조천래 등, 2007)

해역에서 특히 높은 값을 보여주고 있었으며, 2차조사시(2002년)에 산란불가능개체비가 비교적 낮은 지점이었던 가막만 외해역부터 강진만에 걸친 대부분의 지점에서 산란불가능개체가 나타나지 않았다. 대수리의 임포섹스 현상은 한반도 전역에서 폭넓고 광범위하게 일어나고 있음을 알 수 있었으며, 1차 조사(1995~1998년)와 2차 조사(2002년)의 결과를 비교하여 보면 대부분의 경우 영향의 정도가 증가하는 경향을 나타내었으나 2003년 유기주석화합물 사용의 전면적인 규제 이후 산란 불가능 개체수의 출현율은 시간이 경과함에 따라 크게 감소하는 경향을 보였다(〈그림 1〉).

노닐페놀 및 비스페놀 A 오염(Cho et al., 2003)

해양 퇴적물 중 노닐페놀과 비스페놀 A의 조사 결과, 노닐페놀의 농도는 지역별로는 울산항에서 가장 높은 평균값을 보였으며, 부산항, 낙동강 하구, 낙동강 하류 하천, 태화강 하류 하천의 순으로 높은 분포를 나타내었다.

비스페놀 A는 울산항, 부산항, 낙동강 하류, 낙동강 하구, 태화강 하류의 순으로 높은 값을 보였다. 하류 하천 퇴적물에서는 해양 퇴적물보다 낮은 농도를 나타내었다.

마산만 표층퇴적물 중 노닐페놀 및 비스페놀-A는 울산항과 부산항보다 낮게 나타났으며, 마산만 안쪽 지점에서 두 물질이 가장 높게 나타났으며 만 바깥쪽에서 안쪽으로 갈수록 높은 값을 보여 노닐페놀과 비스페놀-A가 육상에서의 산업활동 및 도시활동에 의해 배출되어 하류 하천 및 하구를 경유하여 해양 퇴적물에 퇴적되는 것을 알 수 있었다.

중금속 오염

중금속류는 산업혁명이후 인위적으로 대량 생산되기 시작하여 사용되고 있으며 중금속 오염은 환경생태계를 파괴하고 인체에 악영향을 미친다. 중금속에 의한 대표적인 인체 건강 영향으로는 일본에서 발생된 미나마타병과 이따이이따이병이 잘 알려져 있다. 중금속류는 종류에 따라 생물에 필수 또는 미량이 필요하기도 하지만 필요 이상 농도로 존재하면 저농도에서도 해를 미치고 농도가 높으면 치사하기도 한다.

2003년 우리나라 연안에서 조사한 수산과학원의 조사결과를 간단히 요약하면 해수 중 미량금속은 납 등 전 항목이 해역기준 이내로 양호하였다. 해저퇴적물 중 미량금속은 해역기준 이내였으며, 유기물 함량과 입도와 밀접한 관계를 보였다. 해양생물 중 미량금속은 어·패류 중금속잔류허용 기준 이내였다(수산과학원, 2003).

2. 연안통합관리

1) 연안통합관리의 개념

연안통합관리의 개념은 육지에 인접해 있는 해양자원과 환경의 이용 및 보전에 관한 문제로 육지와 분리시켜서 관리할 수 없다는 인식하에 이의 효과적인 관리를 위하여 인근해역에 영향을 미치는 육지를 공동의 관리대상으로 설정하기 시작한데서 출발하였다(이지현, 1996). 연안통합관리는 연안의 보전과 지속가능한 개발을 목적으로 하는 환경자원 및 사회문화자원, 제도적 지원능력 등의 분배를 위한 통합적인 전략을 개발하고 실행하는 하나의 과정이라고 보고 있으며, 연안통합관리에 있어서의 "통합"은 연안이용행위 분야간 통합, 관련 정부조직간 수평적, 수직적 통합, 연안육역과 해역의 통합, 과학과 정책 결정과정의 통합 등을 통한 연안환경 및 자원의 지속가능한 개발을 위한 지속적이고 역동적인 과정이라고 할수 있다(Cicin & Knecht, 1994).

2) 연안구역 설정 및 기능부여

해당 연안관리 목표를 달성할 수 있도록 연안의 자연환경과 인문사회환경을 토대로 범위설정의 용이성, 연안관리의 효율성 측면을 고려하여 연안의 설정범위를 육역과 해역을 구분하여 설정한다. 연안관리법에서 제시하는 연안육역이 기본적 범위는 연안해역이 육지쪽 경계선에서 500m 또는 1,000m를 기준하고 있으며, 지형지세, 수계, 생태계 등의 자연환경 및 행정구역과 도로 등 인문사회환경에 의해 설정된 범위는 경우에 따라 토지이용, 용도지역甦巛멜구역 등과 부적절한 경계를 이룰 수 있다. 따라서 토지이용, 용도지역甦巛멜구역, 각종 연안관련계획등을 고려한 연안육역 조정기준이 필요하다. 연안육역 기준에 따라 구역별로 크게 보전, 이용, 개발 기능을 부여하되 완충지역이 필요성과 개발 정도를 감안하여 절대보전연안, 준보전연안, 이용연안, 개발유도연안, 개발조정연안으로 구분하여 지침의 내용을 기본으로 하되, 지역 협의를 통하여 각 구역의 우선순위 및 대상행위를 조정하여 결정한다(최지연, 2005).

3) 연안통합관리의 대표적 사례

연안통합관리와 관련한 대표적인 사례로 캐나다(Ellsworth *et al.*, 1997 ; Mcneil *et. al.*, 2005), 호주(Harvey et al., 2001, 2002), 중국(최지연, 2005 ; McCleave *et al.*, 2003 ; Peng, 2006 ; Xue *et al.*, 2004)의 사례에 대하여 간단히 설명한다. 중국과 캐나다의 연안관리 프로그램은 전국적으로 실시된 것이 아니고, 일부 해당지역에서 실시해서 지역에 맞게 조정된 프로그램이면서도, 중국의 연안통합관리는 국제기구의 지침에 따라 시정부가 중심이 되고, 지역사회는 정책실행을 돕는 보조적인 역할을 맞는 프로그램인 반면, 캐나다의 ACAP는 철저히 지역사회가 중심이 된 프로그램이다. 호주의 Coastcare와 캐나다의 ACAP는 지역주민의 참여를 촉진한다는 목표를 공유하면서도, Coastcare는 연방정부가 주도하며, 마련된 기금을 지역주민에게 공여하는 전국적으로 획일적인 프로그램이 된 반면, ACAP는 정부로부터 최소한의 지침과 기초기금을 받은 지역사회가 프로그램의 계획과 운영을 책임진 지역공동체 주도의 지역실정에 맞는 프로그램으로 발전하였다.

위와 같은 프로그램의 운영 주체와 운영 방식의 차이는 제1단계를 경과한 이후의 프로그램의 진행에도 영향을 미쳤다. 중국의 연안통합관리는 국제기구의 관심이 줄어들면서, 시정부의 주도에 맡겨졌고, 제1단계에 설치된 기구가 지속적으로 운영되고 있지만, 제1단계와 같은 활동을 벌일 추진력을 얻는다는 보장이 없다. 연안통합관리의 목표가 경제개발의 촉진에 있고, 주민의 적극적인 참여를 권장하지 않았기 때문이다. 호주의 Coastcare는 지역주민의 노동력을 값싸게 활용하였을 뿐, 지역주민이 정책결정에 실질적으로 참여하고, 프로그램에 대한 의견을 개진할 창구를 마련치 못한 형식적인 주민참여 프로그램이 되었다는 비판을 받았으며,

결국 종결되고 말았다. 캐나다의 ACAP는 종합환경관리계획의 작성단계부터 지역주민이 적극적으로 참여하지 않으면 안 되도록 고안된 프로그램으로 제1단계의 ACAP가 기대 이상의 효과를 거두고, 지속적으로 운영되어 제2, 제3단계로 발전한 것은 무엇보다도, 주민들의 적극적인 참여를 이끌어 내도록 프로그램이 설계되었기 때문이다. 즉, 중국의 샤먼지역은 정부가 지속적으로 관여함으로써, 지역 주민을 수동적인 위치에 두고 있어, 그 파급효과가 제한적이었으며, 호주의 Coastcare는 주민을 참여시키는데 실패함으로써 결국 프로그램이 종결된 반면, 캐나다의 ACAP는 지역공동체의 지속적인 참여를 이끌어 냄으로써 ACAP로 구축된 지역 네트워크가 연안환경의 문제뿐만 아니라 보다 넓은 지역사회 문제에도 관여하는 등 폭 넓게 발전하였다.

한편, 미국의 연안역관리법은 연방정부와 주정부간의 연안관리 정책방향의 일관성을 확보하기 위해, 주정부는 연방정부(상무부내의 NOAA)로부터 승인을 받아야 하고, 연방정부는 확정된 주정부 연안관리프로그램을 우선적으로 따라야 하는 원칙(Federal Consistency)을 세우고 있다. 연안관리프로그램을 성공적으로 이행한 주정부는 자원관리개선기금(Resource Management Improvement Grants)의 수혜대상이 되는데, 이 기금은 연안지역의 보전이나 복원, 수변공간의 재개발, 공공해안의 접근성 및 연안수질을 개선하는데 이용된다(한국해양수산개발원, 2003).

4) 연안통합관리계획의 효율적 실행을 위한 연안자율관리 방안

연안통합관리계획의 효율적 실행을 위한 연안자율관리 역량강화를 위해서는 두 가지 방안을 생각해 볼 수 있다.

첫째, 전통적인 실행방안으로서, 중앙정부 혹은 지방자치단체가 계획 실행의 주체가 되는 방법이다. 이 방법은 정부가 계획을 세우고, 자원과 인원을 제공하는 하향식 방법으로 중앙정부가 상당한 물적 자원과 인적 자원을 제공하고, 지방정부가 세 가지 도전을 극복할 강한 의지를 가지고 있을 때에만 실효성을 확보할 수 있다. 그러나 이런 방법을 택하였다고 하여도, 보전보다는 개발이 우선적으로 고려되며, 물적, 인적 제약이 크고, 특정지역에서 발생하는 이해집단간의 갈등을 해소하기 어려운 측면이 있다.

둘째, 연안지역의 이해당사자 집단이 참여하는 연안관리 지역네트워크(연안관리위원회)를 구성하는 방법이다. 네트워크란 정부주도의 계층제적인 조정방법과 자율적인 시장적인 조정방법에 대비되는 행위의 조정방식으로서, 행위자들간의 상호의존성과 관계성을 중시하고 있다. 따라서 명확한 의사전달과 정보의 원활한 유통은 자율적, 독립적인 조직 행위자들간의 협력을 결정하는 데 무엇보다도 중요하다. 네트워크는 중앙정부와 지방자치단체가 연안지역의 이해당사자 집단이 참여하는 상호조정체계를 구성하는 새로운 방법으로서, 연안통합관리계획의 실행을 위해서 이해당사자 집단의 자발적 참여와 지식, 전문성, 실행 능력을 활용하는 특성을 지니게 된다. 네트워크 관리계획의 주체는 이해집단의 네트워크가 된다. 연안통합관리계획의 실행에 주민과 지역의 연구기관, 시민단체, 환경단체 등이 직접 참여하고, 중심적인 역할을 하는 상향식 방법으로 지역 네트워크에서는 다양한 이해관련 집단이 함께 활동하기 때문에 서로의 입장을 이해하고, 상호 존중하는 가운데 갈등의 해결을 위해 필요한 사실을 수집하고, 토론함으로써 이해집단간의 갈등을 협의를 통하여 조정할 수 있다. 지역 네트워크는 중앙정부나 지방자치단체가 파악할 수 없는 연안관리와 직접적으로 관련된 정보를 수집하고, 공유함으로써 갈등관리에 필수적인 실질적인 정보에 바탕을 두고 갈등을 해소할 수 있다. 이러한 네트워크는 연안관리의 중요성을 지역주민들에게 알리고, 계획수립과 집행과정에서 지역주민의 적극적인 참여를 통해 해양의 이용과 보전이 조화를 이룰 수 있도록 정보를 제공하고, 활동을 장려하는 방안이라 할 수 있다.

따라서 연안자율관리를 위한 역량강화는 앞의 두 번째 실행방안으로서 지역의 민, 관, 산, 학, 연을 대표하는 지역 주민과 연구기관, 지자체, 관련기관, 산업계, 시민단체, 환경단체 등 연안지역의 이해당사자 집단이 함께

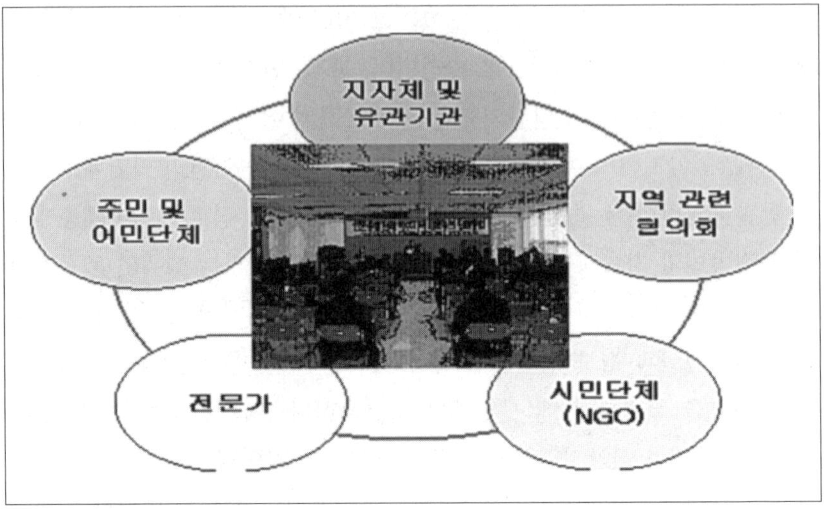

〈그림 2〉 지역 네트워크(지역 연안관리위원회) 구성 개념도(이대인 등, 2007)

참여하는 연안관리 지역네트워크(또는 지역 연안관리위원회)를 구성하여 자율관리 역량을 결집해 가는 것이 바람직하다(〈그림 2〉).

3. 연안통합관리와 연안환경 보전

앞에서 살펴본 바와 같이 연안통합관리는 연안역의 이용과 보전에 있어 전문가, 정책수행자, 지역민, 이해당사자 등이 같이 참여하여 통합적으로 조정하는 복합적인 관리방안으로 연안환경 보전에 있어 기술적인 발전과 함께 제도적인 방안의 유용한 한 축으로 작용할 수 있다.

연안환경 보전은 크게 기술적인 해결방안과(MT) 연안통합관리와 같은 제도적인 해결방안으로 구분할 수 있다.

기술적인 측면

국토해양부(구 해양수산부)의 MT 기술개발 계획에 따르면 현재 해양오염 대응기술이 선진국 대비 20~70% 수준에 머물고 있어 이 분야의 기술개발이 시급한 실정이나 MT 계획이 연차적으로 추진되면 점차 개선되어 해양오염 대응기술이 선진국 수준에 도달하고 이 분야의 기술을 선도할 수 있을 것으로 생각된다.

현재 이들 기술은 국가기관, 연구소, 대학, 민간기업 등에서 일부 수행되고 있는 과제도 있지만 그 기술이 일부 경우를 제외하면 대체적으로 그 과정이 체계적이고 효율적이지 못하고 기술 수준, 시설, 장비 등의 면에서 선진국에 뒤떨어져 있다. 그렇지만 이 분야는 MT에서 중점 내용을 체계적으로 정리하여 제안하고 있기 때문에 각각 모든 관련기관의 적극적인 참여 하에 그 내용에 맞는 구체적이고 실용적인 세부 개발 내용을 설정하고 연차적 계획 하에 기술을 개발해 나가야 한다.

제도적인 측면

제도적인 측면으로는 크게 연구 및 전문인력 양성 및 활용, 해양오염 방지 관련법 정비, 통합 모니터링 시스템 구축·운영, 연안통합관리시스템 구축, 해양오염사고 방제대책 시스템 구축, 각 국가기관, 연구소, 대학, 민간 기관의 다양성 추구 및 유기적 협조체제 구축, 국제협력시스템 구축, GIS 활용 정보 관리 및 홍보 등이 있다.

이 중에서 연안통합관리 제도는 연안역 환경보전을 위한 마스터플랜을 작성하고 결정함에 있어 전문가, 정책수행자, 지역민, 이해당사자 등이 함께 참여하고 결정하는 과정을 거침으로서 가장 바람직한 방안을 도출하고 효율적으로 실행할 수 있는 방안으로 사료된다. 최근 정부는 연안통합관리의 효율적 실행을 위한 법 정비 및 제도적 개선을 수행하고 있다.

해양기술

해양에너지(조류, 파력, 조력, 온도차발전)의 개요 _ 이영호

2012 여수세계박람회를 위한 해양수자원의 이용방안 _ 김현주

해양에너지(조류, 파력, 조력, 온도차발전)의 개요

이영호 | 한국해양대 교수

1. 조류 발전

1) 기술의 정의

조류발전은 해수의 유동에 의한 운동에너지를 이용하여 로터나 터빈을 구동하거나 기계장치의 회전운동으로 변환하여 전기를 생산하는 기술로 해수의 유속이 빠른 지역에 적용가능하다. 조류발전의 가장 큰 장점 중의 하나는 타 재생에너지와 달리 발전량 예측이 가능하며 연속적인 발전을 할 수 있으며, 날씨나 계절에 관계없이 발전함으로 가동율이 높고 신뢰성 있는 에너지원이라는 점이다. 조수간만의 차이가 큰 지역의 조류속이 높은 지역에 설치하며 지형적인 영향으로 유체의 흐름이 큰 지역에도 설치가 가능하다.

2) 기술의 개요

조류 속도가 빠른 곳에 로터나 터빈을 이용하여 유체의 수평운동을 회전운동으로 변환시켜 발전기를 가동시켜 전력을 발생하는 방식을 조류발전이라 한다. 터빈에 의해 발생하는 회전운동은 축으로 연결되어 가속기어를 통해 회전수를 증가시켜 발전기에 적합한 회전수를 얻는다. 발전기 종류에 따라 유도발전기와 동기발전기가 있고 유도발전기는 유속이 일정한 경우 원하는 회전수를 만들 수 있는 지역에 설치되고 동기발전기는 유속이 일정하지 않을 경우도 사용이 가능하나 이 경우 컨버터와 인버터 제어장치를 통해 원하는 전기를 생산할 수 있다.

조력발전과 조류발전의 큰 차이점은 물을 모아두는 댐이며, 조력발전은 수두차를 이용하여 수차를 가동시켜야 함으로 대규모 댐이 필수적이다. 또한 조력발전은 대체로 대규모 지역에 영향을 미치고 특히 해양 환경에 많은 변화를 가져옴으로 그 지역의 환경에 큰 피해가 발생하는지 상세한 검토가 요구된다. 조류발전은 조력과 달리 댐이 필요 없고 단지 유체의 흐름을 이용하여 발전하고 해수유통이 자유롭기 때문에 주변 해양환경에 거의 영향을 끼치지 않는 친환경적인 발전 방법이다. 조력이나 조류발전의 장점은 타 재생에너지에 비해 발전시간이 일정하며 예측가능하고 계절에 관계없다는 점이다.

조류발전의 특징을 요약하면 다음과 같다.

- 기상조건에 관계없이 지속적인 발전이 가능하고 예측 가능하다.
- 조류의 속도가 빠른 우리나라 서해안과 남해안 지역에 매우 적합하다.
- 갯벌의 황폐화 및 해양생태계에 미치는 영향이 거의 없다.
- 댐의 건설이 필요치 않아 기존의 조력발전에 비해 투자비용이 저렴하다.
- 무공해 및 환경친화적인 21세기형 에너지이다.

3) 조류발전 시스템

조류발전 시스템은 로터의 종류에 따라 크게 수평축(HAT)과 수직축(VAT) 방식으로 나누고 있다. 유향이 일정한 경우에는 터빈의 방향을 항상 유향과 90도가 되게 고정시키면 되나, 해양의 유체는 방향이 바뀌므로 터빈과 유체의 방향을 항상 90도가 될 수 있는 장치가 요구된다. 영국에서는 터빈의 로터 피치각을 변화시켜 유속 변화에 따라 회전수를 변화시켜 항상 유입되는 유속에 최적의 상태로 발전할 수 있는 장치를 적용하였다. 그러나 유향 변화에 대해서는 특별한 장치가 적용되지 않았다. 인하대학교에서 개발한 해류발전 장치는 유향의 변화에 로터가 회전축을 중심으로 항상 최적의 각도인 90도를 유지할 수 있는 장치를 개발하였고 실험을 통해 성능을 입증하여 추후 해양의 조류발전장치나 해류발전 단지에 도입할 예정이다.

일반적으로 조류발전은 유속이 1m/s 내·외인 곳에서도 가능하나, 경제성 있는 발전을 위해서는 최소한 2m/s 이상인 곳을 후보지로 선정한다. 유향에 대해 터빈축이 수평이면 수평축터빈, 수직이면 수직축터빈이라 구분된다. 수평축 및 수직축 터빈의 특징을 아래와 같이 요약하였다.

HAT(Horizontal Axis Turbine) type – 수평축 터빈

- 터빈의 회전축과 해류의 방향이 평행이다.
- 구조적으로 간단하고, 안정적인 구조형태이다.
- 풍력발전 및 선박의 프로펠러 기술을 응용 가능하다.
- 장치의 최적화로 유지보수가 간편하다.
- 영국 및 미국에서 실용화 되었고 축적된 기술로 신뢰성이 높다.

VAT(Vertical Axis Turbine) type – 수직축 터빈

- 터빈의 회전축과 해류의 방향이 수직이다.
- 다수의 터빈을 한 개의 수직축에 설치가 가능하다.
- 구조적으로 하중에 취약하며, 이물질이 잘 삽입되어 불균형 진동이 발생한다.
- 시설비가 HAT방식에 비해 비교적 높다.
- 수면과 해저면을 연결하는 수직축이 길어 큰 굽힘 모멘트가 작용한다.

4) 국내 기술개발 동향

해양수산부 해양수산연구개발사업 '해양에너지 실용화 기술 개발'은 연구 기간이 2000년부터 2010년까지이고, 총연구비 379억 원을 투입하여 한국해양연구원 주도로 수행중이다. 2000년에서 2003년까지 조류발

〈그림 1-1〉 울돌목 조류발전 조감도(조선일보 2008년 5월 19일)

전은 77억을 투입하였고, 2004년도에는 25억을 투입하였다.

우리나라는 현재까지 조류에너지를 개발하여 보급한 실적은 없으나, 해양수산부에서는 2005년 4월부터 약 63억 원을 투자하여 울돌목에 1MW 용량의 시험조류발전소를 2006년까지 건설할 계획이었으나, 여러 가지 어려움으로 인해 설치시기가 2~3차례 연기되어 2008년말 이후 완공이 예상된다(〈그림 1-1〉). 울돌목 협수로에는 최대 6.5m/s(13 노트)의 유속이 발생하며 해저는 퇴적층이 없는 암반으로 구성되어 있다. 1MW급 조류발전 설치 이전에 2003년 100KW급 시험발전 장치를 설치하였으나 주변의 이물질 및 쓰레기가 블레이드에 달라붙어 심한 진동으로 인해 유지/보수에 많은 문제가 발생하였다.

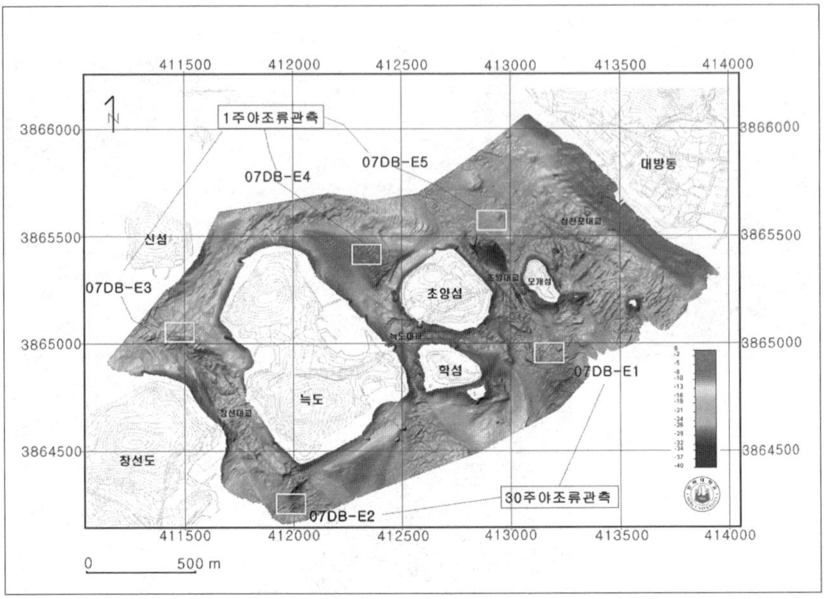

〈그림 1-2〉 대방수도 지형도

에너지관리공단에서 2006년 12월 남해안 지역의 "조류발전 타당성 조사 및 활용기술 개발" 사업(인하대, 남동발전(주))을 시작하여 2008년 완료 예정이고, 주요후보지로 대방수도(〈그림 1-2〉)와 남해대교(〈그림 1-3〉) 2지역을 선정하였고 이 지역의 해양조사 및 발전예상량을 추정하게 된다. 대방수도에서 관측된 유속을 이용하여 조류분포해석을 통해 최대 3.5m/s 정도로 조류발전에 적합하며 남해대교 주변은 약 1.5m/s로 관측되었다.

지식경제부 에너지관리공단 지원의 "고효율 부유식 조류발전스템 개발" 과제(오션스페이스(주), 남동발전(주), 삼호중공업(주), 인하대)가 2006년 시작하여 2009년 대방수도에 100KW급 파이롯트 조류발전 장치를 설치하게 된다.

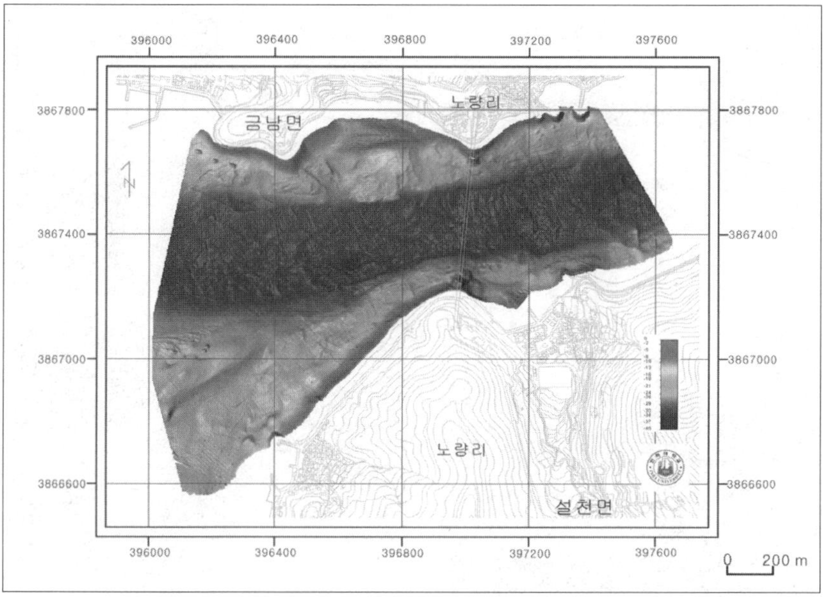

〈그림 1-3〉 남해대교 지형도

2008년 6월에는 동 과제의 25KW 조류발전장치가 삼천포 방수로에 시험 설치되어 성공적으로 현장 실험을 완료하였다(〈그림 1-4〉). 전 세계적으로 조류발전 기술이 최초로 방수로에서 시험하여 발전장치의 실용화 가능성을 확인하였다는데 그 의의가 크며 대규모로 설치 및 해양에 조류발전 장치 설치를 위한 기초 데이터를 확보하였다.

개발된 부유식 조류발전 장치는 부유 함체 중앙부에 문풀이 있어 이를 통해 발전장치를 수면 아래로 이동시킬 수 있으며, 함체의 내부에 여러 개의 격벽이 있어 해수를 원하는 양만큼 유입하고 배출하여 항상 전체 시스템의 수평을 유지할 수 있고, 원하는 흘수를 확보할 수 있다(〈그림 1-5〉).

〈그림 1-4〉 25KW 방수로 적용 조류발전 장치(좌)

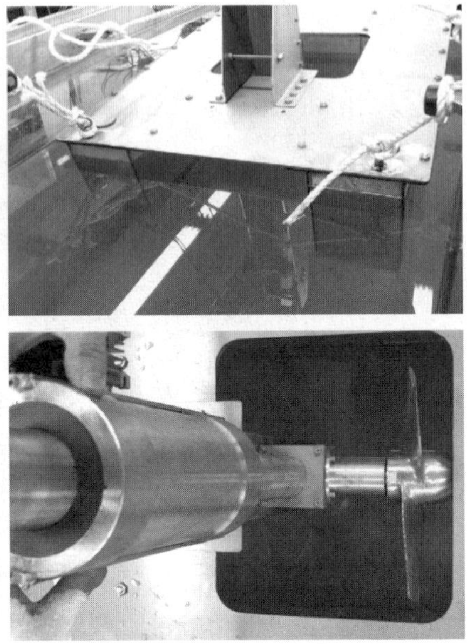

〈그림 1-5〉 부유식 반잠수식 조류발전 장치(우)

한국남부발전은 조류발전 원리를 적용하여 하동 발전소 방수로에 헬리칼 블레이드 발전시설을 2006년 설치하였으나 지지구조물 및 헬리칼 블레이드 연결 축의 심한 굽힘변형과 과대 응력 발생으로 철거하였다(〈그림 1-7〉).

경상남도와 한국남동발전(주)은 2010년부터 500억 원을 투자하여 발전시설을 개발한다는 양해각서를 교환하였다. 이 지역은 유속이 높아 조류발전에 매우 좋은 여건을 갖고 있다. 이 시설이 완성되면 약 20MW의 전력생산이 가능하리라 예측된다.

중부발전은 완도 해역에 2008년 1MW급 시험 조류발전장치를 설치하고 2015년까지 300MW 조류발전 단지를 계획하고 있다(〈그림 1-8〉). 계획하고 있는 발전기 형식은 HAT 자중 착저식으로 파일이나 계류장치 없이 자중에 의해 해저면에 안착되는 고정방식으로 영국의 Lunar Energy

〈그림 1-7〉 하동발전소 방수로 적용 조류발전 장치(좌)

〈그림 1-8〉 완도 조류발전 개념도(우)

에서 개발한 장치를 적용하고 있다. 발전장치 1기당 1MW의 용량을 갖고 있다.

국내 대학으로는 1999년부터 인하대학교에서 조류발전연구를 시작하였고 그 후 여러 로터 종류별 효율 및 성능을 연구하였고 실험결과를 발표하였다(〈그림 1-9〉). 블레이드 날개를 2개 및 3개로 설계하여 그 특성을 실험하였다. 날개가 2개일 경우 초기 시동 유속이 3개인 경우보다 높아야 하지만 어느 정도의 유속 이후에서는 효율이 같거나 높게 측정되었다. 즉 항상 일정 유속이 확보되는 지역에서는 날개가 2개인 로터를 사용하는 것

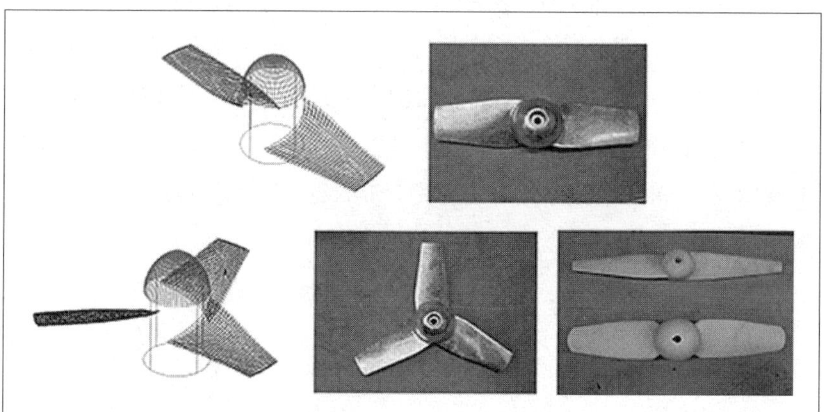

〈그림 1-9〉 블레이드 특성연구

〈그림 1-10〉 능동유향조정 조류발전 장치

이 효율면뿐만 아니라, 제작의 용이성, 유지/보수의 편리성을 확보할 수 있다.

단방향 블레이드는 그 단면이 유선형으로 되어 있고 양방향은 대칭으로 되어 있는 특성을 갖는다. 양방향 단면의 특성은 유향이 앞과 뒤에서 유입될 경우 같은 성능을 가지나 후방의 유체는 지지구조물에 의해 간섭이 발생하므로 실제상황에서는 후방 유입 시 그 성능이 떨어진다. 최근 개발된 능동 유향조정 조류발전 장치는 영국 Seaflow나 기존의 다른 장치의 단점을 보안하여 다음과 같은 특징을 갖고 있다.

- 유향에 능동적으로 로터의 방향이 회전하므로 항상 최적의 발전이 가능하다(〈그림 1-10〉).
- 지지파일 설치 후 모든 발전장치가 일체화된 회전파일을 지지파일에

〈그림 1-11〉 해류발전단지

삽입하므로 설치가 매우 간단하고 공사기간도 매우 짧다.

- 모든 장치가 물속에 잠기므로 미각적으로 깨끗하고, 외력에 의한 모멘트나 환경하중이 작아 구조물의 크기가 노출형보다 작아지므로 경제적이다.
- 유지/보수를 위한 부위가 수면위에 떠 있으므로 통해 항해선박의 충돌이나 간섭을 피할 수 있다.
- 회전파일을 부위와 연결된 패드아이를 통해 일체로 들어 올릴 수 있으므로 유지/보수가 매우 간편하다.

2008년 인하대학교가 오션파워(주)의 과제로 개발한 해류발전 복합단지(〈그림 1-11〉)는 해류의 유속이 빠른 수문 지역에 설치할 수 있고 매우 효과적으로 에너지를 생산할 수 있다. 예를 들어 로터의 직경이 약 10미터

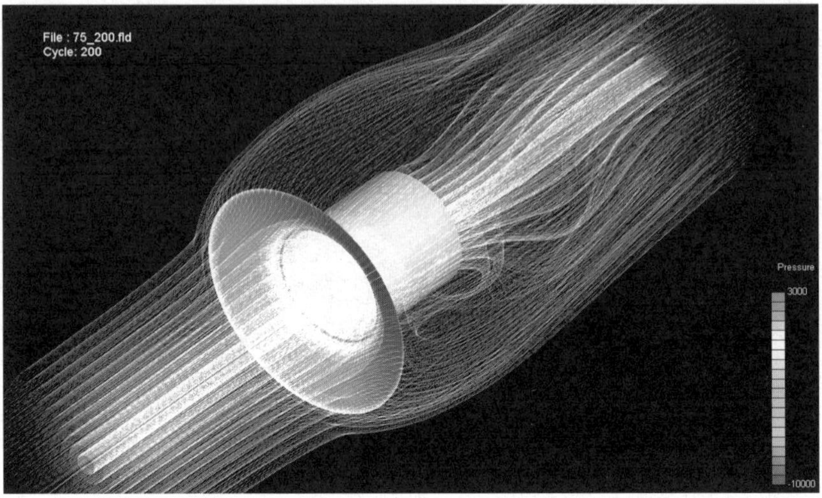

〈그림 1-12〉 덕트 주위의 스트림라인

이고 유속이 6m/s이면 1기당 3MW의 전력생산이 가능하다. 유속이 높은 지역일수록 조류발전의 경제성은 매우 높아진다.

여러 대의 발전장치를 설치하여 발전단지를 조성할 경우 주의해야 할 사항은 발전장치간의 간섭에 의한 효율과 발전량 추정이다. 세로방향, 가로방향, 대각선방향의 배치에 따라 간섭이 발생하며 이는 유속과 로터 직경 그리고 회전수에 따라 달라진다. 단지화에 따른 최적화를 위해 다배열에 의한 간섭과 이로 인한 정확한 발전량 추정이 요구되며 단순히 수치해석 뿐 만아니라 실험을 통한 검증이 요구된다.

밀폐된 공간에서 유량은 속도와 면적에 비례하지만 해양과 같이 개폐된 공간에서는 유속을 높이는 것이 쉽지 않다. 해양에서 덕트를 사용하여 유속을 증폭시킬 경우 덕트의 길이와 직경에 따라 유속이 달라진다. 특정 덕트를 사용할 경우 그 주변의 유속 분포를 조사하였다. 즉 덕트의 직경과 길이를 최적화하여 유속분포를 조사한 결과 유입속도보다 최대 약 50% 정도의 유속이 증폭되었다. 이 결과는 인하대학교에서 CWC 실험을 통한 유속 측정결과와 일치하였다. 물론 덕트 안에 로터를 장착하였을 경우에는 간섭 등으로 약 30% 정도의 유속 증폭이 예상됨으로 발전량은 약 2배 증가된다(〈그림 1-12〉).

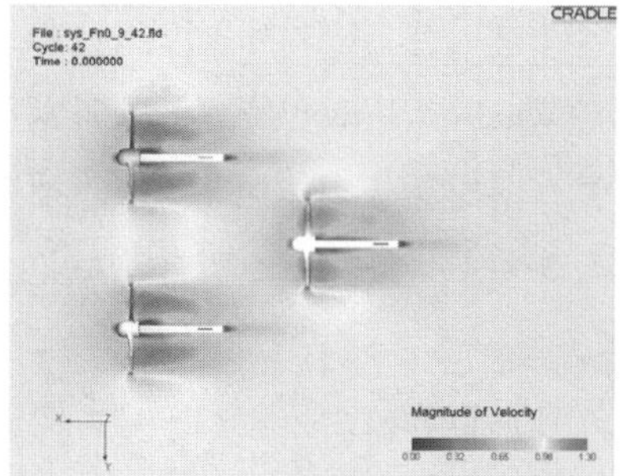

〈그림 1-13〉 로터 회전 시 동적 간섭 해석

조류발전 단지를 위해 여러 대의 발전장치를 설치할 경우 다배열에 의한 간섭영향을 검토해야 한다. 세로축, 가로축, 대각축등 이격 거리와 유속 및 구조물 크기와 형상에 따른 간섭영향을 위해 수치모델링과 실험을 병행해야 한다. 유체만 동적으로 발생시키고 발전장치들을 고정시키고 분석하는 모델링과 로터가 회전하며 간섭이 발생하는 동적 현상도 해석해야 정확한 간섭 및 발전량을 추정할 수 있다(〈그림 1-13〉).

5) 해외 기술개발 동향

(1) 미국

2010년까지 13.1%의 대체에너지 보급비율을 목표로 대체에너지 연구에 박차를 가하고 있다. 조류발전 시스템은 영국이나 캐나다에 비해 많은 연구가 되고 있지는 않으나 Tidal Electric Inc.에서는 독자적인 기술을 개발하여 대상지역을 연구하고 있다. Alaska, Chile, Europe, India, Mexico에 이미 Project를 수주하여 실용화 시설을 연구하고 있다. HAT 형태와

〈그림 1-14〉 Verdant Power 조류발전 (Verdant Power homepage)

달리 헬리칼 발전기에 대한 연구도 활발하게 하고 있다.

Verdant Power사는 뉴욕의 동쪽 강변에 약 4.5Million 달러를 투자하여 조류발전을 계획하고 있다. 해저에 6기의 발전기를 설치하여 200KW 전력생산을 계획하고 있다(〈그림 1-14〉).

(2) 캐나다

정부(National Research Council of Canada)의 지원으로 대체에너지 관련 연구가 오랫동안 꾸준히 진행되어왔다. The bay of Fundy에서 이미 발전시스템을 설치하여 가동 중이다. 2006년 빅토리아에서 약 10마일 남서쪽에 위치한 Race Rocks지역에 4Million 비용을 들여 조류발전 시설을 계획하고 있다. Blue Energy Canada와 Canoe Pass사가 대표적인 조류발전 상용화 기업이고, 캘고리에 있는 EnCana Corp 회사는 약 27억(미화 3백만 달러)을 투자하여 해양환경에 최적인 조류발전 연구를 하고 있으며, Canoe Pass 사는 250KW에서 500KW급 시험 발전을 2006년까지 완료하고 2007년에는 상용화 시설을 공급할 계획을 갖고 있다.

(3) 영국

1990년대 초부터 활발히 조류발전을 비롯한 대체에너지 연구가 진행되고 있다. Scotland의 Glasgow, Strathclyde 그리고 Edinburg대학을 중심으로 해양에너지 연구가 활발히 진행되고 있고 현재는 EU 과제인 Supergen Project를 수행 중이다.

2020년까지 스코틀랜드 에너지의 40%를 대체에너지로 공급한다는 정부의 확고한 정책과 지원으로 현재 많은 회사들이 창업되었고 관련 산업도 활발히 팽창하고 있다. 특히 스코틀랜드 북쪽 높은 조류가 있는 지역에 대규모 조류발전 단지를 계획하고 있고 건설하고 있다.

2003년에는 5년 동안 5백만 유로를 투입하여 Seaflow과제를 성공적으로 완료하여 영국 남서부의 Lynmouth 지역의 Foreland Point 해양에

〈그림 1-15〉 Seaflow 조류발전(MCT Ltd, 2008)

300KW급 파이로트 발전 시스템을 설치하였다. 수심 11미터에 설치된 시스템은 HAT 형식으로 두 개의 블레이드 로터를 장착하였고, 유지/보수를 위해 블레이드와 발전기가 수심위로 올라올 수 있도록 모노파일에 가이드를 설치하여 상하 이동이 가능하도록 하였다. 블레이드의 각도는 조류의 입사 속도에 따라 변환이 가능하여 발전효율을 높였다.

SeaGen 프로젝트는 MCT사가 북아이랜드의 Stranford Narrows지역에 설치할 예정이며 영국 통상산업성의 지원을 받아 150억 원을 투입하여 1.0MW 상업발전을 2008년에 완공예정이다. 이곳은 평균 최대유속이 3.6m/s에 달하며 발전장치는 약 3미터의 모노파일 지지구조물과 2개의 500KW 로터가 설치된다. MCT(Marine Current Turbines)사는 Seagens는 두 개의 로터를 가진 터빈 형태로 약 1.2MW 급으로 Seaflow와 같이 로터와 파워트래인(Power Train)을 해

〈그림 1-16〉 SeaGen 프로젝트 개념도
(Linternaute Science homepage)

〈그림 1-17〉 SMD Hydrovision사 조류발전 장치(SMD Hydrovision homepage)

수면위로 이동시킬 수 있다.

The Engineering Business(EB)사는 수심 100미터 내에서 설치가 가능한 Stingray 조류발전 시스템을 개발하였고, 이제까지 발전방식과 다른 새로운 형태로 페달의 상하 운동을 적용하여 마치 가오리가 지느러미를 상하로 움직여 추진력을 얻는 식으로 개발되었다. 2003년에는 개선된 Stingray 발전시설을 설치하여 제어장치 및 자료수집 방식이 한층 향상되었다. 영국 SMD Hydrovision사는 2개의 500KW급 로터를 사용한 부유식 조류발전을 시도하였고, 자체 부력으로 물 위에 뜨며 해저에 계류체인 으로 고정시켰으며, 조류의 입사 방향 변화에 자체적으로 방향을 조절할 수가 있어 발전 효율을 높일 수 있는 장점이 있고 본 장치를 위해 추가적인 구조물이 필요 없는 특징을 갖고 있다.

UK의 Lunar Energy사는 독자적으로 개발한 덕트형 조류발전장치를 개발하여 prototype의 현장 실험을 2007년 수행하였다. 추후 대형 용량으로 개발하여 현장에 투입하는 계획을 갖고 있다. 2008년 1MW급 발전기를 한국의 전라도 완도지역에 최초로 적용하기 위해 한국 중부발전(주)은 전라남도와 MOU를 맺었다.

〈그림 1-18〉 Lunar Energy사 조류발전 장치(Lunar energy homepage)

2. 파력발전

1) 기술의 정의

파력발전은 파도의 운동 에너지와 위치에너지를 이용하여 터빈을 구동하거나 기계장치나 유압장치를 사용하여 운동에너지로 변환시켜 전기를 생산하는 발전 형태이다.

2) 기술의 개요

파력발전은 파도에너지를 이용하는 발전이다. 파력발전은 크게 바다에 장치를 띄우는 방식인 부유식과 연안에 시설을 설치하는 방식인 고정식이 있다. 세계의 바다에서 얻을 수 있는 총 파도 에너지 모두가 전력으로 유

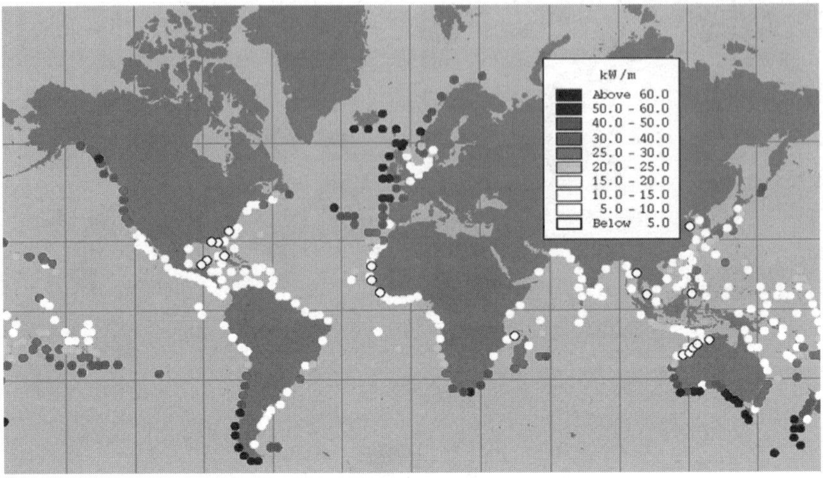

〈그림 2-1〉 세계 파도에너지의 분포도

효하게 이용되는 것은 아니다. 최근까지 여러 가지 아이디어가 제안되었는데, 현재 가장 실용화되어 있는 것은 공기 터빈을 쓰는 방식이다. 파도의 의한 해면의 승강운동을 피스톤으로 공기의 흐름으로 만들어, 밀폐된 공간에서 운동하는 공기를 이용하여 터빈을 회전시켜 발전기를 구동한다. 파력발전의 장점으로는 다른 재생 에너지에 비해 상대적으로 지속적인 발전을 할 수 있다는 것이고 다른 청정에너지와 같이 친환경적이고 해양생태계를 위협하지 않는다는 점이다. 비록 파력발전이 연안지역에 제한되어 있지만 그 잠재량은 매우 크다. 그러나 국내에서는 제주도와 동해 일부 지역등 파고가 높은 지역이 제한적이라 국내의 파력발전 기술은 매우 저조하며 아직 큰 규모의 발전장치가 설치되지 않았다.

세계 파도에너지 분포도는 KW/m 단위로 파도로부터 얻을 수 있는 에너지를 표시한 것이다(〈그림 2-1〉). 연구에 따르면 평균적으로 15KW/m 이상인 곳에서의 파력발전은 경제적이라고 한다. 지도에서 보면 알 수 있듯이 파력은 지구의 많은 연안지역에서 이용 가능하다.

3) 파력발전 시스템

(1) 파력발전 시스템의 분류

파력발전 장치의 1차변환은 기본적으로 다섯 종류로 분류할 수 있다(〈그림 2-2〉). 1차변환장치를 파도에 의한 장치의 운동으로서 파도에너지를 흡수하는 방법과 파도의 변형을 이용하는 방법으로 대별할 수 있다. 전자에는 파도가 가동물체(movable body)나 진동수주(oscillating water column, OWC)에 작용하게 하고 가동물체나 진동수주에 유압장치나 공기터빈 등의 2차변환 장치를 부착하는 ① 가동물체형과 ② 진동수주형이 있으며, 해중에서 파도의 수압변동을 흡수하여 공기나 물의 흐름으로 변환한 후 2차변환장치를 운전하는 ③ 수압면형(pressure type)이 있다. 또한 수심이 얕은 해역에서 파도의 비선형 영향에 의한 해수의 수평류, 또는 제방으로부터의 월파를 이용하여 수차를 운전하는 ④ 월파형과 방파제 전면 등에서 볼 수 있는 소파공(wave dissipator works)에 의한 평균수위의 상승인 wave set-up에 의한 해수의 흐름을 이용하는 방식인 ⑤ set-up형이 있다. 이런 방법은 2차 변환장치를 사용하지 않고 직접 해수를 이용할 수도 있는 특징이 있다. 1차변환장치의 형상에 따라 2차원장치 및 3차원장치 등으로 분류할 수도 있다.

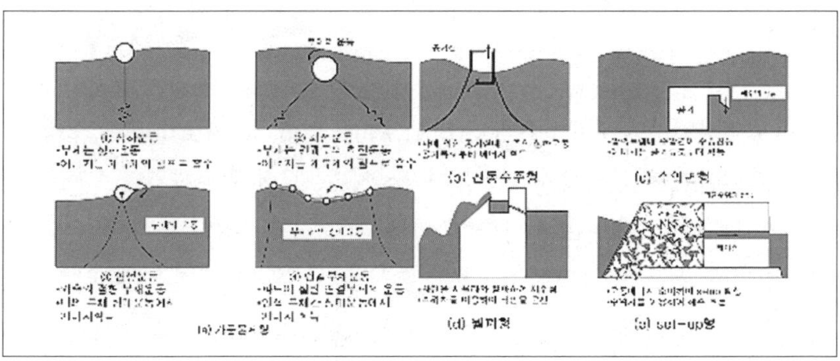

〈그림 2-2〉 1차변환장치의 예

4) 국내 파력발전 기술 현황

현재까지의 파력발전 기술 개발은 한국해양연구원 중심으로 진행되어 왔다. 2001년 한국해양연구원에서 진동수주형(부유식) 파력발전 장치 주전 A호를 울산 주전 실해역에 설치하였다(〈그림 2-3〉). 여기에 사용된 발전기는 Heller로 출력은 40KW이다. 불행히도 설치한 다음 해 태풍에 의해 장치가 파손되어 소실되었다. 자세한 주요 제원은 〈표 2-2〉와 같다.

〈그림 2-3〉 주전 A호 파력발전장치 실해역 시험

〈표 2-2〉 주전 A호 파력발전장치 주요 제원

주요제원	
형상, 직경 및 높이	원형실린더, 13m×16m
흘수, 배수량	7.5m, 274톤
공기터어빈 종류, 형태	Wells, Tandem
터어빈 날개 형상, 날개수, 직경	NACA0015, 8개, 1.35m
터어빈 날개재질, 무게, 정격 rpm	Al-Bc3, 330kg/ea, 1,500rpm
발전기 종류, 출력	Heller발전기, 40KW
정격 rpm, 정격전압	600~1,500rpm rpm, AC200V
계류장치	4 lines compliant buoyed mooring

한국해양연구원에서는 BBDB(Backward Bent Duct Buoy)형 소형 부유식 파력발전기 연구를 2003년 시작하여 2007년 완료하였다(〈그림 2-4〉). BBDB형 소형 부유식 파력발전기는 항로표지 등부표용 부유식 파력발전기이다. 목표 전략량은 150W이며 실험기간은 2006년 5월부터 2007년 4월까지 수행하면서 타당성을 검증하였다. BBDB형 파력발전기의 주요 제원은 L : 5.5m, B : 2.75m, D : 2.5m이다.

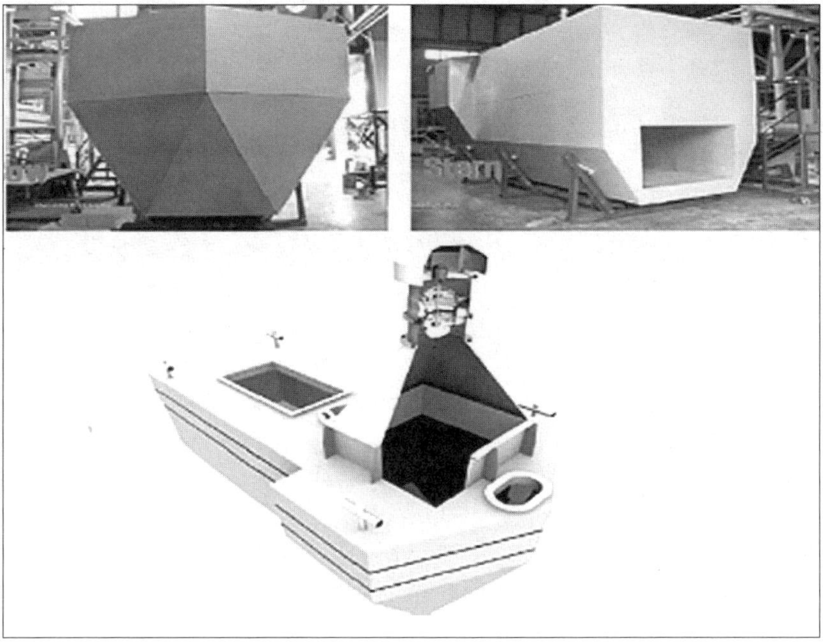

〈그림 2-4〉 BBDB형 파력발전

단일지지형 지반구조물 상부에 위치한 나선형의 월파유도 날개를 갖는 암초구조물에 의해 수두차를 지닌 회전류를 발생시키고 수차를 이용하여 발전하는 나선암초형 월류파력발전 기술 개발이 한국해양연구원에서 수행되고 있다.

산업자원부의 신재생에너지기술개발사업으로 파도에너지를 수류에너지로 변환한 후 횡류수차를 이용하여 발전하는 케이슨 내장형 파력발전 파일럿 플랜트 조성 연구가 한국해양대에서 수행되었다(〈그림 2-5〉).

직접구동형 터빈은 케이슨 내부의 유로에 설치되어 수류식 진동수주형 파력발전시스템으로 사용되며, 운전 중의 유지 및 관리가 용이하며 대칭형 노즐을 가지게 하여 케이슨내부의 수로에서 상하운동을 하는 해수의 왕복류에 대하여 러너가 동일한 방향으로 회전할 수 있도록 고안된 터빈

〈그림 2-5〉 케이슨 내장형 수류식 파력발전장치 개념도

으로 넓은 범위의 파주기와 파고에 대하여 대응이 가능하도록 설계되었다(〈그림 2-6〉). 진동수주에 의한 공기실의 압축공기를 이용하는 일반적인 공기터빈 방식과는 달리, 진동수주에 직접 터빈을 설치하여 수류의 운동에너지와 압력에너지를 동시에 이용하기 때문에 에너지밀도가 높고 터빈 내부에서 발생하는 손실이 적은 장점이 있다.

연구결과 직접구동형 터빈의 성능을 결정짓는 요소 중 터빈의 노즐부분이 매우 큰 영향을 미치는 것이 확인되었으며, 기본적인 노즐 형상에 대해서 전산유체역학(Computational Fluid Dynamics)을 이용하여 일방향

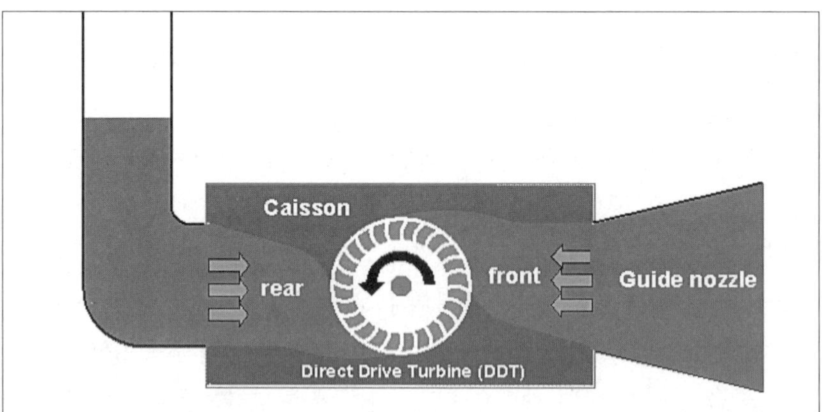

〈그림 2-6〉 직접구동형 파력발전용 터빈

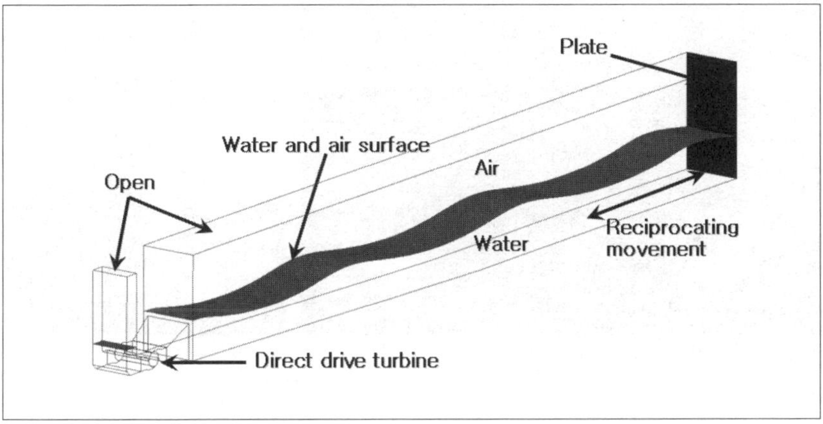

〈그림 2-7〉 수치파동수로 에서의 성능해석

의 밀폐유로를 통한 유입흐름에 대한 수치해석을 수행하였다(〈그림 2-7〉). 연구를 통해 노즐로부터 유입유동이 발생할 경우 속도 벡터와 러너를 관통하는 흐름과 러너내부의 유체흐름 특성을 조사하였다. 유입유동에 의한 유입압력과 출력 등 여러 현상에 대해 연구하였다. 또한, 터빈 노즐 입구 단면적과 효율관계, 회전수, 출력값 등을 수치해석 및 수조실험을 통해 많은 연구를 수행하고 파도에 따른 영향을 고려하여 터빈의 내부유동도 검토하였다.

터빈 내부는 유로의 영향에 의하여 상당히 복잡한 유동패턴을 나타내고 수차 입구에서는 터빈내부의 왕복류 및 터빈 유입구 노즐 형상의 영향을 받아서 매우 큰 와류가 존재한다. 이와 같은 와의 발생위치와 크기는 왕복류의 주기 및 파고에 따라서 밀접한 영향을 받게 된다.

5) 해외 파력발전 기술 현황

(1) 미국

미국의 북동 연안은 40KW/m를 초과하는 고밀도 파도에너지를 가지고 있고 파력발전장치 실용화를 진행하고 있다. 2004년 6월, 하와이에

〈그림 2-8〉 Power Buoy 형상(OPT homepage)

PowerBuoy 파력발전 장치가 성공적으로 설치되었다. PowerBuoy 시스템은 시험 운용 중이며 추후 하와이 해군 기지를 위해 1MW급 파력발전단지를 조성할 계획이다. PowerBuoy는 해수면 1m 이하에 잠수된 부유체로 외해에 설치되어 전력을 생산한다. 이 장치는 수직으로 고정되어 있고 내부에 피스톤 장치가 있어서 파고에 의해 이 피스톤이 상하로 운동함으로써 발전기를 회전시켜 발전을 하게 되어있다. 여러 대의 PowerBuoy를 설치함으로써 수십 MW의 전력을 생산할 수 있으리라 예상된다.

(2) 네덜란드

네덜란드에서 개발한 Archimedes Wave Swing(AWS)는 잠수식 파력발전장치로 상부와 하부에 2개의 실린더가 있으며 하부는 바닥에 고정되고 상부 실린더는 파고에 따라 상하 운동을 하게 된다. 상부 실린더의 자성체는 코일 주위를 움직이며 전기를 생산하는 원리이다.

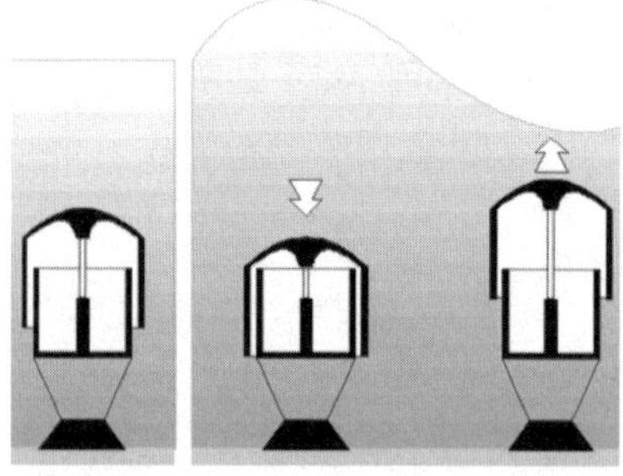

〈그림 2-9〉 AWS 파력발전 원리(TUDelft homepage)

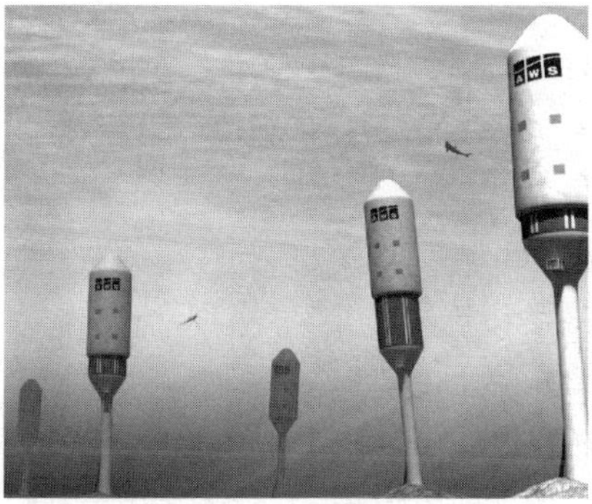

〈그림 2-10〉 AWS 배치도 (Pugetsoundtidalpower homepage)

〈그림 2-11〉 AWS 파력발전 (RISE homepage)

AWS는 내부는 공기로 채워져 있어 완충제 역할을 한고 상부 실린더가 아래로 움직이면서 공기를 압축시키고 이로 인해 발생하는 반발력으로 상부 실린더는 다시 위로 상승하면서 반복운동을 하게 된다. 내부 공기양을 조정하여 최적의 운동을 제어할 수 있도록 설계되어 있다.

(3) 영국

최근 해양 신재생에너지 메카로 여겨질 정도로 해양에너지 분야에 많은 투자 및 연구 그리고 실용화에 앞서가고 있다. 특히 해양환경이 거친 스코틀랜드 지역은 높은 파도, 강한 조류, 그리고 강한 바람으로 인해 파력, 조류, 해상풍력 연구가 활발히 진행되어 스코틀랜드는 2020년까지 20%를 신재생에너지로 공급하겠다는 목표를 세우고 연구를 진행하고 있다.

LIMPET(Land Installed Marine Powered Energy Transformer)은 스코틀랜드 서쪽 해안에 위치한 Islay 섬에 설치된 파력발전장치로 해안에 고정된 고정식 진동수주형 파력발전장치이다. 2개의 250KW 웰스터빈을 사용하여 500KW 시설용량을 갖고 있다. 2000년 육상 전력 그리드 시스템에 연결되어 세계 최초의 상업용 파력발전장치로 인정되었다.

또 하나 대표적인 파력발전장치는 Ocean Power Delivery사(OPD)의

〈그림 2-12〉 LIMPET 파력발전(Celsias homepage)

〈그림 2-13〉 Pelamis 배치 조감도(CSmonitor homepage)

Pelamis로 마치 뱀처럼 생긴 반잠수식 구조물로 마디를 갖는 실린더를 여러 개 연결시킨 구조로 대표적인 가동물체형이다. 파도의 운동에 따라 실린더는 6자운동을 하게 되고 각 실린더의 다른 운동을 통해 마디에 있는 힌지가 운동을 하게 되어 이와 연결된 유압 피스톤을 구동하게 된다. 유압 피스톤이 오일을 압축하여 유압 모터를 구동시켜 전력을 발생하는 원리이다. 각 장치에서 발생된 전력은 CEM(cable end manifold)에 연결되어 해저에서 합쳐져 해저 파워케이블을 통해 육상으로 연결된다. 외력에 직접 노출이 되기 때문에 가동물체형 파력발전 설계의 가장 중요한 사항 중의 하나는 구조물의 내구성과 안정성이다.

(4) 덴마크

덴마크 파력발전장치의 대표주자인 Wave Dragon은 컨설팅 엔지니어링 회사 Löenmark FRI의 덴마크 기술자 Erik Friis-Madsen에 의해 발명되었다. 1997년 Erik Friis-Madsen은 HC Soerensen과 팀을 이루어 조직 및 기금을 확충하였으며, 참여 기업과 대학들이 합세하여 수차 터빈, 수력학 특성, 발전기 그리고 발전 영역에 대한 현 기술 수준을 분석하였다. Wave Dragon APS는 Wave Dragon 장치 기술과 설계, 건설 그리고

〈그림 2-14〉 Wave Dragon 파력발전 장치(Wave Dragon homepage)

〈그림 2-15〉 Wave Star 조감도(Wavestarenergy homepage)

운용 기술을 개발하기 위해 만들어졌다. 덴마크는 2001의 30KW를 시작으로 매년 그 규모가 증가하고 있다. 2009년에는 1.33MW의 전력을 파력발전에서 생산할 전망이다.

덴마크에서 개발한 Wave Star는 수면 위에 수십개의 부유체(floats)를 위치시켜 파도의 상하운동을 통하여 이와 연결된 피스톤을 가동시킨다. 약 40여개의 독립된 부유체로 이루어져 있어서 연속적인 발전이 가능하며 실험을 통해 성능을 입증하였다. 실험은 1 : 10 모델로 5.5KW를 생산하였고 1 : 2 모델에서는 500KW 생산을 기대하고 있다.

3. 조력발전

1) 기술의 정의

조력발전은 조석에너지를 이용한 발전방식으로 조차가 큰 만의 입구에 댐과 수문을 설치하여 밀물 시 수문을 닫고 썰물 시 발전 수문을 열어 수위차에 의한 유체 흐름을 만들어 터빈을 회전시켜 전기를 생산하는 발전방식이다.

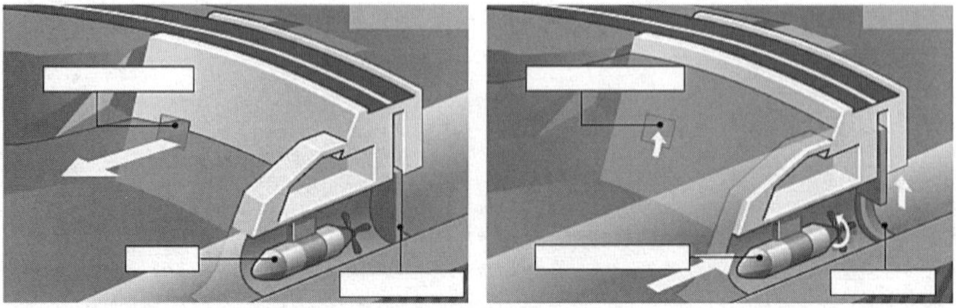

〈그림 3-1〉 조력발전 개념도 (Planete-Energies homepage)

2) 기술의 개요

조석을 동력원으로 하여 해수면의 상승하강현상을 이용, 전기를 생산하는 발전인 조력발전은 바닷물을 가뒀다가 댐으로 흘려보내 그 내부의 터빈을 돌려 전기를 만든다는 점에서 조류발전과 구분된다. 조력발전은 조류발전과 달리 저수지를 확보하기 위해 댐을 필요로 한다. 조력발전은 특성상 조차가 발전 전력량에 크게 영향을 미치게 되며 적지선정에 있어서 최소한 5m 이상의 조차를 가져야 한다고 알려져 있다.

3) 조력발전 시스템

(1) 발전방식

단저수지 단류식

물을 모아두는 저수지를 한 개 조성하여 발전하며 만조시에 수문을 개방하여 만조수위까지 해수를 채운 후 수문을 닫고 기다렸다가 간조시에 발전 수문을 열어서 저수지의 해수를 터빈을 통해 방출하여 발전하는 방식이다. 이를 간조식(또는 낙조식) 발전이라 하며 저수지와 외해의 조차가 클수록 발전량은 많아진다. 만조식(또는 창조식)발전은 간조시에 수문을 개방하여 저수지 수위를 간조수위까지 낮춘 후 만조시에 발전 수문을 열어 발전하는 방식이다.

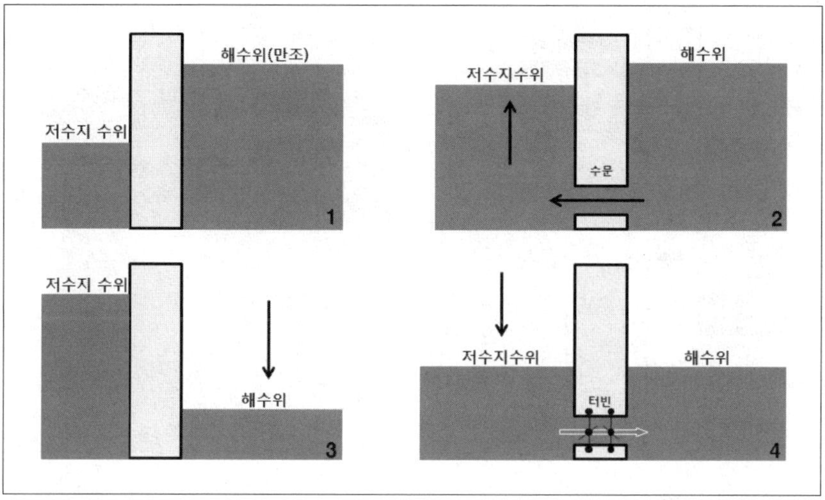

〈그림 3-2〉 단저수지 단류식 개념도

이는 단류식 즉, 한방향 흐름을 이용한 방식이라 한다. 이 방식은 한 방향으로 회전하는 터빈을 사용하며 댐 구조도 간단하고 건설비용과 시설비용도 타 방식에 비해 저렴하여 실용적인 반면 하루 중 발전시간이 약 30%로 짧고 발전시간을 제어하기가 어렵다. 이를 보완하기 위해 간조식 발전방식에서 저수지 수위가 만조수위에 도달한 후에 외해의 해수를 양수하여 저수지내로 추가로 공급함으로써 수위를 상승시켜 발전가동 시간과 발전량을 증가시키기도 한다.

단저수지 복류식

단저수지 복류식은 저수지는 하나이지만 만조시와 간조시 모두 발전이 가능한 방식으로 단저수지 단류식보다 발전시간을 증가시킬 수 있다. 즉 만조시와 간조시 양방향에서 발전이 가능하기 때문에 터빈이 약 6시간마다 반복되는 양방향 흐름을 이용하여 발전이 가능하다. 국내에 조성되고 있는 시화호 조력발전이나 계획 중인 가로림만 조력발전은 모두 단류식으

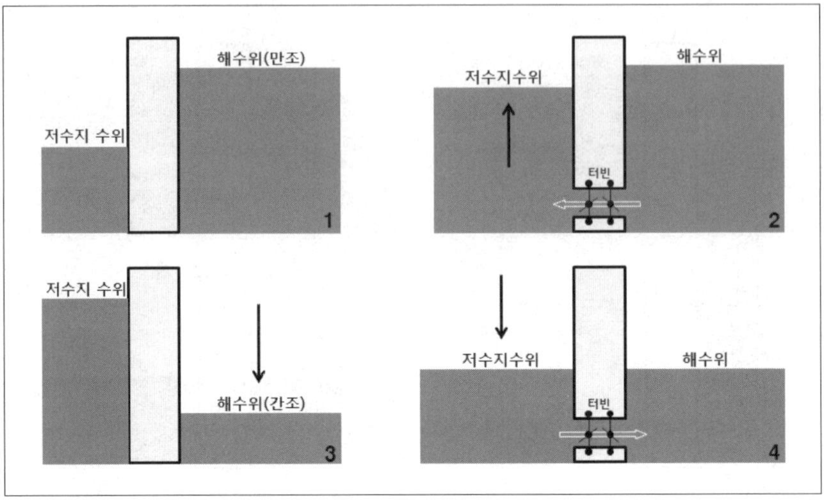

〈그림 3-3〉 단저수지 복류식 개념도

로 설계되어 있다. 복류식은 조차가 매우 큰 지역에 적용할 경우 단류식보다 유리하다. 프랑스의 랑스 조력발전소는 복류식을 적용하여 발전하고 있다.

복저수지 연속식

지역적으로 저수지 2개를 만들 수 있는 여건이 될 경우 한 개의 저수지를 고저수지, 다른 저수지를 저저수지로 만들어 2개의 저수지 간 수위차를 이용하여 발전하는 방식이다. 즉 고저수지의 높은 수위에서 저저수지 낮은 수위지역으로 해수를 유통시켜 발전하며 외해의 조차 변화에 따라 2개의 저수지 수문의 연속적으로 작동하여 항상 발전에 최적인 수위를 제어하여 24시간 연속적으로 발전하는 방식이다.

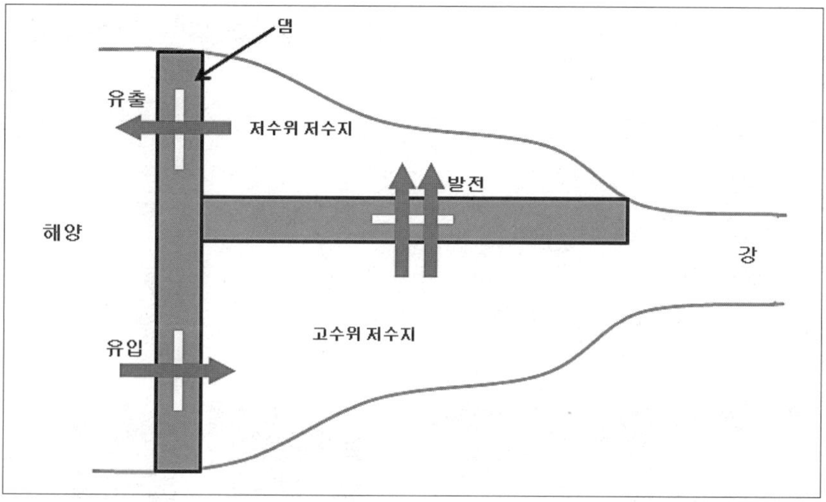

〈그림 3-4〉 복저수지 연속식 개념도

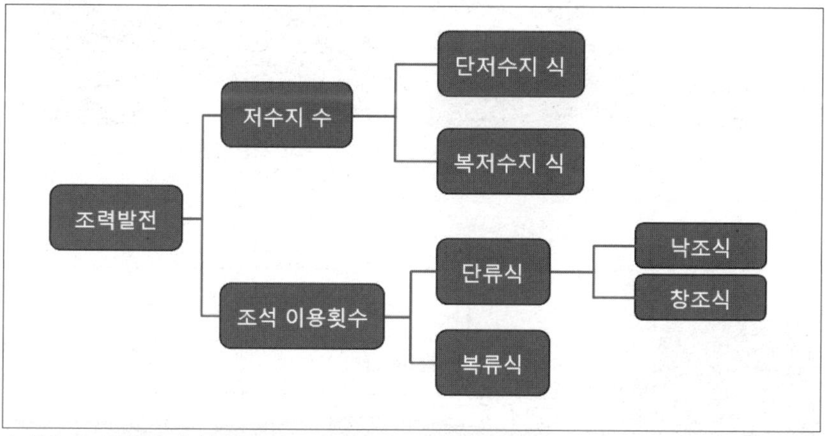

〈그림 3-5〉 조력발전 방식 분류

복저수지 독립식

복저수지 독립식은 2개의 단저수지 단류식 발전소를 독립적으로 설치한 것과 같다. 만조시에 한쪽 저수지에서 낙차를 이용하여 발전하고 이와 동시에 다른 저수지에 해수를 채우고 간조시에 발전하게 되는 방식이다.

(2) 터빈의 종류

· Kaplan 수직축 터빈
· Bulb 터빈
· Rim 터빈
· Tubular 터빈

〈그림 3-6〉 Kaplan 터빈(HITACHI homepage)

〈그림 3-7〉 Bulb 터빈 단면도(The Words of David Darling homepage)

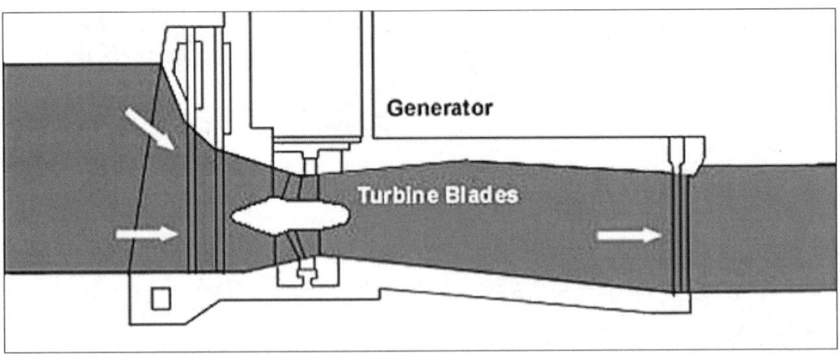

〈그림 3-8〉 Rim 터빈 개념도 (ESRU.Strath homepage)

〈그림 3-9〉 Tubular 터빈 (Elatecworld homepage)

4) 국내의 조력발전 기술개발 동향

(1) 시화호 조력발전소

시화호 조력발전소는 만조식(창조식) 발전설비로 시설용량 254MW, 비양수 단류식 Bulb 25.4MW 10기, 수문 8련이 계획되어 있으며, 발전소 관련 토목구조물은 작은가리섬내의 암반위에 설치하는 것으로 설계 시공되고 있다. 저수지면적은 4단계 개발 완성 후 39.0㎢이며 조차는 대조시 7.804m이다.

(2) 가로림 조력발전소

가로림 조력발전소 위치는 충청남도 대산으로 1981년 "가로림만 조력발전 타당성 조사"를 통하여 기술적 및 경제적인 개발타당성이 입증되었으나 1986년 유가하락 추세 및 건설공사비의 상승요인에 의하여 조력발

〈그림 3-10〉 시화호 조력발전소 조감도 (네이버 뉴스)

〈그림 3-11〉 가로림 조력발전소 조감도 (네이버블로그)

전의 경제성이 미흡한 것으로 평가되어 개발이 보류되었다. 그러나, 2004년 8월에서 2005년 2월 "조력발전 기준가격산정을 위한 용역"을 통해 가로림 조력개발 재검토 및 경제성 검토를 하였고 2007년 3월 기본설계를 완료하였다. 가로림 조력발전소는 간조식(낙조식) 발전설비로 시설용량 520MW, 연간발전량 918GWh으로, 비양수 단류식 Bulb 26.0MW 20기, 수문 12련이 계획되어 있으며, 저수지면적은 92.8㎢이며 조차는 대조시 6.810m이다.

(3) 강화도 조력발전소

2007년 인천시 강화군 석모도 일대에도 강화조력발전소 건설 계획이 발표되었다. 인천시와 중부발전(주)이 주축이 되어 건설사 컨소시엄과 함께 강화 건설 예정인 강화조력발전소는 오는 2014년까지 강화도와 교동도, 석모도, 서검도 등 4개의 섬을 총 연장 7,795m의 조력댐 방조제로 연결해 조성되며, 수차발전기 32기로 구성되어 있다. 오는 2015년 상업운전을 목

〈그림 3-12〉 강화도 조력발전소 위치(인천뉴스 홈페이지)

표로 하고 있으며, 연간 발전량은 1536GWh로 예상되고 있다.

5) 해외의 조력발전 기술개발 동향

(1) 캐나다

아나폴리스(Annapolis) 조력발전소

캐나다 동부해안에 위치한 Fundy만은 길이 265km, 폭 65km, 면적 12,850㎢의 밀폐된 해역으로 조차가 커 조력발전 적지로 알려져 있다. 대규모 조력발전에 앞서 여러 가지 자료 축척 및 기술축척을 위해 1981년에 시작하여 1984년 8월 Annapolis 조력발전소가 소규모로 준공되었다.

소형터빈에 적용되어진 Straflo형을 대형화하기 위한 기초연구 및 기술개발을 하기 위해 일반적인 Bulb형이 아닌 Straflo 터빈을 적용한 것이 특징이다. Straflo 터빈은 정격출력 가동이 보장되고 유지/관리가 간편하다고 알려져 있다. 이 지역의 평균조차는 7m이고 발전형태는 단류식으로 6시간 발전을 하고 6시간은 수위조정 및 저수지 충수를 한다. 생산된 전

〈그림 3-13〉 아나폴리스 조력발전소 전경 (Carmenanddaniel homepage)

〈그림 3-14〉 Straflo 터빈 배치 모형 (Lindenschule-Wyhlen homepage)

〈그림 3-15〉 Jiangxia 조력발전소 전경(네이버 동영상-한국서부발전(주)

력은 69KV로 기존의 전력 그리드에 연결되며 연간 50GWh 정도의 전력을 생산한다. 아직까지 기존의 타에너지원에 의한 전력요금에 비해 경제성이 떨어지고 있고 환경적인 문제로 인해 대규모 조력발전 개발은 아직 실행되지 못하고 있다.

Straflo 터빈

보통의 강물의 흐름으로 발전할 때의 수두는 4~40m 정도이다. Straflo 터빈중 bulb type, tubular type은 20m 정도까지의 operating head를 가졌다. 하지만 polar wheel unit의 첨가로 40m까지 작동수두를 가지게 되었고, 1.5MW까지 낼 수 있게 되었다. 이러한 Straflo 터빈은 작은 부피에 제조할 것도 거의 없다는 장점을 가진다.

(2) 중국

중국은 작은 규모의 시설용량 3.2MW의 Jiangxia 조력발전소 등 9개의 조력발전소를 건설하였다. 1958년 조력발전 후보지 500개소에 대한 조사통계에 의하면 이론상 110×106KW 연간 총 발전량은 87×10^9KW로 보고되었다. 중국의 개발 가능 조력에너지 자원예상량은 619억KWh, 설비용량이 2,158만KW으로 추정되었다.

〈그림 3-16〉 Rance 조력발전소 전경(Decadence-Europa homepage)

(3) 프랑스

1967년 프랑스 북서부 연안 Rance에 시설용량 240MW급 랑스 조력발전소를 건설하여 현재까지 가동중에 있다. 랑스 조력발전소는 Chausey 지역의 대규모 조력개발사업 전에 시험발전소로 건설되었다. 그 후 원자력발전, 경제성, 환경영향 등으로 대규모 조력발전사업은 중단되었으나, 랑스 발전소는 조력발전소의 상업발전 입증, 저수지내 위락 및 여러 가지 이용면에서 좋은 사례를 제공한다.

1930년대 조력발전공사가(Houille bleue, Pres la Brosse)가 발족되며 근대적인 조력개발을 위한 연구가 본격화 되었으며, Chausey 대규모 조력개발사업의 전초단계로 랑스강 하구에 연구개발을 위한 시험장으로 선정되었다. 1954년 개발계획이 발표되어 1961년 착공하여 1966년 준공되었으며 현재 세계 최초 및 유일한 상업조력발전소로 현재까지 운영 중이다. 가동율은 1971~1982년 대규모 유지보수기간중의 가동율이 71~94%였으나 이후 평균가동율 97%를 유지하고 있다. 시설용량 24만KW의 Rance 조력발전소의 연간 총발전량은 579GWh이다.

4. 해양온도차 발전

1) 기술의 정의

바다는 태양과 가까운 표층부터 데워지고 그 열이 점차 아래로 전해지기 때문에 표면으로부터 100~1,000m 정도의 구간에서 온도가 급격히 저하되어, 1,000m 이하에서는 4~6℃ 정도로 일정하게 된다. 태평양과 인도양의 수심 1,000 m와 표층수간 연 평균 온도차이를 보면 적도지방을 중심으로 약 20℃ 정도의 온도차가 있는데 이처럼 바다 표면과 해저의 온도차에 의해 생기는 열에너지가 온도차 에너지이며, 이 에너지를 이용하여 전력을 생산하는 발전기술을 통상 OTEC(Ocean Thermal Energy Conversion)라고 명칭한다.

2) 기술의 개요

해양온도차 발전의 원리는 끓는점이 약 20℃인 용매를 선택하여 해수온도차를 이용하여 표층수로 용매를 끓인 후 발생된 증기압에 의해 터빈을 돌리고 여기에 발전기를 연결하여 전기를 생산한다. 그리고 이 증기를 심층수로 다시 냉각하는 방식으로 증기기관과 원리가 흡사하다. 대표적인 용매로써 암모니아가 많이 쓰이고 있다. 아래 그림은 발전용량이 100 MW급이며, 크기는 높이 50m, 직경은 100m로서 초대형 부유식 발전 시스템이다(〈그림 4-1〉).

〈그림 4-1〉 OTEC 개념설계-100 MW급 (Oceansatlas homepage)

(1) OTEC의 장점

· OTEC은 화석연료를 대체할 수 있는 대표적인 청정, 재생가능한 자연에너지로 해양표층 해수와 심층의 해수를 이용한다.

· 발전시 지구온난화에 영향을 주지 않으며 주변환경의 피해가 적다.
· 전기뿐 아니라 담수를 생산할 수 있기 때문에, 복합이용 관점에서 경제성이 확보된다.
· 적도지역의 해수 온도차 부존양은 막대하며 이를 효율성 높게 개발할 경우 차세대 재생 에너지원으로서 크게 각광을 받을 수 있다.
· 남태평양과 같은 도서국에서 발전용 석유에 대한 수입의존도를 감소시킬 수 있다.
· 자동적으로 취수되는 심층의 냉수는 냉난방, 농업에의 활용, 어패류 및 해조의 양식 등에 활용할 수 있다.

(2) OTEC의 단점

· OTEC시스템은 아직까지 화석연료를 사용하여 생산된 전력보다 생산단가가 높다.
· OTEC시스템은 표층과 심층의 수온차가 연중 14℃ 이상을 유지할 수 있는 지역에 위치하여야 한다. 또한, 심층수가 육상시설로부터 상당히 근접하여 존재하여야 한다.
· 경제성을 확보하기 위한 기술개발 및 상업적 규모의 실증시설이 필요하다.
· OTEC 시스템과 심층수 파이프의 부설로 인한 산호초 및 연안 해양환경 피해를 최소화할 수 있는 사전 환경영향 평가가 필요하다.
· 경제성 있는 대구경 심층수 취수 파이프, 개방형시스템에서의 저압터빈 및 복수기 등과 같은 필수 핵심요소 개발이 시급하다.

3) OTEC의 변환 시스템

OTEC의 변환시스템의 종류에는 작동유체를 해수로 하는 개방순환식(open cycle system)과 해수가 아닌 암모니아, 프레온, 프로판, 부탄 등을 작동유체로 하는 폐쇄순환식(closed cycle system), 그리고 폐쇄순환식과 개방순환식의 장점을 결합한 혼합형 하이브리드 순환식(hybrid cycle system)이 있다. 현재 실증단계에 있는 발전시스템으로는 개방순환식과 폐쇄순환식이 있으며, 발전을 주 목적으로 할 경우는 발전소 제작경비가 적게 소요되는 폐쇄순환식이 유리하다. 각 방식에 대한 자세한 설명은 다음과 같다.

(1) 폐쇄순환식 해양온도차발전

폐쇄순환식 해양온도차 발전은 해수 표층의 온수를 사용하여 오존층을 파괴하지 않는 천연냉매로 암모니아나 프로필렌 같은 비등점이 낮은 작동유체를 증발시켜 터빈을 돌려 발전하는 방법이다. 해수 표층의 온수가 증발기에 유입되면 열교환기를 통해 열전달이 발생하며 이 때 비등을 통해 작동 증기가 생성된다. 이 생성된 증기가 터빈을 회전시켜 전력을 생산하

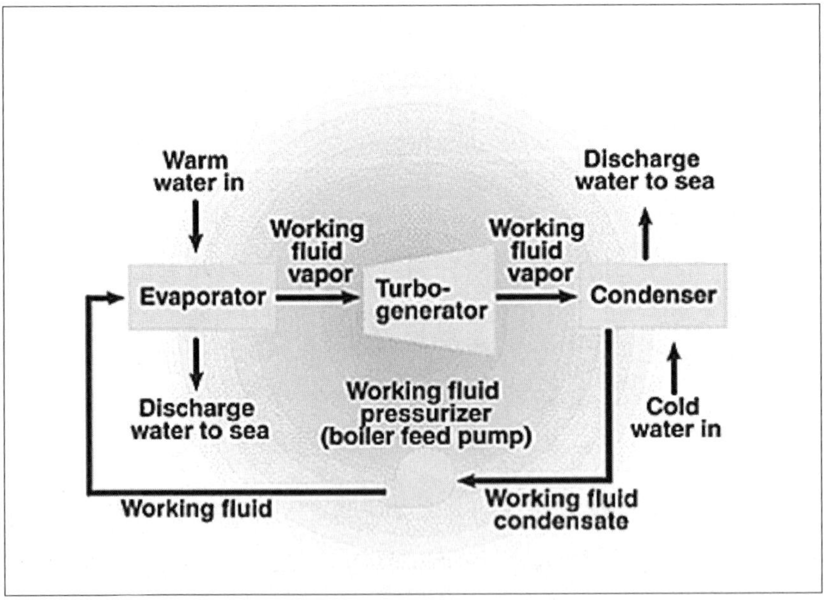

〈그림 4-2〉 폐쇄순환식 OTEC 원리 (NREL homepage)

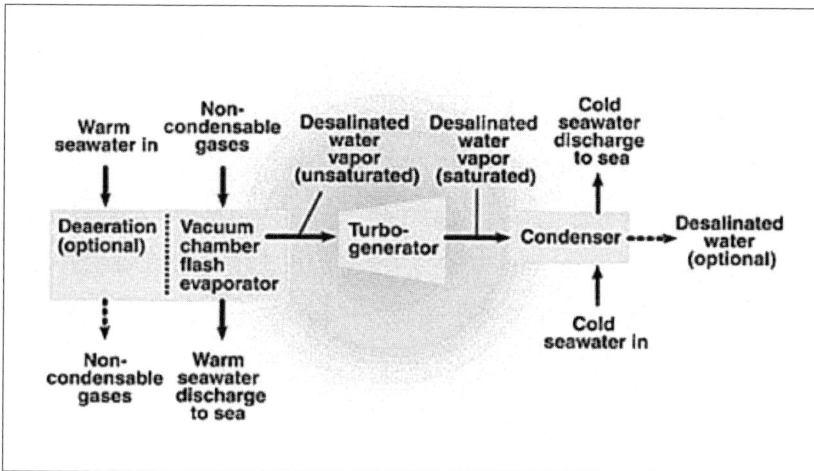

〈그림 4-3〉 개방식 OTEC 원리 (NREL homepage)

는 시스템이다. 터빈을 통과한 증기는 해저로부터 취수된 심층 냉수에 의해 응축기에서 응축액으로 바뀌며 다시 재순환 된다. 폐순환 시스템은 과정이 단순하여 전력 생산만을 목적으로 하는 경우 보다 실용적이다. 전력전환 효율은 약 5% 정도이며, 펌프 효율 등을 포함한 전체 시스템 효율은 약 2.5% 정도이고, 플랜트 설비 단가가 저렴한 장점이 있다.

(2) 개방순환식 해양온도차 발전

개방순환식(open cycle) 해양온도차 발전은 작동유체로 해수를 직접 이용한다. 또한 발전과 동시에 담수를 생산할 수 있는 장점이 있으나 발전효율이 떨어지는 단점이 있다. 해수 표층의 온수를 작동유체로 직접 사용하므로 표층 온수는 펌프에 의해 폐쇄순환식과 마찬가지로 증발기에 유입되고, 증발기는 진공펌프로 압력을 낮추어 온수가 증발하게 되며 생성된 증기로 터빈을 돌려서 전력을 생산하게 된다. 터빈을 통과한 증기는 심층냉수로 열교환기에서 응축되면서 부산물로써 담수가 얻어진다. 이 시스템은 작동유체인 물이 바깥으로 배출되는 특성이 있어 개방순환식이라고 불리고 있다.

개방형 시스템에서 증발기, 터빈, 응축기에서의 압력은 통상 대기압의 1~3% 정도의 아주 낮은 압력이기 때문에 대기압의 공기가 시스템에 스며들게 된다면 시스템 성능이 저하되거나 시스템이 작동하지 않을 수도 있다. 따라서 Sealing이 매우 중요하다. 이 시스템은 현재 해외 각국에서 테스트 중이며 전력 변환 효율은 약 5.5%이고 전체 시스템의 효율은 약 3.0% 정도로 도서 지방이나 선진국형에 적합하다.

4) 국내 해양온도차 발전 기술현황

우리나라는 인하대학교에서 2000년에 서인천 화력 발전소에서 나오는 수증기로 20KW급 파이롯 플랜트를 설치하여 시험한 것이 최초이고 이 이후 OTEC발전 시스템의 적용사례가 없다. 국내의 해양온도차 발전소에 적당한 입지를 갖고 있는 곳은 동해안 지역으로 평가된다. 이 지역의 연근해역은 표층 수온이 계절별로 변화를 하지만 포항 동쪽 35km 해역에서는 년 중 15℃ 이상의 온도차가 나타나는 일수가 약 215일에 이르러 경제성 있는 전력생산이 가능한 것으로 나타났다. 동해의 경우에는 표층의 온수부분과 1℃ 이하의 심층수 깊이가 약 300m로서 일반적으로 1000m에 가까운 다른 지역에 비해 유리함으로서 보다 작은 시설로서도 발전이 가능할 것으로 판단된다. 그러나 계절적인 편차가 심하여 개발 착수에는 신중한 접근이 요구된다. 국내에서는 아직 해양 온도차발전 기술개발이 본격적으로 추진된 바는 없으나 국제 협력 사업의 하나로 추진하는 것도 고려

〈그림 4-4〉 20 KW급 파이롯 플랜트(1999년 인하대학교)

할 필요가 있다.

5) 해외 해양온도차 발전 기술현황

해수온도차를 이용하여 지역 냉난방에 사용한 사례는 여러개 있다. 스웨덴에서는 1982년부터 해수 냉난방 이용 사업이 활발히 전개되었고, 일본에서는 93년 후쿠오카를 중심으로 진행되었다.

(1) 미국

우선 미국에서의 개발사례를 살펴보면 다음과 같다. 1979년 하와이 근방에서 하와이 천연에너지 연구소(National Energy Laboratory of Hawaii, NELHA)에 의해 Mini-OTEC이라고 명명된 해수온도차 발전시험이 착수되었다. 미 해군의 보트형 바지선위에 설계된 이 발전소는 폐쇄순환식이었으며 Net출력이 약 15KW, 전체출력이 약 50KW 정도였고 표층 해수온도는 24~27도, 수심 663미터의 냉해수는 5도였다. 냉수취수관으로서 길이 633m, 직경 0.6m의 폴리에틸렌제가 사용되었다. 작동유체는 암모니아이며, 증발기와 응축기는 plate식이 채택되었다. 3개월 정도 가동됐으며 세계최초로 온도차 발전의 실 해역 실험으로 기록되었다.

1984년에 미국의 과학자들은 개방 사이클에 적합한 온해수를 저기압의 증기로 전환시키는 수직 분출형 증발기 및 직접 접촉식 응축기를 개발하고, 알루미늄 열 교환기를 설계하였다. 응축기는 직접 접촉식과 표면식의 두 종류가 붙어 있어 표면식 응축기에서 담수가 회수된다. 이러한 기술들이 축적되어, 1993년 5월에는 하와이 Keahole Point에 개방사이클 OTEC 발전시스템이 설치되었고 6년 동안 가동되면서 개방형 시스템의 발전을 위한 유용한 정보들을 제공하였다. 온해수 온도는 27.5℃이고, 냉각수 온도는 6.1℃이며 Net출력 50KW, 총 출력은 210KW를 기록하였다. 개방순환식 발전시스템은 온해수 온도나 냉해수 온도의 변화에 대해 민감하여 터빈 출력이 급변하는 특성이 있다.

〈그림 4-5〉 Mini-OTEC 바지선 (OTEC news homepage)

〈그림 4-6〉 NELHA 개방형 온도차 발전시스템 (PICHTR homepage)

(2) 일본, 인도

일본의 경우 국내의 지리적인 조건은 좋으나, 심층수가 존재하는 해역이 육지와 멀리 떨어져 있어 온도차 발전에는 열악한 환경이다. 그러나 해수온도차를 이용한 냉난방시스템은 1995년 이후 지속적인 연구를 시작하여 현재 후쿠오카 및 오사카지역에 설치하여 활용 중이다. 해수온도차발전에 관하여 국가차원의 적극적인 지원 하에 현재의 연구단계에서 가장 큰 모델인 1MW급 발전시설을 개발하여 인도에 수출을 하고 있는 실정이다.

일본은 일찍부터 Sun-Shine 계획의 일부로 해양 온도차 발전 기술의 개발을 추진하여 Tokushima에 50KW급, Saga대학에 75KW급, Toyama에 3.5KW급, 국제 협력 사업으로 남태평양 Nauru 섬에 100KW급 시범 발전소를 건설하여 가동하고 있으며, 인도에서는 1MW급에 대한 실증 실험을 수행하였다. Nauru플랜트로 명명된 OTEC플랜트는 민간업체가 일본 정부의 보조를 받아 건설하였다. 정격출력은 100 KW이며 육상형 폐쇄 순환식 발전이다. 온해수 온도는 28.5℃이며 냉해수 온도는 7.8℃이다.

인도의 National Institute of Ocean Technology(NIOT)와 일본의 Saga대학교가 OTEC 공동 프로젝트를 수행하였다. 암모니아를 용매로 사용하는 밀폐사이클이고, 직경 1m의 고밀도 폴리에틸렌(HDPE) 파이프를 사용하였다. 설계용량은 1MW이다. 특징적인 것은 바지선 위에 모든 시스템을 탑재하였고 Mooring 형태의 부유식으로 설계된 점이다. 현재 Saga대학의 해양에너지연구소와 공동개발 프로젝트를 수행 중에 있다.

〈그림 4-7〉 인도와 일본 Saga대학의 OTEC 공동 프로젝트

2012 여수세계박람회를 위한 해양수자원의 이용 방안

김현주 | 한국해양연구원 해양심층수연구사업단장

2012 여수세계박람회(이하, 여수엑스포)는 '살아있는 바다, 숨쉬는 연안, 풍부한 자연 보전과 미래 지향적 활동'을 표방하는 해양엑스포이다. 이를 개념화하고 전달하기 위한 소재를 찾고, 계획하여 설계하고, 조성 및 관리하는 일은 성공적인 개최 및 사후 활용을 위해 중요한 숙제이다. 이를 위한 다양한 전시물과 연계개념이 고안되고 있는 과정에 본 연구센터에서는 해양심층수 자원의 개발, 이용 및 관리를 위해 연구해 온 결과 및 활용 가능한 관련기술을 제시하여 여수엑스포의 성공적인 개최를 위한 조성 및 관리에 도움이 되고자 한다.

이를 위해, 여수엑스포의 개념을 살펴보고, 이를 표현하기 위한 전시, 운영 및 관리 체계에 해양수자원을 어떻게 적용할지 살펴보고, 이를 위해 필요한 기술을 한국해양연구원 해양심층수연구센터가 수행하고 있는 '해양심층수의 다목적 이용 개발' 사업의 결과를 기초로 하여 해양수자원 개발 및 이용에 적용하는 것을 전제로 하여 정리하고자 한다.

1. 2012 여수세계박람회의 조성 및 운영 개념

여수엑스포는 살아있는 바다, 숨쉬는 연안, 풍부한 자연 보전과 미래 지향적 활동을 표방하는 박람회로서 환경의 파괴와 자원의 고갈에 당면한

〈그림 1〉 2012 여수세계박람회장 구상도

현대 인류가 이를 해결하기 위하여 해양자원 각축전 및 새로운 분쟁의 장이 될 가능성이 있는 해양에서 과학과 자연의 조화를 통해 하나된 세계 해양사상을 지향하고 있다. 이를 위해 박람회장(2012 여수세계박람회, http://www.expo2012.or.kr)은 〈그림 1〉과 같이 계획되고 있다.

이를 구현하기 위해 ① 연안의 개발과 보존, ② 새로운 자원기술, ③ 창의적인 해양활동 등을 주제로 한 비전을 제시하고자 하고 있다. 각 비전을 구현하기 위한 대안들이 다양하게 검토되고 있다. 여기서, 해양수자원을 활용하여 구현이 가능할 것으로 보이는 대안들은 '연안의 개발과 보존'을 위한 "바다와 연안의 천연자원" 이용, '새로운 자원기술'에서의 "해양에너지 기술, 심층수 탐사 및 활용 기술", "해양오염을 줄이기 위한 노력", '창의적인 해양활동'을 위한 "해양놀이" 등에 이용 및 응용될 수 있을 것이다.

2. 해양수자원의 특성 및 활용

동해안에서는 예로부터 두부를 만들거나 동치미를 담글 때에 깨끗한 바닷물을 이용하여 왔다. 지금도 유명한 강릉 초당마을이나 속초 콩꽃마을의 두부는 그 전통을 되살리고 있는 것이다. 그러나, 한 동안 바닷물을 두부제조에 이용하는 것이 금지된 바 있다. 식품 안전성 면에서 금지한 것을 관련 업계 및 학계가 노력하여 1급 청정해수가 이용될 수 있도록 개선하였다.

〈그림 1-16〉 우리나라 주변해역의 해저지형

이처럼 바닷물은 옛날부터 이용되어 오던 해양자원이다. 너무 많아서 무조건 사용하기만 하면 되는 공기와 같은 것으로 인식되어 왔지만 자원으로서의 가치를 잃은 적은 없었다. 이 오래된 자원이 가치를 충분히 인정받지 못했던 것은 풍부성 뿐 아니라 자원적 가치의 진면목을 우리가 알아채지 못했기 때문이었다. 바닷물로 냉방이나 난방을 할 수 있으리라고는 상상도 할 수 없었고, 바닷물은 먹지 못하는 물이며, 소금 이외에는 뭔가 쓸 만한 것이 들어 있다는 사실도 몰랐다.

이로부터 해양수자원은 최근, 바닷물의 이용 가능성에 눈을 돌리기 시작하였지만 해양오염이 심화되면서 아무 바닷물이나 이용할 수는 없다는 상황을 인식하게 되었다. 하천이나 강을 통하여 육상의 쓰레기나 오염물질이 바다로 들어오고 있고, 인간의 해상활동 과정에 발생하는 오염물질도 많아지고 있어 천해역의 바닷물을 그냥 이용하는 것을 안전하지 않을 수도 있다는 우려를 하게 된 것이다. 따라서, 깨끗한 바닷물에 대한 필요성이 제기되면서 해양심층수를 주목하기 시작한 것이다.

해양수자원은 바닷물로서 뿐 아니라 이를 구성하고 있는 바닷물 자체, 물, 소금, 용존물질 등을 각각 해양생물의 배양이나 해양요법 관광, 먹는물 및 식품첨가제, 희소금속 등으로 이용할 수 있다. 또한, 표층수나 중층수, 심층수 등이 가지는 해수열에너지를 적정한 용도에 따라 이용 가능하다.

이로부터, 우리나라 주변해역에 부존하는 해양수자원은 ① 어디서나 쉽게 구할 수 있는 표층수, ② 수심 50m 이하의 중층 또는 저층에 존재하여 10℃ 이하의 저온성이 가용한 C급 해양수자원인 연안 저층수, ③ 수심 100m 이하의 중층에 존재하여 5℃ 이하의 저온성을 가지고 있으며 청정한 B급 해양수자원인 외해 중층수, 4) 수심 200m 이하에 있어 수온 2℃로서 저온이며, 청정하고 부영양 상태인 해양심층수로 대별할 수 있다(〈표 1〉).

이러한 해양수자원을 개발 및 이용하기 위한 노력은 국토해양부의 해양과학기술(MT)계획에 잘 정리되어 있다. MT의 해양수자원 산업이용기술에는 ① 해양심층수의 다목적 개발, ② 해저용출수의 수자원화 개발, ③ 자연에너지를 이용한 해수담수화, ④ 해수용존 산업소재 및 동력원 추출, ⑤ 해수열의 유효이용 개발 등이다.

이들 해양수자원은 개발 여건에 따라 달라지겠지만 경제성이 없으면 개발가치를 가질 수 없다. 이는 상대적인 것으로 개발을 위한 비용과 편익의 문제로 살펴 볼 수 있다.

해양수자원의 이용에 대한 타당성이 검토된 사례는 많지 않으며, 국내외의 산업화에 따라 해양심층수에 대한 검토는 다소 이루어진 바 있다. 해양심층수의 경우, 현재 개발비용을 고려하면 해저지형 및 저질, 지장물 분포와 이용편익에 따라 5~10km 이내에 있을 경우 경제성이 있는 것으로 판단되고 있다. 그러나, 과학기술의 발달로 개발비용이 지감되거나 고부가가치 활용에 의한 편익이 증가할 수 있는 가까운 미래에는 보다 먼 거리의 해양심층수의 개발도 경제성을 가질 수 있을 것이므로 이를 중심으로 살펴보기로 한다.

〈표 1〉 자원적 특성을 기초로 한 해양수자원 분류 및 개발대상 기준

구분	저온성	청정성	부영양성	대상 해양수	비고
심층해수 A (해양심층수)	○ (< 2℃)	○	○	수심 200m 이상의 해양 저층수	수해안 10 km 이내에 존재하면 개발 가능성
외해 중층수 B	○ (< 5℃)	○		수심 100m 이상의 해양 중층수	
연안 저층수 C	○ (< 10℃)			수심 50m 이상의 해양 중 저층수	
표층해수 D				수심 무관한 연안 표층수	
활용성	・수산증양식 ・축양/월하 ・냉방, 냉장 ・시설농업	・청정양식 ・청정식품 ・물질추출 ・해양요법	・식물배양 ・수경재배 ・물질추출 ・해역비옥화		

3. 해양심층수의 특성 및 활용

1) 해양심층수의 정의

해양자원적 측면에서 해양심층수는 "태양광이 도달하지 않는 수심 200m 아래에 존재하여 수온이 항상 2℃ 이하를 유지하고 있으며, 해양식물 생장에 필수적인 영양염류가 매우 풍부할 뿐 아니라 유기물이나 병원균 등이 거의 없는 청정한 해양수자원"이다. 즉, 해양 심층수는 저온성, 부영양성, 미네랄성 및 청정성의 특징(〈그림 3〉)을 안정적으로 보유하고 있는 유용한 해양자원이며, 태양광을 에너지원으로 하는 물질순환계 중에서 생성되어 해수로서 재생 및 순환되는 막대한 청정자원이다.

해양 심층수는 태양광이 도달하지 않는 수심 200m 이상의 깊은 곳에 존재하여 연중 안정된 저온성을 유지하고 있으며, 세균, 병원균 등의 유기물은 거의 없을 뿐 아니라 해양식물의 생장에 필수적인 영양염류나 미네랄 등의 무기물은 풍부한 해수자원이다. 즉, 해양 심층수는 저온성, 청정

성, 안정성, 부영양성, 미네랄성, 숙성성 등의 특징을 가진 유용한 해양자원이며, 태양광을 에너지원으로 하는 물질순환계 중에서 생성되어 해수로서 재생 및 순환되는 막대한 청정자원이다.

해양심층수의 4대 특성 또는 5대 특성을 비교하고, 자원 품질이 좋다 나쁘다 하는 것은 큰 의미가 없다. 종합적 자원이므로 각 특성이 용도에 따라 유리하기도 불리하기도 할 수 있기 때문이다. 그러나, 종합자원의 효율적 이용을 위한 용도를 정하기 위하여 그 특성을 규명하고, 적절한 용도에 맞게 정리할 필요가 있다.

우리나라의 동해와 일본의 태평양에 대한 심층수의 특성을 살펴보기 위해 수심별 수온, 염분, 영양염, 클로로필 및 pH, 세균 등을 비교하였다. 그 결과, 동해와 태평양의 일반적인 수질 특성은 수온을 제외하고는 유사하였다. 〈그림 4(좌)〉에 수온과 염분의 수심별 분포특성을 나타내었다. 태평양계인 오키나와는 수심 600m 이상이 되어야 10℃ 이하로 되고, 코우치와 시즈오카는 200m 이상이 되어야 10℃ 이하가 된다. 그러나, 동해계

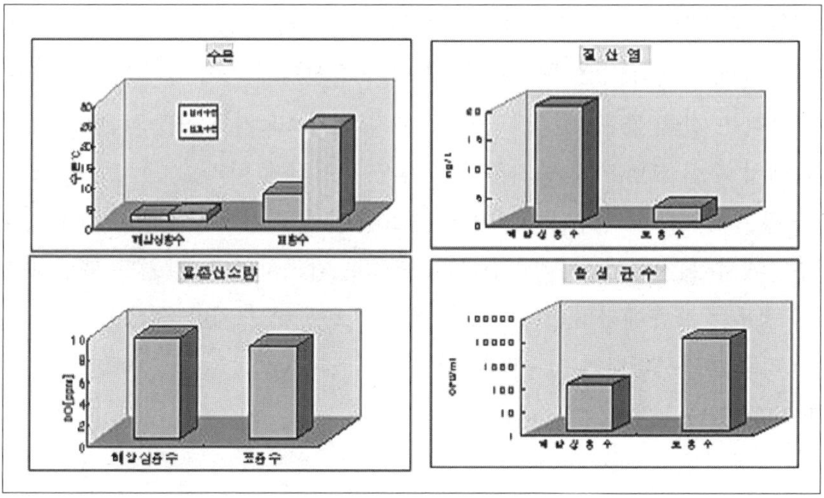

〈그림 3〉 동해심층수의 일반적 특성

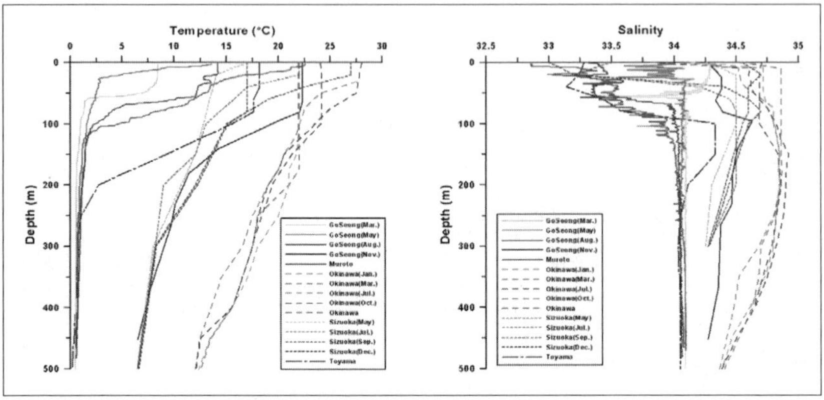

〈그림 4〉 국내외 수온(좌) 및 염분(우)의 수심별 분포 특성

인 토야마에서는 수심 150m 이상이어야 10℃ 이하로 내려가고 200m에서 3℃로 감소하지만 우리나라 강원북부 해역에서는 50m 이상만 되면 10℃ 이하가 되며, 100m 이상만 되어도 2℃ 이하로 내려감을 볼 수 있다. 따라서, 우리나라 동해의 해양심층수는 일본 측의 태평양에 비해서 얕은 수심에서 안정적인 저온성을 보유하고 있음을 알 수 있다. 염분(〈그림 4(우)〉)은 태평양계인 오키나와의 경우, 표층에서 수심 100~200m까지가 평균 34‰에서 34.9‰까지 증가하였다가 수심의 증가에 따라 34.2‰까지 감소하는 것을 볼 수 있다. 또한, 코우치나 시즈오카도 표층의 33.~34.5‰에서 수심 50m까지 증가하다가 다시 깊어짐에 따라 33.4‰로 감소함을 볼 수 있다. 그러나, 토야마에서는 표층에서 33.2‰로부터 수심 100m 부근에서 34.33‰로 증가하였다가 34‰로 감소하였고, 강원도 북부해역의 경우는 표층에서 32.5~34‰로 계절적 변동이 크지만 수심 60m 까지 34‰로 증가하였다가 그 이상에서는 거의 일정한 34‰ 정도의 염분을 나타내고 있다.

2) 해양심층수의 활용방안

해양심층수의 자원성은 종합적이므로 다양하게 활용할 수 있을 것이다. 이를 검토하기 위해, 외국의 사례를 살펴보면 〈표 2〉와 같이 정리될 수 있다. 이용목적에 따라 소요량 및 활용시 농도, 소요 특성 등을 정리하여 나타내었다.

해양심층수는 청정성, 저온성, 부영양성, 미네랄 안정성 등의 자원적 특성을 가지고 있다. 이들 특성은 다양한 분야에 개별적으로 또는 종합적으로 이용될 수 있다. 해양심층수를 수산 및 산업을 활성화하기 위해 적용할 분야별 가용 특성을 〈표 3〉에 나타내었다. 수산분야의 경우, 친어관리, 사료배양, 양식, 축양 및 증식 등에 활용할 수 있으며, 산업분야에서는 에너지, 담수화, 물질추출, 식품, 의약건강, 농업 등에 활용할 수 있을 것이다.

〈표 2〉 해양심층수의 활용가능 분야

구분		현황	활용방안
수산 분야	증식	자원급감, 해양오염 위협	한해성 자원조성 (대구, 도루묵 등)
	양식	안정적 공급 곤란, 식량부족 산업경쟁력 약화	한해성 수산양식 (김, 전복, 가자미 등)
비수산 분야	에너지	수입 의존, 환경 오염원	냉각, 냉방, 냉장
	식수	물 부족, 오염	생수, 기능성 음료수
	소금	오염 심각	청정 및 기능성 소금
	식품	안전 위협, 오염	김치류, 장류, 두부 등
	약품	난치병 증가 및 신약개발 필요	당뇨병 약, 신약개발
	의료	신경성 및 알레르기성 질환 다발	피부염 치료, 해양요법
	미용	민감성 피부 증대	화장품, 보습제 등
	자원	자원 무기화	희소금속, 에너지원
	농업	농약 과다사용, 산업경쟁력 약화	냉온성 식물 수경재배, 토양내 응결 급수 등
	관광	수요증대, 기반취약, 요구 다양화	심층수 이용 관광화
	휴양		생태형 청정촌 조성
	교육		전시체험형 해양교육

〈표 3〉 해양심층수의 수산이용 방안

구분	친어관리	사료배양	종묘생산	양식	축양	중식	비옥화
저온성	◎		◎	◎	◎	◎	
미네랄성		◎		◎		◎	◎
부영양성		◎				◎	◎
청정성	◎		◎	◎	◎	◎	

먼저, 식수를 제조하는 데 있어서 청정성은 해수담수화 비용을 줄이는 효과가 있고, 미네랄성은 해수담수화 및 수질조정 과정에 적정한 조성으로 잔존하여 수분과 미네랄을 보충해주는 먹는물(먹는해양심층수)로 이용될 수 있다. 그 과정에 농축되는 짠물은 물소금으로 이용하거나 그대로 말릴 경우, 깨끗한 소금을 만들 수 있게 할 것이다.

수산업에서 부영양성과 미네랄성은 먹이생물(식물성 플랑크톤) 배양과 해조류 양식에 효과적으로 이용할 수 있다, 저온성은 해조류의 연중 배양이나 냉수성(심해성) 해양생물 배양에 이용할 수 있다. 냉수성 해양생물은 여름에 수온이나 수질문제로 대량폐사할 수 있으며, 표층수를 차갑게 하려면 에너지 비용이 많이 든다. 심층수의 청정성은 병원균이나 수질문제에 의한 대량폐사를 개선해 줄 수 있다.

농업에서 부영양성과 미네랄성은 농작물 생장 제어와 기능성 조절에 이용될 수 있다. 원수를 이용하면 염분자극에 의한 생장억제, 기능성 물질의 분비 조절에 이용할 수 있고, 소금기를 감소시킨 처리수는 배양수로 적합하였다. 기초식량의 증산과 고부가가치의 농산물 생산에 활용할 수 있다. 저온성은 시설농업의 온실 기온조절에 효과적으로 이용할 수 있다.

에너지산업에서 저온성은 연안역 건물 및 설비의 냉방, 냉장, 냉각, 건조, 제빙 등에 이용될 수 있다. 해양심층수연구센터의 실험실 일부는 심층수의 저온성으로 냉방이 가능하도록 조성되어 있다. 전기냉방시설에 비하여 초기시설비도 적게 들고, 운전비로 대폭 절감된다.

이와 같이 공익적 관점에서 이용 가능한 물, 식량, 에너지 등은 공공적 또는 상업적 산업에 활용할 수 있는 원료나 수단으로서의 중요성도 작지 않다. 해양심층수 원수나 탈염수 및 농축수, 미네랄농축수 및 미네랄탈염수(혼합수), 미네랄 청정소금 등은 먹는물, 음료수, 술, 발효제품 등의 모든 식품에 활용할 수 있다. 깨끗한 원료로서의 강점 뿐 아니라 미네랄 균형을 잡아줄 수 있는 보충역할도 기대된다. 특히, 심층수층에 서식하는 극한 해양생물이나 심층수로 배양한 농수산물 또는 추출 유용물질은 해양바이오 산업원료로서의 가능성을 가질 수 있을 것이다. 그 산업적 활용에 대한 가능성은 우리나라로 수입되어 들어오고 있는 관련 상품들 뿐 아니라 다양하게 발전해 온 외국의 이용 현황을 보면 예측할 수 있을 것이다.

3) 국내외 해양심층수의 산업화 현황

해양심층수는 미국(〈그림 5〉)에서 해양온도차발전을 통하여 전기를 생산하거나 물을 얻기 위해, 그리고 일본에서는 수산양식시 대량폐사를 막는 청정양식을 통해 수산물을 생산하기 위한 연구개발의 일환으로 시작되었다. 우리나라(〈그림 6〉)도 2000년에 연구개발을 시작한 후, 식수, 식량 및 에너지 등의 다목적 이용에 대한 실증을 통해 산업화로 확산되고 있다. 외국에서 해양심층수 상품이 쏟아지고, 개발이 확산되고 있는 것은 심층수의 종합자원적 가능성을 깨닫고, 민간기업들이 본격적으로 산업화에 참여해 온 덕분이다. 그 결과, 일본에서는 코우치현 무로토시 등의 16개소

〈그림 5〉 미국 하와이자연에너지연구소(NELHA)

〈그림 6〉 한국해양연구원 해양심층수연구센터

〈그림 7〉 일본의 해양심층수 이용 상품(색소, 건강식품 및 식품류)

이상에서 심층수가 취수 또는 이용되고 있고, 1,000여종 이상의 제품(〈그림 7〉)이 출시되어 2조 5,000억 원 이상의 시장을 형성하고 있다. 미국 하와이에서도 HOST Park가 조성되어 입주기업 활동을 통해 년 500억 원 이상의 매출이 이루어져 지역 활성화에 기여하고 있다. 우리 시장에 나타난 해양심층수 상품은 완제품 또는 원료로 들여와 가공한 수입 혼합음료, 소금, 화장품 등이다. 올해부터 우리나라에서도 해양심층수 개발면허를 취득한 민간기업에서 국산 먹는해양심층수, 술, 음료수, 과자, 소금 등을 제조하여 출시하고 있다.

(1) 수산분야

수산분야 이용을 체계화하기 위한 노력이 일본(JAMSTEC)에서 있었으며, 이를 요약하면 다음과 같다. 해양심층수의 부영양성은 '에너지절약' 과 '안정' 을 통한 미세조류나 해조류 등이 사료성 조류의 생산과 해조장 조성 등의 해역 기초생산력 강화를 위해 활용할 수 있으며, 저수온성은 '수온 관리' 에 의한 질병방지와 다종생물의 집중 사육 등에 활용할 수 있다. 또, 청정성은 '병원균' 이나 '유해물질' 이 적은 양질의 사육수를 확보하여 질병 방지 등을 위해 활용할 수 있다. 우리나라에서도 해양연구원, 강원도립대학 등이 참여하여 한해성 수산자원의 조성 및 회복을 위한 연구를 실시하여 대구, 도루묵의 종묘생산기술, 털게 및 대게의 축양기술, 연어 중간육성 및 산천어 해수순치기술 등을 연구하고 있다.

대형 해조류

해양심층수를 이용한 대형해조의 배양에 대한 연구가 일본에서 진행된 바 있으며, 주로 다시마, 미역, 감태, 지충이 등을 대상으로 하였다. 다시마는 육상수조에서 표층수, 표층수와 심층수를 혼합한 경우, 그리고 심층수만 이용한 경우에 대해 비교한 결과, 북해도에서 사육한 것과 같은 대등한 결과를 얻을 수 있었다. 감태를 422일간 사육한 결과, 심층수를 이용하면 전장 1.5배, 중량 2.0배의 좋은 성장 결과를 보였고, 표층수 사육결과 나타나는 끝녹음 현상이 비교적 적은 것으로 확인되었다. 미역류에 대해서는 표층수와 심층수를 같은 양으로 혼합하여 사육할 경우 토쿠시마현 배양장에서 사육한 것과 대등한 결과를 나타내었다.

미세조류

미세조류 Nannochloropsis, Dunalilla, Chaetoceros, Prophyridium, Tetraselmis, Nitzschia의 배양은 심층수에서 모두 좋은 증식 결과를 얻었고, 실외에서의 증식실험에서도 타 종의 오염에 의한 증식 없이 비교적 안정적인 배양결과를 얻을 수 있었다. 표층수와 비교할 때 약 10배 정도의 증식 효과를 확인할 수 있었다.

어류

연어병치 치어에 대한 사육시험에서 심층수를 이용한 사육 적정 수온을 15℃~ 18℃로 유지 시킨 결과 천연 상태의 성장에 뒤지지 않는 결과를 얻을 수 있었다. 만 4세어까지의 성숙이 확인되었으며, 4~6세어의 경우

친어로서 활용이 가능하였다. 넙치 양식에서 평균체중 17g의 종묘를 이용하여 6월부터 9개월간 표층수, 심층수, 혼합수 각각에서 양성한 결과, 생존율 95%로서 보통보다 3개월 이상 빠른 성장 결과를 얻었다. 자주복의 양성실험에서는 빛의 장일 및 호르몬 처리에 의하여 보통 자연산보다 3개월 빠르게 채란하고, 인공 수정하여 넙치와 마찬가지로 적정사육 수온을 혼합수로 만들어 양호한 성장 결과를 얻었다.

(2) 비수산분야

식품 및 화장품 분야

일본에서는 식품, 화장품 등의 다양한 제품이 개발되어, 약 1000종에 이르는 것으로 알려지고 있다. 그 개요를 〈표 4〉에 나타내었으며, 이를 토대로 해양심층수 비즈니스라는 새로운 해양산업의 가능성이 대두되기 시작하였고, 지역 진흥의 기폭제로서 기대를 모으게 되었다. 우리나라에서도 해양심층수의 산업이용에 대한 가능성 확인을 위한 응용연구가 실시되었으며, 녹차 및 이온음료, 발효 및 증류식 소주, 화장품, 간장, 두부 제조에 대한 적용성 평가가 이루어져 생산기술이 확립되어 있다.

에너지 분야

최근의 유가 인상 및 에너지 이용의 확대로 인해 다양한 에너지 절약 방안이 모색되고 있다. 에너지의 효율적인 활용방안은 에너지 절약과 대체 에너지 개발로 대별될 수 있으며, 해양심층수는 2℃ 이하의 저온성과 연중 안정된 항온성을 가지고 있어 에너지 절약 및 대체 에너지 양면에서 활용이 가능할 것으로 기대를 모으고 있다. 해양심층수의 저온 에너지는 다음과 같은 분야 : a) 저온수를 이용한 직접 냉방장치, b) 저온수를 이용한 저온 냉동고(−30∼−40℃), c) 저온수 이용 Heat pump 온수 공급 및 난방 장치, d) 저온수 이용 Heat pump 건조기, e) 수축열 또는 빙축열을

〈표. 4〉 해양심층수를 이용한 제품

이용분야		품목
식품	수산가공	절임식품, 어묵, 면제품
	식음료	미네랄워터, 청량음료수
	주류	청주, 소주, 맥주·발포주
	발효·양조품	된장, 간장, 빵, 청국장
	염제품	소금, 기타 염제품
	기 타	두부, 과자류
화장품	기초화장품	화장수
	비누류	샴푸, 린스
	기 타	물 티슈, 입욕제

이용한 에너지 이용의 합리화, f) 냉해수(해양심층수)를 직접 이용하는 해수빙 제조에서 직접 또는 간접적 이용이 가능할 것이다. 특히, 해양심층수는 저온이고 청정하며 염분을 포함하고 있어 해수얼음 제조에 적합하다. 해수얼음은 기존 제빙기술을 적용하여 제조할 수 있으며, 또 담수얼음보다 뛰어난 저온 유지성능을 가지고 있기 때문에 어개류의 신선도 유지에 이용할 수 있다. 우리나라에서도 해양심층수의 열에너지를 제빙, 냉방에 이용하는 시스템 개발 연구를 실시하여, 현재 해양심층수연구센터의 일부에 적용되어 실증실험 중에 있다.

농업 분야

농업 이용에서는 저온성과 부영양성을 이용하는 것이 기대되고 있다. 저온 특성은 저비용의 냉열원으로서 재배 환경의 조절이나 농산물의 저장에의 이용이 가능하다. 무한의 냉열 에너지이며, 게다가 깨끗한 에너지이므로 환경보전형 농업기술로서도 주목받고 있다. 또, 부영양 특성을 활용하여 미네랄 성분을 많이 포함된 심층수를 배양액의 일부로서 재배에 이용하는 연구도 행해지고 있다. 하와이 자연에너지연구기구(NELHA)에서는 땅 속에 가는 관을 묻어, 관 속으로 저수온인 해양심층수를 흐르게 하여 관 주변에 결로수를 응결시켜 토양에 수분을 보급하고 지온을 조절하여 농작물의 재배에 활용하고자 하였으며, 일본 오키나와현 해양심층수연구소와 코우치현 등에서는 상추 등의 잎을 먹는 채소의 생산은 시설종업 등으로 주년 재배가 가능한 '청정 야채' 로서 도시지역의 슈퍼나 시장에서 판매되고 있다. 일반적으로 농작물은 염분을 싫어하므로 해양심층수의 염분을 농업에 이용할 수 있다. 야채 등에 스트레스를 주어 영양분이 집중되게 하여 당도를 높이고, 좋은 맛을 응축시키는 것이다. 우리나라에서도 해양심층수를 농산물의 생장제어에 대한 연구가 시작되어 새싹채소, 콩나물, 벼 등의 생장 촉진, 과채류 모종의 생장억제 등에 대한 연구를 실시하여 일부 적용기술을 확립하였다.

의약 관광 분야

의료분야에 있어서의 심층수이용은 피부과 영역으로 아토피성 피부염의 치료효과에 대한 연구가 진행되어 왔다. 또한, 각종 피부질환치료에 대한 연구도 이루어지고 있다. 아직 명확한 작용기구를 밝히고 있지는 못하지만 임상실험 결과가 기대를 모으며, 해양요법에 활용하는 시도가 이루어지고 있다. 해양심층수를 이용한 해양요법시설이 토야마현, 오키나와현 및 코우치현 등에 건설되어 운영됨으로써 해양관광 및 생활문화 기반으로 활용되고 있다.

4. 해양수자원 및 이용기술의 2012 여수세계박람회 활용방안

해양수자원의 개발–이용–관리기술여수 여수엑스포가 지향하는 '살아있는 바다, 숨쉬는 연안, 풍부한 자연 보전과 미래 지향적 활동' 을 구현하기 위하여 순환재생형 해양자원인 해양수자원의 적용에 대해 〈그림 8〉과

〈그림 8〉 2012 여수세계박람회를 위한 해양수자원 활용개념도

같이 정리해 보았다.

여수엑스포를 전시기반 조성에 해양수자원을 이용하는 방안으로 1) 해수열에너지를 이용한 전시기반의 냉난방 제공과 2) 생물사육 전시수조의 수온제어를 위해 열교환에 의한 다양한 수온을 조성을 생각할 수 있다. 이는 자연에너지를 현장에서 이용함으로써 지구환경 보전을 위한 노력을 보여주는 전시기반이 될 수 있을 것이다.

여수엑스포의 지향하는 바를 느끼고 체험하기 위한 전시체험장의 조성에 해양심층수를 비롯한 해양수자원을 이용하는 방안에는 ① 해양심층수 단계적 이용 체험장, ② 해양심층수 담수화 및 수질조정 시연장치, ③ 해양심층수 제염 및 물질추출 시험장치, ④ 국내외 심층수 제품 전시 및 홍보 등을 들 수 있다.

내방객의 휴식 및 회복을 위한 편의 제공을 위해서는 시음용 먹는해양심층수, 해양심층수 식품 및 음료를 제공하거나 판매하는 등으로 활용이 가능할 것이다. 올해부터 출시되기 시작한 해양심층수 관련제품이 점차 많아질 것으로 예측되므로 풍부한 전시 홍보 및 편의 제공에 활용이 가능할 것이다.

여수엑스포를 개최한 후에 그 시설을 잘 이용하는 것도 중요한 일이므로 사후 활용 계획을 미리 세우는 것도 중요하다. ① 환경친화적 해양엑스포장 지속 운영, ② 해수에너지를 활용한 에코빌리지 전시체험관, ③ 해양수산엑스포 전시판매장 등으로 이용이 가능할 것으로 판단된다. 따라서, 이러한 활용을 고려하여 각종 시설의 계획 및 연계에 해양수자원을 이용하는 계획을 계획 초기부터 세우고 추진하는 것이 바람직하리라 본다.

여수엑스포를 성공적으로 개최하고, 효율적으로 사후 활용하기 위한 다각적인 노력이 민산학연관을 중심으로 이루어지고 있다. 본고에서는 여수엑스포의 전시기반 조성 및 전시체험 콘텐츠 구성, 내방객의 편의 제공 및 흥미 유발 등을 위해 해양수자원을 이용하는 방안을 해양심층수 연구결과 및 응용 가능성으로부터 제시하고 설명하였다. 또한, 이를 통해 사후 활용방안을 정립하고, 활용방향을 고려한 해양수자원의 이용을 권고하였다.

여수엑스포에 해양수자원을 효율적으로 이용하는 것은 환경친화적인 순환재생형 해양자원을 고도 이용하는 것이므로 지구환경에 위해를 끼치지 않고 인류가 생존하며 문명을 이어가기 위해 해양자원을 지속 가능하게 이용하기 위한 기술을 실증하고 개발 및 관리 체계화를 위한 공감을 얻는 과정으로도 중요한 의미가 있을 것으로 판단된다.

제3의 기술

빙해역 자연환경과 극지자원 개발 _ 최경식

첨단 해양 관측과 예측 _ 조양기

빙해역 자연환경과 극지자원 개발

최경식 | 한국해양대 교수

극지방은 지구상에 남은 최후의 자원부존지역으로서 석유와 천연가스를 비롯한 각종 자원이 풍부하게 매장되어 있으며 북극해에 인접한 미국, 캐나다를 포함한 유럽의 선진국들은 고도의 기술과 자본을 이용하여 이들 자원의 개발에 노력하고 있다. 극지공학(極地工學)은 이제 극지 해양개발, 토목건설 등 종합적인 공학의 형태로 변모해 왔다. 극지공학 기술은 저온용 재료 기술, 도로나 교량, 건축물과 같은 극지 건설기술, 쇄빙선박 관련기술, 극한지 천연자원의 시추와 생산, 수송을 위한 해양구조물과 파이프라인 관련기술, 그리고 얼음의 재료특성에 관한 빙역학 이론 및 실험 등으로 크게 구분할 수 있다.

1. 빙해역 자연환경

1) 빙산과 해빙

북극지방은 지리적으로 시베리아, 북유럽 그리고 캐나다와 알래스카의 대륙으로 둘러싸인 면적 1,406만㎢의 북극해가 중심이 된다. 겨울에는 영하 50℃ 까지도 기온이 내려가지만 보통 북극지방을 연평균기온이 0℃ 이하, 여름철(7월) 평균기온 10℃인 지역으로 구분한다. 이렇게 구분한 북극지방의 경계는 수목의 한계선(tree line)과 일치하며 또한 영구동토(permafrost)의 한계선과 대략적으로 일치한다. 한편 해양학자들은 겨울

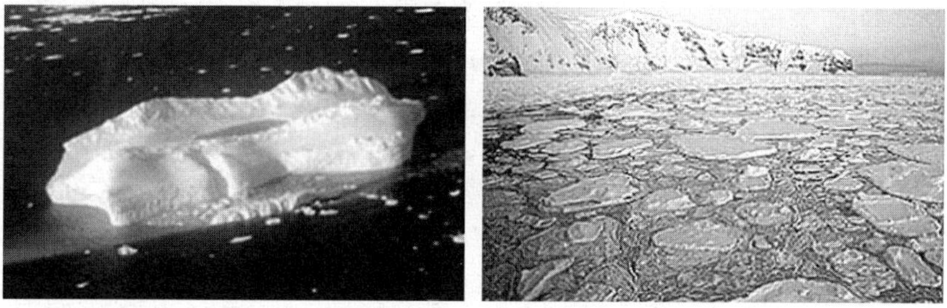

〈그림 1〉 빙산과 해빙 (http://oceanus.ac.kr/ice)

철 유빙한계선을 북극권으로 간주하기도 한다. 반면 남극지방은 북극지방과는 정반대로 바다로 둘러싸인 면적 1,360만 ㎢인 커다란 대륙으로서 바람이 아주 거세고 건조하며 내륙고원지대는 겨울철에 영하 70℃ 까지도 기온이 내려간다.

극지공학 기술의 발전에는 무엇보다도 극지의 자연환경에 관한 이해가 우선되어야 한다. 지구상의 온화한 타 지역과는 달리 극지에 있어서 가장 특징적인 문제는 저온(低溫)과 얼음의 존재이다. 빙해역에서 발견되는 얼음은 그 생성된 출처에 따라 육상의 빙하로부터 만들어진 얼음과 바닷물이 얼어서 형성된 얼음으로 나눌 수 있다. 빙하(氷河, glacier)는 육상에서 수백 수천 년 동안 쌓인 눈이 자체의 무게로 압력을 받아 단단한 얼음으로 바뀐 것으로 중력에 의해 빙하는 지형이 낮은 곳으로 서서히 이동하는데 빙하가 해안가에 도달하면 빙하의 끝 부분에서 얼음이 바다로 떨어져 나가 빙산(氷山, iceberg)이 된다. 빙하의 상층부에서 떨어져 나온 빙산은 비중이 작고 내부에는 눈의 결정이나 공기방울이 많이 들어있어서 멀리서 보면 흰색으로 보인다. 그러나 빙하의 내부 아래쪽에서 만들어진 얼음은 높은 압력으로 단단하게 다져지기 때문에 공기방울도 작게 압축되어 투명하게 보인다.

보통 바닷물은 약 −2℃에서 얼게 되지만 결빙온도는 포함된 염분의 양에 따라 달라진다. 겨울철 북극해의 표면해수는 3.0~3.4% 정도 염분을 함유하고 있다. 여름철에는 강물이 유입되거나 얼음이 녹아서 바닷물은 상대적으로 따뜻하고 염분이 적은 편이다. 표면의 바닷물이 충분히 차가워지고 기온도 -2℃ 이하로 상당 기간 유지되면 바닷물이 얼기 시작한다. 이렇게 만들어진 해빙(海氷, sea ice)은 바람과 조류에 의해 균열이 생겨 깨어지며, 파괴된 얼음조각들은 서로 겹쳐져서 두꺼운 빙맥(ice ridge)을 만들기도 한다. 빙맥의 수면위 부분을 sail 이라 부르고 수면아래 부분을 keel 이라 부르는데 sail 높이와 keel 깊이의 비는 대략 1 : 4 정도로 알려져 있다. 빙맥의 존재는 육안판별이 쉽지 않아 해양구조물의 활동이나 선박의 안전항해에 가장 큰 위험요소가 된다.

2) 영구동토

한편 연평균기온이 장기간 영하로 내려가면 육상에서는 영구동토층을 형성한다. 토양 속의 수분이 얼음으로 변하면서 체적팽창을 일으켜 지표면이 상승하는 현상이 발생하는데 극지에 건설된 건축물이 기울어지고, 지하배관이 파열되고, 도로표면에 금이 가거나 울퉁불퉁하게 되는 것은 이와 같은 현상과 관련되어 있다. 알래스카나 캐나다의 북부, 시베리아의 대부분은 매년 겨울 이러한 토양 동결현상이 지표면 깊숙이 일어나며, 반면 해빙기가 되면 기온이 올라가 얼음이 녹으면서 지표면은 내구력을 잃어버리고 침하가 일어난다. 동결지반의 융해침하 역시 토목건축에서 중요한 문제이며 열을 발생하는 구조물, 송유관, 도로 및 공항 등의 기초설계에 반드시 고려되어야 한다.

극지 육상 지표면에 나타나는 전형적인 특징 중의 하나가 자갈이나 토양이 다각형의 모양을 가지는 요철이 반복되는 지형(patterned ground)이다. 이러한 지형은 한 변의 길이가 수 m 에서 수백 m 까지 다양하며 이는 주로 토양상승의 효과에 기인하는 것이다. 이러한 지형의 경계에는 날카롭게 갈라진 자갈들이 규칙적인 모양으로 배열되는 경우도 있으며 마치 인위적으로 만든 것처럼 일정하게 네트워크 형태로 퍼져있는 것도 있다.

구조토의 형성으로 인해 파이프라인과 같은 인공구조물을 손상시킬 수 있기 때문에 중요하다. 이러한 영구동토의 자연환경은 오랜 기간에 걸쳐 열적 평형상태에 도달한 것으로서, 건물이나 도로 그리고 파이프라인의 건설과 같은 인간 활동에 의해 쉽게 파괴되는 것이라는 데 문제가 있다. 실제로 차량의 이동이나 작은 화재와 같은 미세한 기후(micro-climate) 변화에 의해 주변 지표면의 식물군이 모두 죽어버리고 동토대가 녹아 호수를 형성하면서 수 년 내에 커다란 지형변화가 발생한 경우도 있다. 극지에 건축물이나 파이프라인을 건설하는 과제는 영구동토를 극복해야하는 기술상의 문제도 중요하지만 이러한 민감한 자연환경을 해치지 않도록 하는 문제도 국가에 따라서는 대단히 중요하다.

2. 극지 건설기술

극지에 건설되는 교량의 형태는 움직이는 얼음의 힘을 분산시키고 쉽게 제거하는 방식으로 설계된다. 교각의 형태는 수면부에서 경사지게 되어서 빙판이 굽힘을 받기 쉽게 파괴될 수 있도록 하였다. 반면 빙상플랫폼이나 얼음교량, 빙상활주로 등은 얼음의 내하중 능력을 이용하는 설계 개념이다. 물 위에 떠 있는 담수빙의 경우 중장비와 트랙터 차량의 안전통행에는 적어도 30~50cm 두께가 필요하다. 빙상플랫폼은 1970년 캐나다 북극제도 근해에서 석유와 천연가스 탐사를 위한 시추플랫폼으로서 처음 사용되었다. 빙상플랫폼의 건조는 초겨울에 시작되는데 빙판에 구멍을 뚫고 분무기를 사용하여 해수를 빙판위로 퍼 올려 결빙시켜 빙판의 두께를 늘린다. 전형적인 빙상플랫폼의 두께는 6m 정도이다.

극지 동토지대에 설치되는 건축물이나 시설물, 도로 등의 설계에는 다음과 같은 점을 유의해야 한다. 특수한 사태가 아니라면 극지에서의 작업은 여름철에 이루어지는 것이 일조시간이 길고 기온이 쾌적하여 유리하다. 그러나 주변 환경이 열악한 지역인 동토지대에 설치되므로 사전에 모든 장치와 설비를 탑재한 구조물 상태에서 이송 후 현장에서는 조립에 들어가 시공기간을 최대한 단축할 필요가 있다. 또한 영구동토층은 열적인 교란에 대해 아주 민감한 환경이므로 지반과의 열전달을 차단하는 방식의 구조물을 설계해야 한다. 그리고 겨울철 바람과 적설에 대비하여 지상에 높게 설치하는 것도 일반적인 극지건축물 시공방법이다.

3. 극지 파이프라인

1) 알래스카 횡단 파이프라인

북극권에 부존된 석유의 매장량은 전 세계 추정매장량의 25% 정도로 이는 중동의 주요 산유국 매장량의 합계에 필적하는 많은 양이다. 그러나 석유나 천연가스의 정제시설과 소비지역은 대부분 서유럽과 북미 동해안에 집중되어 있어서 극지에 위치한 생산지에서 이들 지역까지 운송하지 않을 수 없는 문제를 가지고 있다. 지역적으로 그리고 계절적으로 제한이 많은 선박이나 철도수송에 비하여 파이프라인에 의한 운송이 경제성이 뛰어나기 때문에 빙해역과 극지대를 통과하는 파이프라인의 건설이 그동안 지속적으로 추진되어 왔다.

현재까지 설치된 동토지대 극지 파이프라인의 대표적인 예로 알래스카의 Beaufort해에 접한 Prudhoe에서 남쪽 해안의 Valdez까지 원유를 이송하기 위한 알래스카 횡단 파이프라인(Trans-Alaska Pipelines)을 들 수 있다. 북극해에서 생산된 원유는 이를 통하여 미국의 서해안 소비지역까지 운송되고 있다. Trans-Alaska Pipelines는 길이가 1,300km로 파이프의 직경이 1.22m, 두께가 1.27cm 인 강철 파이프로서 하루 200만 배럴의 석유를 수송하고 있다. 알래스카 파이프라인은 1974년부터 1977년에 걸쳐 80억불의 건설비와 당시 최고의 공학기술이 집약된 기념비적 건설 사업이었다. 알래스카 파이프라인 구간 중 700km 정도는 지상가설대

위에 설치되었고 나머지 600여 km 구간은 지하에 매설되었다. 그리고 지상구간의 파이프라인은 열팽창을 고려하여 지그재그 형태로 건설되었는데 이는 지진에 대한 대비이기도 하다. 지하 매설구간은 깊이 2.5m 내지 4m 정도의 도랑을 파고 파이프라인을 설치한 후 그 위에 주변 토양에 열적 교란을 주지 않도록 자갈층을 덮었다.

2) 극지 해저 파이프라인

알래스카의 Beaufort해 해상에 위치한 Northstar 유전은 북극해의 독특한 자연환경을 고려하여 파이프라인 설계가 이루어졌다. 해저 파이프라인 설계에서 고려할 환경조건은 빙쇄굴(ice gouging), 해저 영구동토 같은 것들이 있다. 해저면의 빙쇄굴 현상은 북극해의 해안가에서 볼 수 있는 가장 두드러진 특징 중 하나이다. 바람과 조류 그리고 다른 얼음에 밀려 서서히 움직이던 해빙이 해안가에 겹쳐 쌓이면서 빙맥(ice ridge)이 만들어지는데 이러한 빙맥의 아랫부분이 얕은 해안가에 닿으면서 해저면을 긁는 현상이 발생하는데 이것을 빙쇄굴이라 한다. 빙쇄굴의 형태는 비교적 긴 도랑과 같아서 길게는 수 km가 되며, 깊이는 얼음의 크기와 이동속도에 따라 수 m 에 이른다.

빙쇄굴이 일어날 때 빙하중이 토질에 전달되는데 그에 따라 해저에 매설되어 있는 파이프라인에는 큰 힘이 작용할 수 있으므로 이러한 빙쇄굴이 발생할 가능성이 있는 해역이라면 설계 시 파이프라인에 전달되는 빙하중의 크기를 반드시 계산하여야 한다. 북극해에 설치되는 대부분의 해저 파이프라인은 빙쇄굴을 피하기 위하여 해저에 매설하게 되는데 얼음에 의한 직접적인 충격은 피할 수 있지만 온도변화에 민감한 해저 영구동토층에서는 시반의 침하나 싱승이 발생할 수 있다. 만약 파이프라인이 통과하는 해역의 지반이 영구동토층이어서 지반의 해동이 심화될 경우 균일하게 하중을 지지하고 있던 주변의 지반도 지지력을 잃게 되며 이러한 지반의 차등침하에 따라 파이프라인에는 상당한 변형이 발생할 수 있다.

3) 시베리아 가스 파이프라인

시베리아의 총면적은 1천 2백 76만㎢로 우랄산맥에서 오호츠크해에 이르기까지 동서 길이가 6천5백 km에 달한다. 이 지역은 러시아 전체의 석탄 매장량의 91.4%, 석유 65%, 천연가스 67.3%, 수력발전 65.8% 그리고 삼림자원의 70%가 있는 곳이다. 이 밖에도 구리, 니켈, 우라늄, 다이아몬드, 철광석 등 다양한 광물자원을 갖고 있어 향후 러시아 경제의 견인차 역할을 할 것으로 기대되는 곳이다. 그럼에도 불구하고 시베리아는 열악한 기후조건, 도로 등 사회간접자본의 미비, 노동력 부족 등 장애요인이 너무나 많아 막대한 개발비를 선뜻 투자하기엔 위험부담이 너무 큰 것도 사실이다. 그러나 자원이 절대 부족한 우리 입장에서는 에너지 자원의 장기 안정적인 확보가 절실한 시점이며 일본, 중국의 참여가 본격적으로 이루어지는 때에는 동북아시아 경제력 판도에도 엄청난 파장을 몰고 올 것이라는 점에서 신중하지만 적극적인 진출방안이 모색되어야 할 것이다.

최근 시베리아와 중앙아시아로부터 동북아 3국을 연결하는 Pan-Asia Natural Gas 파이프라인 프로젝트가 가시화되고 있다. 러시아의 시베리아는 21세기 동북아 에너지의 공급원으로 평가될 정도로 막대한 천연자원이 부존된 곳인데 동북아 천연가스 파이프라인 망이 구성되면 국내에서 시베리아의 천연가스를 안정적으로 공급받을 수 있는 길이 열리는 셈이다. 지금까지 주로 중동지역과 인도네시아의 액화천연가스(LNG) 수입에 의존해 왔던 한·중·일 동북아 3국은 이 프로젝트의 성사에 많은 관심을 기울이고 있다. 일본은 이미 1970년대부터 사할린을 중심으로 러시아 동부지역에 대한 자원조사를 시작하여 수년 내에는 사할린 산 석유와 천연가스를 파이프라인을 통해 일본 국내에서 직접 공급받을 준비를 마친 상태이다. 중국도 지난 1984년부터 이르쿠츠크 지역에 대한 타당성 조사를 통해 시베리아 및 중앙아시아 지역의 천연가스 수송로 확보를 추구해 왔다.

2008년 우리나라 대통령의 러시아 방문을 통해 러시아의 파이프라인 건설계획에 우리나라도 상당 금액의 투자를 하기로 합의했다. 현재 동북아 지역에 천연가스 공급을 위해 검토되는 파이프라인 프로젝트는 이르쿠츠크, 사하, 투르크메니스탄(중앙아시아) 프로젝트가 있는데 이중 가장 가능성이 높은 것은 이르쿠츠크 지역일 것이다. 이르쿠츠크 지역의 천연가스 매장량은 LNG 환산 7억7000만 톤이며 전체 시베리아 매장량의 26%에 이른다. 시베리아의 다른 지역에 비해 비교적 나은 교통시설과 기후조건 등으로 파이프라인 건설이 제일 유력한 지역이다. 동북아 가스 파이프라인 프로젝트는 대규모 투자에 따른 위험도가 아직은 높은 상태인데 거기에다 파이프라인이 여러 국가를 통과하는데 따른 통행료, 관세, 투자 및 건설 보증 등의 문제도 해결되어야 한다. 라인 선정에 대해서도 국가 간의 이해와 국제정세 특히 남북한 간의 대화 진전에 따른 새로운 변수가 개입될 소지가 있다.

4) 사할린 가스전 개발

시베리아의 육상 자원개발과 함께 우리나라가 특별히 관심을 가져야 할 빙해지역은 러시아의 극동지방과 사할린에의 수송로로 이용되는 오호츠크해이다. 사할린 주변 해역 여러 곳에서 경제성이 큰 유전 및 가스전이 발견되었는데 대부분 북동해안을 따라서 해안에서 20km 정도 떨어진 수심 50m 보다 얕은 곳에 위치하고 있으며 이 중 Chaivo, Odoptu 유전은 1단계 개발지역으로서 2억9천만 톤의 석유와 4천2백억 m3의 천연가스가 매장된 것으로 추정하고 있다. 그리고 사할린 2단계 개발지역은 Lunskoye 유전과 Piltun 유전 (석유 1억 톤과 천연가스 14조 ft3) 을 포함하는 해역인데 여기는 미국, 일본 등 서방회사들이 컨소시엄을 구성하여 투자한 사할린에너지를 통해 개발되고 있다. 이 지역에는 현재 몰리팍(Molikpaq)이라는 석유생산 플랫폼이 설치되어 시추와 생산을 시작하였고 이들 구조물에서 생산된 석유와 천연가스는 해저 파이프라인을 통하여 연해주와 일본으로 수송할 것을 검토하고 있다. 1, 2단계 개발에 소요되는 총 비용은 250억 달러로 추산하고 있다.

사할린 개발에서 중요한 점은 사할린 지역에는 생산된 원유와 천연가스를 처리할 공장시설이나 저장, 수송에 필요한 사회간접자본이 대단히 미비하기 때문에 처음 계획부터 조기 생산시스템과 해저 파이프라인 수송방식을 채택하고 있다. 일본은 사할린 개발 계획이 순조롭게 진행되어 충분한 양의 원유와 천연가스가 지속적으로 생산될 것을 예상하여 사할린의 코르사코프에서 일본의 북해도를 거쳐 일본 서해안의 쓰루가에 이르는 길이 1,900km의 파이프라인을 부설할 계획이다. 파이프의 직경은 0.9~1.6m로 천연가스를 주 대상으로 하고 있으며 궁극적으로는 시베리아 동부에서 생산되는 천연가스도 수송할 것을 고려하고 있다고 발표하였다. 이를 통해 공급되는 양은 일본의 전체 소비량의 10% 정도가 될 것으로 추산하고 있다. 사할린을 중심으로 극동 연해주 지역은 우리나라와 지역적으로 가까워 합작개발이 유망한 것으로 평가되고 있다. 남북한을 연결하는 철도를 통한다면 가까운 미래에 우리나라에 러시아산 원유나 가스가 도입될 가능성이 높다.

4. 극지 해양구조물

극지 환경에서 해양구조물이 안전한 작업을 수행하기 위해서는 극지 특유의 설계방법이 필요하다. 일반적으로 극지용 해양구조물로는 막대한 빙하중 때문에 부유식 구조물보다는 고정식 구조물이 선호되고 있으며 영하의 저온에서 견딜 수 있는 구조재료가 사용되고 있다. 또한 극지용 해양구조물은 전체 빙하중을 지탱하기에 충분하도록 대형으로 만들어지며 전체적으로 강도가 커야하는 동시에, 유빙과의 충돌에 의한 충격하중을 견딜 수 있도록 국부적으로 내빙구조도 갖추어야 한다. 극지에서 작업을 수행할 해양구조물의 기본형상으로서 우선 상부구조에서는 각종 작업에 필요한 충분한 공간이 확보되어야 하며, 해수면 부근의 빙해 접촉부위에서

〈그림 2〉 극지용 해양구조물 (중국의 발해만과 러시아의 사할린 해역에 설치된 사례)
좌 : Z. Shi et al., "A New Ice Resist Oil Platform in Bohai Bay", POAC 2007 Conf., Dalian
우 : 삼성중공업(주) 2007년 제작

는 빙하중의 영향을 최소화하기 위해 반경이 작은 원통기둥 형태를 유지하게 되며, 해저면에 접하는 기초부는 연약지반에서의 침하를 막기 위한 넓은 하부면적을 가지게 된다. 따라서 구조물의 형상은 대체적으로 모래시계 형태를 갖는 것이 이상적이나 실제로는 작업해역의 수심이나 빙상조건, 또한 제작기간이나 설치의 용이성 등에 의해 수정, 보완되는 것이 보통이다. 극지용 해양구조물의 설계란 빙해라는 환경적 특성과 축적된 경험의 부족으로 인하여 일반해역의 해양구조물보다 좀 더 보수적인 접근방법인 극한상태를 가정하여 수행된다.

작업해역의 환경조건에 따라 선택될 극지용 구조물의 형식은 매우 다양한데 빙하중과 수심 그리고 해저토질특성이 극지용 해양구조물의 형식을 결정하는 기준이 된다. 빙해역은 엄청난 빙하중으로 인하여 구조물의 설치가 대단히 어렵고 여름철 한정된 기간 동안만 얼음이 녹는 기간을 이용하여 시추 및 채굴작업에 콘크리트 중력식 구조물을 많이 사용한다. 콘크리트 중력식 구조물은 자체의 무거운 중량을 이용하여 빙하중을 지탱한다. 이 구조물의 형태는 오늘날까지 고안된 설계 중 가장 큰 것으로서 빙판과의 접촉면적을 작게 하여 빙하중을 최소화할 수 있도록 수면부의 단면적을 감소시켰고 반면 구조전체의 안정성을 위해 바닥부분 면적은 넓게 만드는 것이 보통이다. 이와는 좀 다르게 캐나다 동쪽의 Hibernia 해역에 설치된 높이 85m 직경 105m 콘크리트 구조물은 빙산의 충돌을 감안하여 톱니형태로 독특하게 만들어졌다.

5. 북극해 항로와 쇄빙선박

러시아 북쪽 북극해 항로를 통해 북유럽에서 동아시아나 북미의 서해안까지 가는 길은 수에즈 운하나 파나마 운하를 통하는 항로보다 30% 이상 거리가 단축된다. 수에즈나 파나마 운하를 통하는 항로는 운하를 통과할 수 있는 선박의 크기가 제한되는 문제가 있고 운하가 위치한 지역의 정치적 불안에 따른 문제도 안고 있다. 더욱이 러시아의 북극해 연안은 석유와 천연가스 등 자원이 대규모로 매장된 곳이어서 근래에는 해상을 이용한 수송방법이 요구되고 있다. 1990년대를 맞아 러시아의 정치적 변화는 북극해 항로를 좀 더 경제성이 있는 매력적인 대상이 되게 하였다. 러시아는 1991년부터 공식적으로 북극해 항로를 외국에 개방하였다.

북극해 항로를 상업적으로 활용하는 데 가장 큰 장벽은 빙해역이라는 열악한 자연환경이다. 북극해 연안의 일부 해역은 거의 1년 내내 얼음이 출현하는 곳이기 때문이다. 러시아의 북극해 연안에 최초로 상업적인 정기항로를 개설하기 위하여 러시아, 노르웨이, 일본 등 여러 나라의 관련기관들이 협력하여 연구를 수행한 바 있는데 이에 따르면 북극해 항로를 경제적, 기술적으로 환경에 피해를 주지 않고서 충분히 활용할 수 있다는 점이다. 북극해 항로의 양 종점인 유럽 북부와 동아시아 지역 (혹은 북미 서해안) 사이의 물동량은 증가 추세에 있다. 특히 러시아 북극해 연안에 매장된 석유와 천연가스 생산에 따른 수송량 또한 대단한 것이다. 수에즈 운하를 통과하는 항로와의 경쟁에 대비하여 러시아 정부는 충분히 경제성이 있을 정도의 관세만을 부과하기로 정하였기 때문에 향후 북극해 항로의

〈그림 3〉 쇄빙선박 (핀란드의 Fennica호)

전망은 유망하다는 결론이다.

이미 세계 조선산업의 선두를 확보한 우리에게 빙해역을 통과하는 데 필요한 쇄빙선박을 기술적으로 안전하고 건조하는 문제는 그다지 어려운 일은 아니다. 현재 이미 노후화 되어버린 러시아의 쇄빙선단을 교체하고 항로를 이용하는 물동량의 확대를 통해 시기적으로 북극해 항로의 경제성을 확보하는 일이 더욱 중요하다. 여기에는 북극해 항로 개척을 가속화하고 항만 배후시설과 도로 등 인프라 시설 구축을 담당해야 할 러시아의 정치적, 경제적 안정이 가장 중요한 요소라고 평가된다.

한정된 자원과 국토로 인해 야기되는 각종 문제에 직면하고 있는 우리에게 문제 해결의 한 방편으로서 그리고 경제적 전략적 차원에서 극지공학기술에 주목해야 할 것이다. 국내의 연구도 남극기지 설치 후 본격화되고 있으며 러시아의 정치와 경제가 안정화 되어감에 따라 시베리아 개발 참여도 구체화되고 있다. 하지만 구미 선진국과 일본의 경우 국가의 적극적인 지원과 민간기업의 자본 경쟁력을 바탕으로 실질적인 극지연구가 깊이 있게 진행되어 왔으나 국내의 경우는 이제 겨우 그 시작단계라 할 수 있다.

국내에서는 2009년 빙해수조(ice towing tank)가 최초로 건설될 예정이다. 하지만 극지의 혹독한 자연환경을 극복할 수 있는 특수시설과 장비 그리고 극지에서의 독특한 운용기술이 요구되는 극지공학 문제를 실질적인 현장 연구를 통해 자료를 축적하고 경험을 쌓을 수 있는 여건은 충분치 않은 실정이다. 하지만 그간 남극 세종기지를 통해 남극의 환경은 상당히 친숙하게 우리에게 와 있고 남극기지에서의 연구가 충분히 가능하다는 것을 우리는 알고 있다. 남극 및 북극에서의 연구는 우리나라의 극지과학 분야의 기초연구실이었으며 이제 나아가 극지공학과 빙역학 등의 현장 실습 장소로 활용될 수 있다고 판단된다. 이는 기초과학 연구에 치중해온 그 동안의 활동과는 또 다른 남북극 과학기지의 역할이 될 것이며 극한지 관련 여러 산업기술 발전에 일대 전환점이 될 수 있을 것이다.

첨단 해양 관측과 예측

조양기 | 전남대 교수

인류는 오랜 세월 바다와 함께 생활하였다. 바다는 인간에게 식량과 교통로를 제공하기도 하였고, 많은 목숨을 빼앗아 가기도 하였다. 바다가 주는 혜택을 최대한 누리고, 바다로 인한 재해를 줄이기 위하여 오래 전부터 해양 관측과 예측에 관심을 가져왔다. 그러나 바다의 특수한 환경은 이러한 인간들의 접근을 쉽게 허락하지 않았다.

전 세계 해양의 상황을 실시간으로 감시하고 예측하는 것은 인류에게 있어서 오랜 세월의 꿈이었다. 더욱이 최근에는 해양이 기후 및 기상 변화에 큰 역할을 차지하고 있다는 사실이 알려지면서 해양 관측과 예측에 대한 관심이 크게 증대되고 있다.

본 연구에서는 육지와 달리 해양만이 갖는 독특한 환경 특성에 대해 소개하고, 바다를 이해하고자 하였던 지금까지 인류의 여러 가지 노력들에 대한 소개와 최근에 국내외서 개발되어 활용되고 있는 첨단 해양 관측방법 그리고 해양 예측 방법들에 대해 실제 사례들을 소개하고자 한다.

1. 해양환경의 특성

바다 속 환경은 우리가 생활하고 있는 공기 중 환경과 많은 차이점이 있다. 이러한 차이점 때문에 바다 속에 대한 관측은 크게 제한되어왔다. 수중환경 중 인간의 활동을 가장 방해하는 것은 수심 10미터마다 1기압씩 상승하는 압력이다. 인체가 직접 수압조건에 노출되어 달성한 세계 최고 기록은 686m 수압조건에서 24시간 체류한 잠수이다.

물속에서 압력은 모든 방향으로 작용하기 때문에 물체를 축소시키는 역할을 한다. 특수강철로 건조된 잠수정도 깊은 곳으로 잠수하면 수압에 의해 찌그러진다. 부드러운 근육, 혈액, 뼈, 피부 등으로 구성된 인간이 수중 수 백 미터 수심에서 찌그러짐 없이 생존할 수 있는 것은 인간의 몸 구성의 대부분이 액체로 되어있기 때문이다. 왜냐하면 증가된 압력은, 기체에는 체적의 변화를 일으키지만 액체성분에는 체적의 변화를 가져오지 않기 때문이다. 그러나 몸속의 기체로 채워져 있는 부분은 부피가 크게 감소하여 잠수병의 원인이 되기도 한다.

아무런 장비 없이 바다 속을 떠다닐 경우 체온손실에 의해 사망에 이르게 된다. 수온이 섭씨 15도일 때는 통증을 느끼며, 충분한 체온유지 대책이 없는 잠수자는 섭씨 5도인 수중에서는 1시간 이내에 사망한다. 따라서 해난사고로 인해 실종자가 사망한 경우 수영 미숙 보다는 체온 유지가 어려워 대부분 사망에 이르게 된다.

바다 속에 햇빛이 없다는 것이 육지와는 또 다른 큰 차이점이다. 햇빛은 바다 속에서 빠른 속도로 흡수된다. 깊이에 따라 빨강색이 먼저 흡수되고, 노란색 그리고 파란색이 흡수된다. 수심 100m 깊이에서는 99%이상의 햇빛이 흡수되어 사라진다. 햇빛뿐만 아니라 육상에서 널리 사용하고 있는 전파도 물속에서도 쉽게 흡수되어 버려 활용할 수 없다. 물속에서의 유일하게 쉽게 흡수되지 않고 먼 곳까지 신호를 전달할 수 있는 수단은 소리이다. 이러한 이유 때문에 바다 속에서 소리는 다양한 용도로 활용되고 있다.

2. 해양관측 어떻게 이루어지나?

인류가 바다에 관심을 갖고 관측을 시작한 것은 아주 먼 옛날부터이다. 배를 만들어 바다로 나가는 방법을 익히면서 차츰 바다와 가까워지게 되었다. 바다에는 괴물이 살고 있다거나, 바다의 끝은 무서운 낭떠러지가 있다고 믿었던 중세의 사람들도, 코페르니쿠스(N. Copernicus)에 의해 새로운 지구의 개념이 알려짐에 따라, 바다의 탐험이 시작되어 대부분이 바다와 육지의 분포를 알게 되었다.

19세기에 들어서 근대적인 연구탐험이 시작되고 해양학의 기초가 쌓아지기 시작했다. 영국의 챌린저호에 의한 세계일주항해(1872~1876)와 제1차 세계대전 후에 실시된 독일의 메테오르(Meteor)호의 조직적이고 정밀한 관측(1925~1927)은 근대까지의 해양관측에 있어서 본보기가 되고 있다.

해양관측은 크게 학술적인 관측과 실용적인 관측으로 나누어진다. 전자는 해양에 관한 각종 연구 분야, 즉 물리학, 화학, 생물학, 지질학, 공학 등의 기초연구의 데이타를 얻는 것이 목적이다. 후자는 실용적인 면인데, 이를테면 해양기상의 현상파악과 예보, 수산자원의 조사와 보호육성, 해상교통의 안전과 이익, 광물자원의 탐사와 개발, 공해 물질의 모니터링과 오염방지, 해양개발을 위한 연안 토목건설 등이 있다.

1) 해양관측 방법

연안관측은 방파제, 선창, 타워 등을 발판으로 하는 관측으로서 연속자료를 쉽게 얻을 수 있는 이점이 있다. 해상관측에 선박이 사용되는데, 선박 이외에도 각종 센서(Sensor)를 갖춘 부이(Buoy)가 이용되기도 한다. 부이관측에는 해양의 표면에 설치하는 것과 바다 속에 설치하는 것이 있다. 또한 한 지점에 고정시켜 시간적 변화를 관측하는 계류식(mooring)과 해류와 함께 움직이며 관측을 하는 표류식(drifter)이 있다.

원격탐사(remote sensing)방법으로 기구, 비행기, 인공위성 등이 사용된다. 이들 방법에서는 해양 표면 정보 관측이 주가 되는데, 넓은 수역을 관측할 수 있고 동시성도 높기 때문에, 매우 효과적인 관측법으로서 최근에 기술이 개발되어 가고 있다. 이러한 방법으로 관측하는 요소들로는 해수 표면 온도, 해수면 높이 변화가 있으며, 최근에는 해류 조사용 ARGOS부이도 인공위성을 이용하여 그 이동 경로를 추적한다.

우리나라에서도 최근 원격탐사 수법이 해양 조사에 널리 사용되고 있다. 한국해양연구소, 국립수산과학원, 기상청, 서울대학교 등에서 표층수온 관측 자료를 미국의 NOAA에서 띄어 올린 인공위성으로부터 직접 수신하고 있다. LANDSAT위성은 연안의 오염물질 이동 추적 등에 널리 쓰인다. 우리나라에서도 독자적으로 해양기성 관측 위성을 띄워 한반도 주변 해역에 대한 관측을 준비 중에 있다.

2) 해양관측 장비

바다에서 일어나고 있는 자연현상을 이해하기 위한 방법으로 채집과 관측이 있다. 채집은 바다 현장에서 시료를 수집하는 방법이다. 생물표본을 모아 실험을 하는 것은 대표적인 채집 방법이다. 화학이나 지질분야에서도 해수와 퇴적물의 분석, 해석을 위해 이것들을 채취하는 일이 필요하다.

대표적인 채집기구는 물속에서 해수를 채집하기 위한 채수기가 있다(〈그림 1〉). 표층의 해수는 쉽게 떠올릴 수 있지만, 깊은 곳의 해수는 표층까지 올라오는 과정에 주위 물과 쉽게 혼합되어 버리므로 그림과 같은 특별한 채수기가 사용된다. 뚜껑이 열린 채로 채수기가 원하는 수심에 다다르면 특별한 장치를 이용하여 채수기의 뚜껑을 닫아 표층까지 끌어올리는 장치이다. 어류를 채집하기 위한 어구류, 플랑크톤을 채집하는 그물류가 있다. 해저로부터는 퇴적물, 모래, 암석 등을 채취하기 위한 코어(corer)와 드레지(dredge) 등 각종 채니기(採泥器)가 사용된다.

계측은 채집을 하지 않고서 센서를 현장으로 갖고 가서 측정하는 방법으로, 현장이 아니면 측정할 수 없는 물리현상 등의 관측에 적합하다.

수중에서 사용하는 관측장비로 온도계, 심도계, 전기전도계, 용존산소계, 음속계, 해류계, 파랑계, 조석계, pH계, 수중조도계, 또는 수중광량자계, 수중탁도계, 또는 수중투과율계, 수중분광광도계, 수중형광광도계 등이 있다.

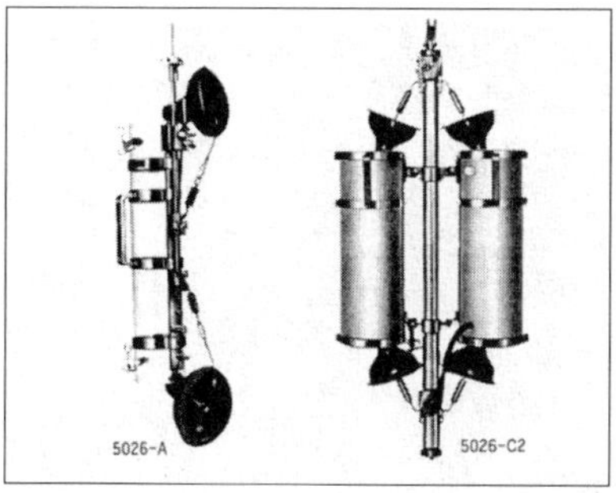

〈그림 1〉 채수기

BT(Bathy Thermograph)는 수심에 대한 수온을 연속적으로 측정하는 기기들로서 슬라이드에 펜으로 기록하는 기계적 BT, 달리는 배에서 연속적으로 투하하는 투입식 XBT 등이 있다. 이들이 더 발달되어 CTD (Conductivity, Temperature, Depth recorder)라는 관측 장비가 개발되어 전 세계적으로 널리 사용되고 있다. CTD는 BT에 전기전도도를 첨가한 수온과 염분의 주요 함수인 전기전도도를 계측하여 염분을 계산해 낸다. 이 장치에 다통 채수기(rosette sampler)를 연결시켜, 임의의 깊이에서 채수할 수 있는 장치도 있다.

3) 해류 관측방법

해류관측방법은 오일러(Euler)법과 라그랑지(Lagrange)법으로 나누어진다. 오일러법은 유속계를 바다 속의 한 점에 고정하여 흐름을 측정하는 방법이다. 흐름의 세기는 프로펠러의 회전수, 판자나 막에 가해지는 압력, 또는 도플러(Doppler) 효과에 의한 음속변화 등을 이용하여 측정한다.

라그랑지법은 바다 속에 물체를 띄워서 해수의 이동을 추적하는 방법이다. 물체가 흘러가는 방법에 따라서 유속과 유향을 추정하는 방법으로 가장 오래된 방법은 어떤 장소에서 편지를 넣은 병을 바다 속에 던져 넣고, 그것을 주워 올린 사람에게 일시와 위치를 써 보내달라고 의뢰하는 것이다. 이 방법은 실험하기 쉽고 매우 경제적이지만 해류병의 회수율이

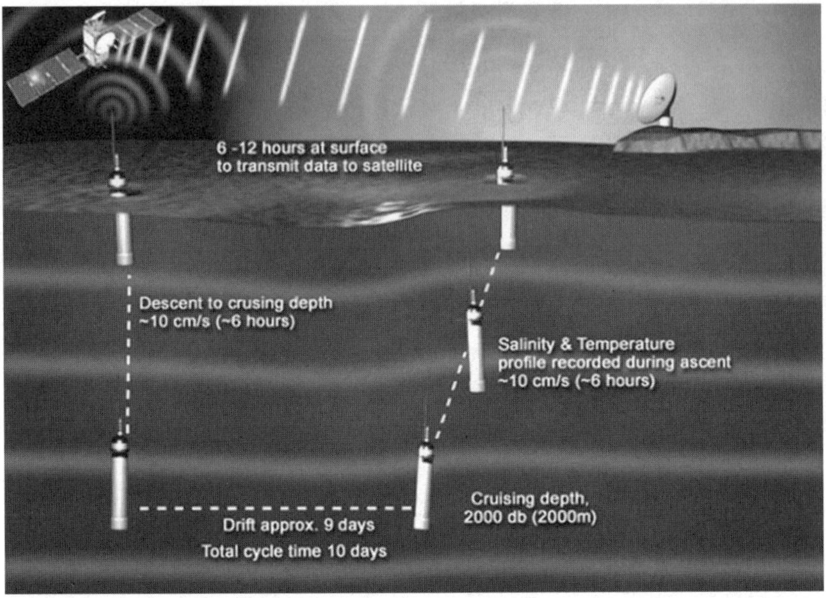

〈그림 2〉 실시간으로 전 대양을 수온을 측정하는 아고(ARGO) 부이

10%미만으로 매우 낮고 중간 경로를 모르기 때문에 정확한 유속과 유향을 알 수 없다.

바다에 부이를 띄우고 직접 배로 부이를 추적함으로서 연속적인 흐름의 방향과 크기를 알 수 있다. 그러나 이 경우는 배를 장시간 운항하여야 하므로 경제적이지 못하고 날씨가 나쁠 경우에 배의 운항이 불가능하므로 장시간 해류 관측에는 적합하지 못하다. 그래서 표류 부이에 발신 장치를 장착하여, 그 전기신호를 육지나 인공위성에서 추적하는 방법이 개발 사용되고 있다. 우리나라 주변해역에도 이미 인공위성을 이용한 추적 부이가 수 십 개 떠다니고 있다. 전파는 물속을 통과하지 못하기 때문에 부이를 이용한 해류 연구는 표층에만 한정되었다. 최근 과학기술의 발전으로 부이의 밀도를 적당히 조정하여 바다의 표층뿐만 아니라 원하는 깊이에 부이를 띄워 흘러 다니게 한 후 표층으로 떠올라 위치를 인공위성에 송신하고 다시 처음의 수심으로 들어가 다시 흘러 다니는 작용을 반복함으로써 깊은 곳의 흐름 상태를 알 수 있는 〈그림 2〉와 같은 아고(ARGO) 부이가 전 세계 바다에 3,000개가 떠다니고 있다.

해저 케이블을 이용한 통신은 인공위성에 비해 값이 싸고 질이 좋기 때문에 최근 전 세계적으로 널리 이용되고 있다. 초기의 동축케이블로 시작된 해저 케이블의 역사는 근래에는 광케이블로 바뀌면서 전 세계 바다를 거미줄처럼 연결하고 있다.

최근 해양학자들은 거미줄처럼 깔려있는 해저케이블을 이용하여 해류를 측정한다. 우리나라에서도 대한해협을 가로지르는 한일간 해저 케이블을 이용하여 동해로 유입되는 대마난류의 속도를 측정하고 있다. 이러한 방법은 해저케이블이 설치되어있는 제주해협에서도 가능하다.

4) 깊은 바다 조사

인류는 깊은 바다 속을 탐험하는 꿈을 옛날부터 꾸어왔다. 여러 가지 형태의 잠수장치에 대한 발상도 다양하였다. 현재는 고성능 잠수함이 세계 각지의 바다에서 탐사를 할 수 있게 되었다.

인류 역사상 최초의 잠수기록은 그리스 역사학자 헤로도투스가 그의 저서에서 기술한 것으로, B. C. 5세기경 페르시아왕 크세륵세스가 실리스란 잠수부에게 명하여 물 속에 가라앉은 보물을 찾게 했다는 것이다.

근세에 잠수기술에 획기적인 발전을 가져오게 된 것은 1530년대에 최초로 개발된 잠수종이다. 이것은 아래가 개방된 종 모양의 통으로, 이 통에 무게 추를 달아 물속에 가라앉히면 통 속의 공기는 수압으로 부피가 작아지고 그만큼 통속에 물이 채워지는데 공기는 가볍기 때문에 통의 위쪽에 모여 잠수자는 이 통속에 들어가 호흡하게 된다. 그러나 호흡에 따른 산소량의 감소로 오랫동안 머무를 수는 없다.

수상지원선으로부터 호흡기체를 공급받아 실시되는 헬멧형 잠수장치(일명 머구리)가 오늘날 사용되고 있는 장치와 가장 유사하게 개발된 것은

1837년 영국인 Siebe에 의해서였는데, 이 장치는 단단한 헬멧부위와 탄력성 있는 방수천으로 온몸을 완전히 감싸는 잠수복으로 구성되었다. 이 잠수복에는 외부로 공기를 배출하는 배출변이 있어, 이것을 조작하여 잠수복내의 공기량을 조절함으로써 스스로 떠오르거나 다시 가라앉는 등의 부력조절이 가능하였고 체온보호도 양호하였으나 수중작업시간이 길어짐에 따라 감압병이 발생한다.

3. 해양 예측

1) 예측 모델 구성

앞으로 나타날 해양 현상에 대한 예측은 모델을 이용하여 이루어진다. 최근 한반도 주변에 해양에 대한 예측 모델을 개발한 전남대학교 지구환경예측연구실의 모델 결과를 이용하여 해양 예측 사례에 대해 소개하고자 한다.

모델 해역은 한반도 주변해역인 동해, 남해, 황해, 동중국해와 서태평양 일부를 포함한 북서태평양 영역으로 북위 15도~북위 50도, 동경 115도~동경 155도로 설정하였다.

월평균의 바람 자료와 일평균의 바람 자료를 사용하여 실험을 하였다. 개방경계역의 수온, 염분, 유속, 해수면 높이는 미국의 전지구 모델 결과(ECCO) 자료를 사용하였다.

2) 예측 모델 결과

예측모델결과는 한반도 주변의 계절별 해류와 수온 변화를 잘 보여주고 있다. 태평양에서 기원한 쿠로시오 해류가 대만 동쪽을 지나, 일본 남쪽을 거쳐 동으로 흘러가는 모습이 지금까지 알려진 쿠로시오 경로와 잘 일치한다. 쿠로시오에서 분지된 대마난류는 한반도 남해를 거쳐 동해로

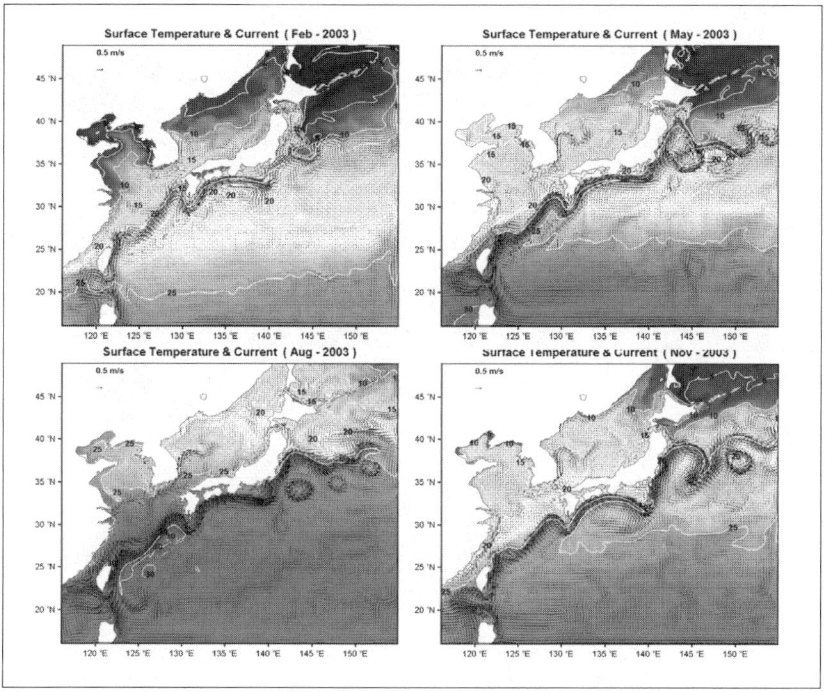

〈그림 3〉 모델로 예측한 2003년 표층수온과 유속(2월, 5월, 8월, 11월)

흘러가는 모습이 보인다. 서해의 해류는 상대적으로 약하고 계절에 따라 크기와 방향이 크게 변한다.

2003년도 위성 관측결과와 10km 해상도 모델의 결과를 비교했다. 모델 결과에서 한반도 서남해역에서의 저온수가 잘 나타난다. 봄철의 경우 모델 결과가 위성결과 비하여 발해만의 수온차이가 있음을 보이고 있으나, 대한해협과 쿠로시오의 수온분포 등 전체적인 해황이 비슷한 형태를 보인다. 모델 결과가 위성 관측 표층 수온을 잘 재현하고 있음을 볼 수 있다.

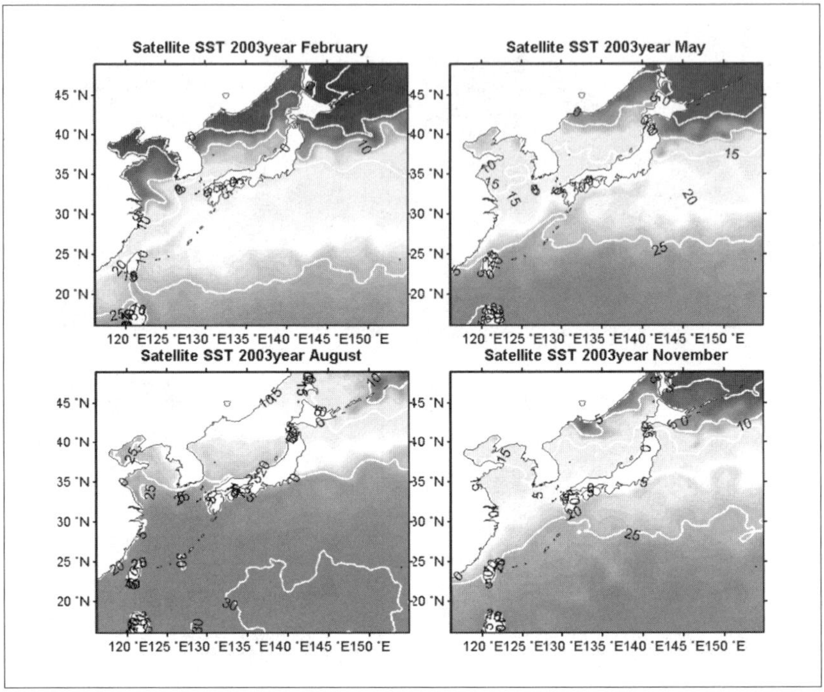

〈그림 4〉 2003년 위성관측 표층수온(2월, 5월, 8월, 11월)

3) 유류오염 확산 예측 응용의 예

2007년 11월 7일 오전 7시 15분쯤 만리포 북서쪽 10㎞ 해상에서 유조선 허베이 스피리트호(HEBEI SPIRIT) 호와 해상 크레인이 충돌하는 사고가 발생하였다. 이 가운데 약 1만ℓ의 원유가 새어 나갔다. 인명 피해는 없었지만, 1995년 최악의 기름유출 사고로 기록됐던 씨프린스호 사고 때의 두 배가 넘는 기름이 유출돼 양식 어장 타격과 바다 오염 등 막대한 피해를 입혔다.

유류오염과 같은 해양재난사고에 대비하기 위하여 한반도 주변해역의 해수 순환 모델을 연구 개발하여야 한다. 사건 당시 기록에 따르면 강한 바람과 높은 파도의 영향으로 방제작업의 어려움을 겪었다고 한다. 이를

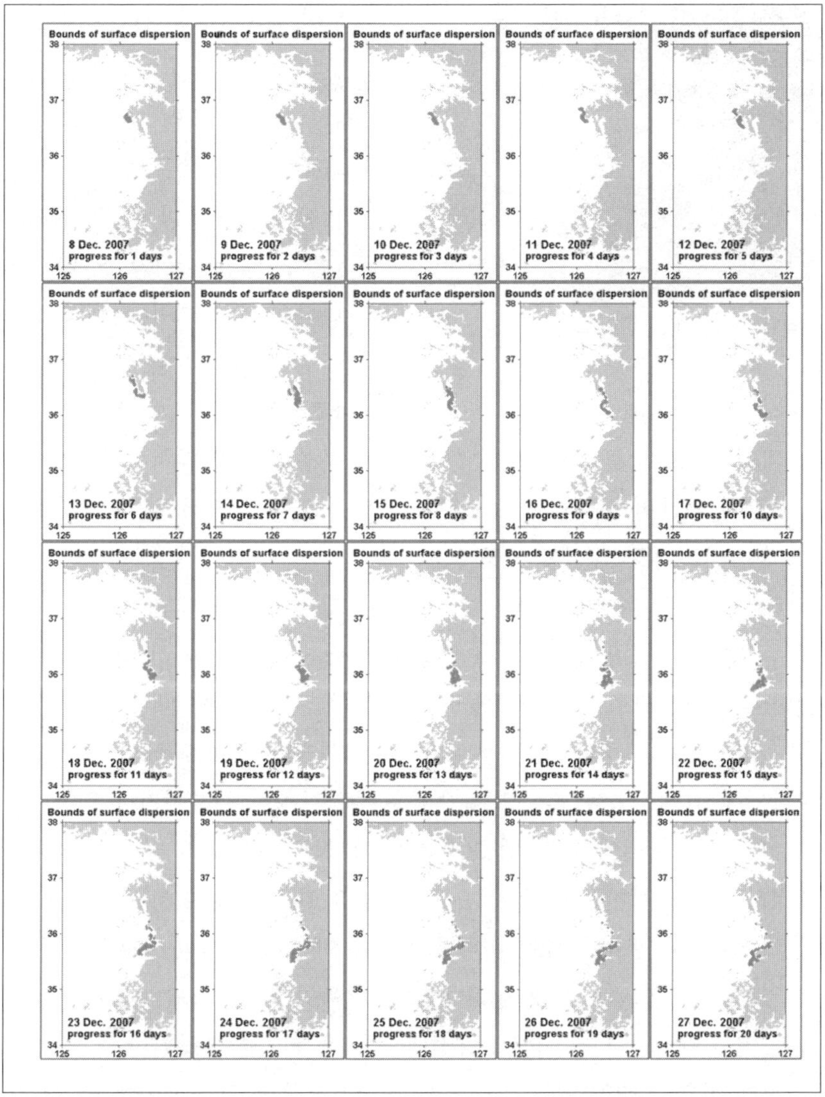

〈그림 5〉 표층 우류 확산 실험 결과

바탕으로 해수순환모델에서 조류, 해류 그리고 해상풍이 고려하여 태안기름유출 재현 실험을 하였다.

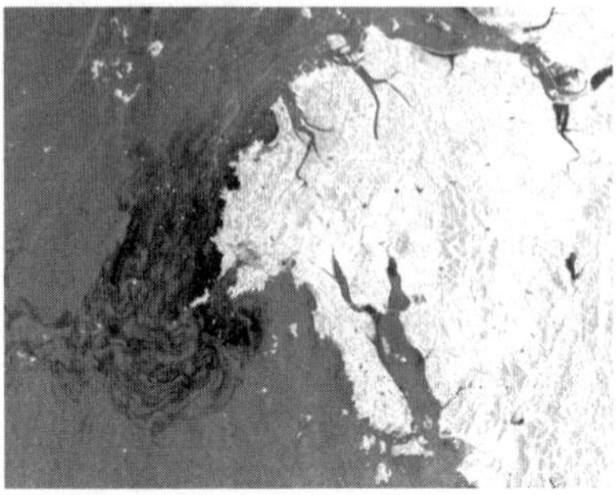
〈그림 6〉 인공위성으로 관측한 유류 유출 확산 모습

부이 확산 예측 결과를 사고시각으로부터 24시간마다 그림으로 표시하였다. 겨울철 강한 북서풍에 의해 표층의 부유 물질은 우리나라 서해안을 따라 빠른 속도로 남하한다. 태안군 서쪽 연안을 따라 나타나고 있으며 서해상으로 많은 유류확산이 일어난 모습을 보이고 있다.

대체적으로 유류확산 모델결과는 그 이동경로는 잘 일치하였지만, 현장보고에 의하면 서해안 남쪽으로 확산되는 이동 시간과 차이를 보이고 있으며, 이는 추후 개선할 예정이다.

해양 관측은 바다에서 어떤 일이 벌어지고 있는지에 대한 정확한 정보를 우리에게 제공한다. 과학기술의 발전과 함께 해양 관측 기술도 크게 발전하여 실시간으로 해양의 곳곳에서 발생하는 현상들을 모니터링 할 수 있는 단계에 이르렀다. 최근에는 기후변화와 관련하여 해양의 중요성이 부각되면서 선진국을 중심으로 수많은 해양관측이 이루어지고 있다. 전세계의 바다를 떠돌아다니며 표층뿐만 아니라 깊은 곳의 해류와 수온을 측정하는 아고 부이는 첨단 해양 관측 기술의 대표적인 예이다.

그러나 해양관측은 넓은 바다에서 매우 제한된 곳에서 이루어질 수밖에 없고, 많은 노력과 비용이 요구된다. 더욱이 관측 자료는 미래 해양에 어떤 일이 발생할 지에 대한 정량적 정보를 제공해 주지 못한다.

모델에 의한 해양 예측은 관측의 이러한 부족한 점을 보완해 줄 수 있다. 바다의 모든 곳에 대한 정보를 생산할 수 있고, 바다의 미래에 대한 예측 정보를 제공할 수 있다. 그러나 모델도 여러 가지 오차 요인에 의해 예측 결과에 많은 오차가 포함될 수 있다.

최근에는 해양 현상을 예측할 수 있는 모델의 장점과 신뢰성 있는 관측

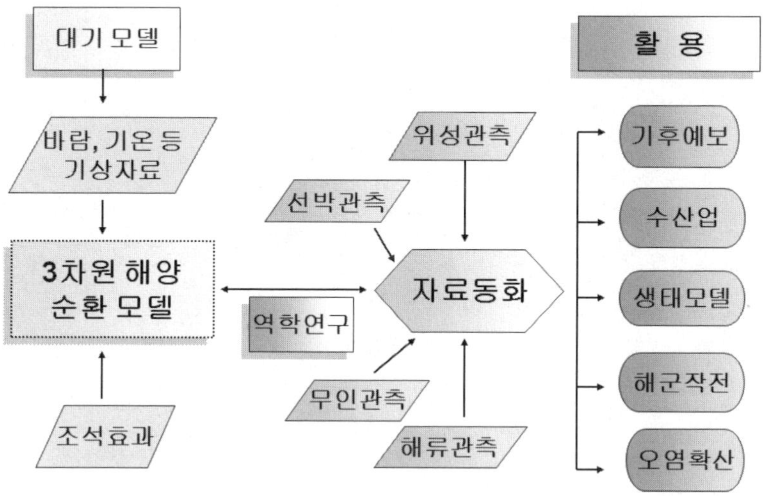

〈그림 7〉 종합 해양 예보 시스템 구성도

자료의 장점을 결합하여 정확한 해양 예보를 가능하게 만들어주는 자료동화에 의한 해양예측 분야가 활발하게 연구 되고 있다. 〈그림 7〉은 자료동화를 이용한 해양 예측을 위한 시스템 구성도와 활용분야이다. 앞으로 우리나라에서도 자료동화 기법을 이용한 정확한 해양예측이 이루어질 날이 멀지 않았다.

이러한 노력으로 정확한 해양예보가 이루어지면 해양이 기상에 미치는 영향에 대한 이해, 연안 양식장의 급격한 수온 변화 예측, 해양 생태계 모델의 환경 변화 값 산출, 군사작전에 필요한 해류와 수온 구조 예측, 오염 확산을 결정짓는 해류 예측 등에 중요한 자료로 활용될 것이다.

해양문화

여수세계박람회와 문화산업 육성 _ 이상길

여수세계박람회와 문화교류 _ 김양래

여수세계박람회와 문화산업 육성

이상길 | 광주정보문화산업진흥원장

여수세계박람회의 기본계획 가운데 문화콘텐츠와 연결된 부분에 대해 살펴보고자 한다. 핵심장소인 바다전시장은 실험실과 해양기술 테스트 베드, 재미있는 교육장, 체험 가능한 전시장 등으로 구성되어 있다. 아울러 엑스포디지털 가로 계획은 디지털 가로를 U-STREET개념으로 꾸미는 것인데 길거리 전체에 디지털 개념을 도입하여 관람객이 직접 콘텐츠를 만들고 전시하고 체험할 수 있도록 기획한 것이다. 또 안내, 광고, 교통정보, 거리 간판 등을 프로젝트에 투사해서 볼 수 있도록 하고 물의 속성을 디지털화하여 외부에서도 체감할 수 있도록 하는 아이디어가 돋보인다. 또한 건물 내부의 모습을 외부로 드러내도록 해서 관람객이 내부의 정보를 습득할 수 있도록 하였다. 특히 디지털 가로에 접하는 상업건물의 재질로 LED를 이용하여 정보를 공유할 수 있는 미디어보드로 사용, 다양한 유비쿼터스 서비스를 공급하는 계획도 있다.

1. 경제적 효과 창출 위해 치밀한 준비 필요

이렇게 다양한 계획으로 구성되는 세계박람회는 왜 개최하는 것일까? 초기 박람회는 주최도시의 품격을 과시하자는 면이 강해서 기념비적인 건축물을 주로 만들었다. 박람회를 통해 자국의 발전상을 과시하는 측면이 컸던 것이다. 근대박람회도 역시 그 연장선상에 있어 도시를 개발하는 것이 주목적이었다. 도시가 건축공학에 대한 실험의 마당이 되고 대단위의 콤플렉스를 통해 개최국가나 도시의 위용을 과시하는 면이 컸다. 그러나 현대의 세계박람회는 보다 실질적, 경제적인 면에 집중하고 있다. 개최도시의 마케팅에 초점이 맞춰지고 행사기간뿐만 아니라 행사가 끝난 후 어떻게 활용할 수 있을까에 대하여 커다란 관심이 모아지고 있다. 아울러 모든 사람들이 공감할 수 있는 특별한 주제에 대해서도 고민하고 있다. 현대의 세계박람회 성공 사례로서는 1992년도 세비야 세계박람회와 1998년 리스본 세계박람회를 들고 있다.

그렇다면 어떤 박람회가 진정 성공한 박람회일까? 성공한 박람회는 우선 결과적으로 경제적 효과가 있었는가에 따라 결정된다. 고용이 창출되었는지, 세계박람회를 통해 산업 인프라가 확대되었는지, 또 아울러 국가나 도시의 이미지가 뚜렷하게 부각되어서 문화 교류가 강화되었는지 등이 세계박람회의 성공을 가리는 결정적인 기준인 것이다.

하지만 기대하고 있는 경제적 효과가 나타나려면 계획과정에서부터 치밀한 준비가 이뤄져야 한다. 많은 연구자들은 무엇보다도 주제를 치밀하게 준비하는 것이 중요하다고 주장한다. 여러 사람들이 공감할 수 있는 주제가 마련되면 지역주민의 참여가 자연스럽게 이뤄질 수 있을 것이고 행사 이후에도 관련 시설의 활용이 가능하다는 것이다.

2. 우리 고유의 독창적인 아이디어 필요

또 하나 드는 의문은 세계박람회를 위해 거대한 규모의 건물들이 조성되는데 이렇게 선물들을 만들어 놓는다고 해서 경제적 효과가 발생할 것인가 하는 것이다. 중국 상하이의 박람회장 규모는 한국의 20배 정도 된다고 한다. 그래서 여수세계박람회장의 규모를 확대해야한다는 주장도 일부 있다. 하지만 과연 규모가 성공 여부를 결정할 수 있을지, 또 그 다양한 공간을 무엇으로 채울 수 있을지 의문스럽다.

'살아있는 바다' 라는 주제는 있지만 이 주제에 맞는 내용이 어떻게 구성될지 궁금하다. 그리고 다음 단계로 그 내용을 누가, 어떻게 만들 수 있을지, 또 박람회 기간 이후에 시민들이 어떻게 지속적으로 그것을 활용할 수 있을지 의문이 든다.

이러한 점에서 바로 콘텐츠의 중요성이 드러난다. 어느 미국의 배급 전문가는 "미국 내에는 좋은 콘텐츠를 만들 수 있는 제작 자금이 있다. 아울러 투자 수익을 확보할 수 있는 유통망도 있다. 우리가 한국에 기대하는 것은 미국에서 볼 수 없는 새로운 아이디어다."라고 말한 바 있다. 과연 우리는 미국시장에 진입할 수 있는 세계인들의 호기심을 끌어들일 수 있는 독특한 아이디어를 가지고 있을까?

경제적 효과가 여수세계박람회의 중요한 목표가 될 수 있지만 그보다 우리 문화산업을 키울 수 있는 기회라는 점에서 여수세계박람회는 대단히 중요하다. 이런 기회를 우리의 콘텐츠가 없다고 해외 글로벌 메이저의 콘텐츠를 빌어 와 채운다면 궁극적으로 우리가 지향하는 시민이 참여하는 세계박람회, 지속적으로 활용 가능한 세계박람회, 성공적인 세계박람회는 될 수 없다. 그런 점에서 여수세계 박람회는 우리 지역의 문화산업을 육성할 수 있는 아주 좋은 기회이다.

문화콘텐츠는 부가가치가 아주 높은 산업이다. 비용체감법칙에 따른 수확체증효과가 발생한다고 표현하기도 한다. 영화 『왕의 남자』는 1,200만 명의 관객이 관람했으며 해외에 판매되고 뮤지컬로 공연되는 등 다양하게 수익을 확보했다. 이는 자동차 3,500대를 만들어 판매한 것과 같은 경제효과이고 이 프로젝트를 위해 2,000명의 인력이 고용되었다. 세탁기를 만들어 팔 경우 매출이 증가하면 비용도 증가한다. 제조를 위해 필요한 관련 부속품이 계속 증가될 수밖에 없기 때문이다. 이에 비해 문화콘텐츠 산업은 비용이 증가하지 않는다. CD 음반 제조에 드는 비용은 불과 몇 백 원이다. 그러나 판매 액수는 몇 만 원대에 이르고 있다. 또 2000년부터

2004년까지 제조업의 고용증가율이 연 평균 -0.02%인 반면 문화산업의 고용증가율은 7.86%를 기록할 정도로 고용 효과도 크다.

뿐만 아니라 문화 경제적 파급효과도 상당히 크다. 드라마 『대장금』의 경우 동남아시아에서 한국음식 바람을 불러 일으켰고 멕시코 등 중남미를 거쳐 이제는 멀리 아프리카에서도 인기몰이를 하고 있다. 우리 문화콘텐츠에 대한 관심은 우리 문화에 대한 관심을 증대시키고 우리나라에 대한 인식을 좋게 해준다. 이러한 인식은 자동차, 휴대폰 등 우리 상품의 수출을 촉진하면서 아울러 많은 관광객들을 우리나라로 끌어들이는 효과를 낳는다. 여러분들도 언론을 통해 아시다시피 많은 일본인들이 배우 배용준을 보기 위해 한국까지 오고 있는 실정이다. 월남에서는 우리나라의 화장품이 세계적 브랜드인 프랑스 화장품을 제치고 가장 비싼 화장품으로 인식되고 있다. 이것은 월남에서 인기를 끌고 있는 한국드라마의 여주인공을 상품 모델로 내세웠기 때문이다. 이렇듯 한국의 인기드라마 덕택에 한국의 가전제품에 대한 선호도도 높아져 한국가전 3사의 월남시장 점유율은 미국이나 일본을 뛰어넘는 50% 이상이다.

대만의 경우 드라마 『대장금』이 공전의 히트를 친 후에 현대자동차의 수출이 급증한 사례가 보고되었다. 2002년에는 약 3,800여대가 수출되었는데 2005년도에는 1,800대로 근 5배에 가깝게 자동차가 판매된 바 있다.

이렇게 국가적으로 큰 효과가 입증된 바 있는 문화산업의 성공을 여수, 호남지역에서 하지 못할 이유는 없다. 우리 지역에서도 이러한 열풍을 불러 일으켜야 한다. 문화콘텐츠의 제작을 위해서 수도권뿐만 아니라 아시아권의 우수한 기업을 끌어들여야 한다. 또한 지역 기업은 규모 있게 성장할 수 있는 기회를 갖게 된다. 이를 통해서 국제적으로 여수, 호남지역의 이미지가 형성될 것이고 IT기술을 융합해서 콘텐츠를 제작한다면 아주 부가가치가 높은 문화산업을 육성시킬 수 있다.

다시 한 번 강조하지만, 우리 지역의 독특한, 독창적인 소재를 바탕으로 여수세계박람회의 콘텐츠가 제작되어야 한다. 여수 지역에서만 드러낼 수 있는, 호남만이 뽑아낼 수 있는, 한국에서만 볼 수 있는, 아시아에서만 찾아낼 수 있는 독창적인 소재, 아이디어를 바탕으로 자체 생산을 할 수 있어야 글로벌 경쟁력을 갖출 수 있다. 우리 지역에서는 여수세계박람회를 자체 콘텐츠 생산의 기회로 활용해야 한다.

아울러 우리 지역 자체에서 시민들이 만족하고 즐길 수 있는 기회를 제공해야 한다. 우선 우리 지역 주민들이 지속적으로 즐길 수 있어야 이를 바탕으로 우리나라 타 지역뿐 아니라 아시아, 미주, 유럽 등 전 세계의 관광객들도 기꺼이 여수 호남지역을 방문할 수 있을 것이다. 지역 주민들조차 외면하는 콘텐츠라면 외래 관광객들은 두말할 나위도 없이 찾지 않을 것이다.

3. 우리 지역의 문화적 전통과 재능 발휘할 때

지금까지 자체 생산과 소비의 필요성에 대해 언급했는데 그렇다면 과연 소비를 뒷전에 놓고 우리가 특성 있는 문화콘텐츠를 생산할 수 있고, 그런 여건이 되느냐 하는 질문이 나오지 않을 수 없다.

우리 지역뿐만 아니라 우리나라 대부분의 문화 산업체는 개발 인프라의 부족, 투자 인프라의 부족, 마케팅 인프라의 부족 등에서 어려움을 겪고 있는 실정이다. 개발의 경우 R&D에 대한 투자 및 개발 인력이 부족하다. 또 독창적인 창작 소스를 발굴하고 있지 못하며 자체 제작에 대한 경험 부족으로 인해 시나리오의 작성 능력도 미흡하다. 투자 부분은 대부분 중소 규모의 기업이고 투자 효과에 대한 평가치나 기대치가 뚜렷하게 수치화 되어 있지 않으므로 투자자가 투자를 회피하는 경향이 있다. 마케팅 인프라 역시 제작, 판매의 경험이 일천한 까닭에 전문 인력이 없고 대부분 수도권 기업에 판매를 위탁하는 실정이다.

그러나 이러한 부족함에도 불구하고 최근 우리 지역의 문화 산업체는 훌륭한 아이디어를 개발, 제작하고 있다. 이 아이디어를 바탕으로 미국, 유럽, 아시아의 여러 나라와 공동 제작이 진행 중인 프로젝트도 여럿 있다. 이는 수도권을 포함한 타 지역에서도 보기 힘든 발전 상황이다. 우리 지역의 문화적인 전통과 재능이 이제야 발휘되고 있는 것이다. 최근 우리 지역 업체의 컨설팅을 위해 초빙한 프랑스의 배급전문가는 지금 당장 세계시장에 팔 수 있는 프로젝트가 3~4개 있다며, 그 아이디어의 출중함에 놀라움을 표시하기도 했다.

4. 지역 대학의 역할이 중요

이렇듯 우리 지역은 타 지역에서 보기 힘든 독특한 소재와 가능성 있는 인재들을 보유하고 있다. 이러한 우수한 자원을 활용하여 콘텐츠를 생산, 소비하는 데에 있어서 지역 대학의 역할은 매우 중요하다고 생각한다.

지역 대학은 다양하고 새로운 소재를 발굴할 수 있다. 전남대학교의 이순신해양문화연구소는 여타 지역에서 넘볼 수 없는 독창적인 소재를 찾을 수 있다. 아울러 전남대학교의 여수엑스포지원특성화사업단은 그 이름 그대로 여수엑스포의 사업 주체와 밀접한 네트워크를 구축할 수 있다. 이러한 위상은 여타 기관이나 일반 기업이 가질 수 없는 아주 중요한 위치이다. 따라서 우리 지역의 대학이 앞장서고 지역 기업의 도움으로 구체적인 프로젝트를 도출해낸다면 지역 주민들의 참여도 자연스럽게 따를 수 있을 것이다. 이런 과정 속에서 콘텐츠가 지속적으로 활용되는 성공적인 세계박람회가 치러질 수 있을 것이다.

지역 협력에 대한 예를 살펴보겠다. 문화체육관광부의 자료에 따르면 전남지역의 콘텐츠 인프라는 전남 해안 일대의 200여개 섬, 구례 산수유 마을, 보성 다원, 무안 백련, 진도 바다길 등의 관광자원과 함평 나비축제, 왕인 박사 축제 등 각종 축제 그리고 나주의 무형문화재 등의 볼거리가 있다. 이 계획에 따르면 목포를 중심으로 신안, 무안 등에 해양 영상 스튜디오 등 해양 영상 시설을 구축하고 완도를 중심으로 축제 체험을 즐기도록 하며 완도지역을 중심으로는 해양스토리를 창작하도록 되어 있다. 아울러 이러한 콘텐츠 인프라를 여수엑스포를 계기로 하여 교역을 확산시킨다는 것이다.

이렇게 다양한 내용의 콘텐츠 확보는 우리 지역을 벗어난 여타 지역에서는 할 수 없는 일이다. 이렇듯 콘텐츠의 다양한 수집을 위해서는 지역대학이 주축이 되어 지역 기업, 지역 기관의 협의체를 구성하고 프로젝트를 공동 제작하며 더 나아가 국내 및 아시아권의 타 기업 프로젝트도 함께 진행시켜야 한다고 생각한다. 이렇듯 지역 내부의 협의 시스템이 구축되면 이를 바탕으로 지역 언론 등의 협조를 이끌어 낼 수 있을 것이고 수도권의 기관이나 기업 그리고 해외의 유관기관이나 다양한 미디어채널과 사전 협조관계도 구축할 수 있을 것이다.

이미 광주정보문화산업진흥원과 전주정보영상진흥원, 전남문화산업진흥원 3개 기관은 여수세계박람회의 성공적인 개최를 위하여 공동 협력하기로 협의 중에 있다.

이렇게 시스템이 구축된 이후에는 구체적으로 게임, 애니메이션, 공예디자인, 음악, 첨단 영상 등 다양한 콘텐츠 생산자가 광기술 등 IT 생산자의 기술과 융합하여 여수세계박람회를 발표장으로 하여 소비자와 직접 만날 수 있게 된다.

마지막으로 다시 한 번 강조하지만 이러한 과정을 진행함에 있어 지역대학의 역할이 무엇보다 중요하다. 지역 대학이 앞장서서 문화콘텐츠에 대한 프로젝트를 2012 여수세계박람회 조직 위원회 측에 먼저 제시하고 이끌어 내야한다. 이런 점에 있어서 전남대학교 여수엑스포지원특성화사업단이 중심이 되어 큰 역할을 해주길 기대한다.

여수세계박람회와 문화교류

김양래 | 한국문화관광연구원 경영관리처장

문화교류 이론가는 아니지만 문화교류의 실무적인 측면을 담당해온 입장에서 여수엑스포와 문화교류의 관계에 대한 의견을 제기하고자 한다. 이 글에서는 세계박람회와 이와 관련한 교류라는 측면을 중심으로 접근해 보겠다.

교류의 원리는 '소통'에 있다. 일반적인 의미의 소통과 달리 문화교류에 있어서의 소통은 좋고 나쁨이나 사회적 중량감 없이 원활하게 이동하는 특성을 가졌다. 특히 상대방의 다른 점을 서로 인정하고 존중하면 더욱 활발해지는 것이 바로 소통인 것이다.

문화교류를 하는 이유는 함께 살아가는 공동체를 만들기 위해서이다. 지역이나 국가 또는 민족 단위의 공동체를 형성하여 다른 공동체와 함께 지혜를 서로 나누고 새로운 삶의 지평을 열어가는 데 문화교류의 궁극적인 목적이 있는 것이다.

여기에서는 문화교류의 실천적인 측면에서 국제교류의 목표, 사업의 유형과 내용, 문화교류 흐름의 변화 등을 살펴보고, 최근 열렸던 아이치 세계박람회, 사라고사 세계박람회, 그리고 2010년에 열릴 상해 세계박람회의 문화교류 프로그램을 살펴보겠다. 이와 함께 여수세계박람회와 전략적인 국제교류에 대한 나의 생각을 제안하겠다.

1. 국제교류

1) 국제교류의 목표

국제교류의 목표는 상대방을 배려하고 존중하는 마음으로 상대방과 소통하고 새로운 관계를 만들어가는 데에 있다. 문화적인 교류와 소통이 이루어지면서 자연스럽게 등장한 것이 상품이다. 원시사회에서부터 물물교환이 이루어졌고 국가가 성립된 이후에는 공무역이, 근래에 이르러서는 상업적인 마케팅과 세일즈가 활발히 이뤄지고 있다. 이러한 국제교류는 상호간의 발전에 긍정적으로 기여할 뿐만 아니라 협력을 통해 새로운 관계를 만들 수 있게 해준다. 따라서 각 사업마다 그 추진 배경에 맞게 국제교류의 목표를 세워야 할 것이다.

2) 국제교류의 유형

국제교류 사업은 다양한 유형으로 구성된다. 사업 기간, 사업의 목적, 사업의 주체에 따라 그 유형을 구분할 수 있는데 관련 DB구축, 인력양성, 네트워크 구축 및 거점 시설의 설치 등 사업 준비를 위한 기반조성 단계에서의 국제교류 사업과 본격 사업을 실시하는 단계인 국제 프로그램의 운영, 세일즈 마케팅 지원, 국제행사 유치, 국제기구 진출, 협정체결 등의 국제교류 사업으로 크게 구분할 수 있다.

우리나라의 국제교류 사업은 예술단체의 공연중심 문화교류 사업에 머물고 있다. 정부차원에서 국제교류재단을 중심으로 한 한국학 관련 국제교류, KOICA를 중심으로 한 해외 인력지원, 저개발국가의 공무원 연수, KDI를 중심으로 한 저개발국 공무원들의 교육지원, 문화관광연구원을 중심으로 한 문화 관광 예술분야 전문가 초청 문화동반자 사업, KOFICE(국제문화산업교류재단)을 중심으로 한 음악, 미디어, 시나리오 교류 등 세부적인 분야에서 국제교류 사업을 실시하고 있다.

물론 민간과 지방정부의 국제교류가 활발해지면서 국제학회, 지방정부의 국제회의·전시·협정체결 등 다양한 분야에서 국제교류가 이뤄지고 있다. 사업의 성격에 따라 해당사업과 연계되는 유형을 찾아 전략적으로 교류 사업을 펼쳐야 할 것이다.

3) 국제교류 사업의 내용

국제교류 사업은 비영리 단순교류를 목적으로 하는 사업과 비즈니스와 마케팅을 수반하는 사업으로 나눌 수 있다.

비영리 단순 교류 사업에는 공연, 전시 등의 문화예술교류와 심포지엄, 포럼과 같은 국제회의가 있으며, 국제기구 간 협력 사업이 있다. 이 같은 단순 교류 사업은 국가 이미지를 제고할 수 있다는 장점이 있다. 반면 비즈니스와 마케팅을 수반하는 교류 사업에는 시장을 개척하고 수출을 증대할 수 있는 문화산업과 관광객 유치를 통해 수익을 창출하는 관광산업 등이 있다.

2. 여수 세계박람회의 사회문화적 효과

국제문화 교류의 사회문화적 파급효과를 살펴보면 매우 긍정적인 내용을 많이 발견할 수 있다. 특히 세계적으로 소외된 무명 도시에서 구체적인 도시브랜드를 형성하는 계기가 된다는 점에서 박람회 개최는 아주 매력적인 의미를 갖는다. 여수 세계박람회 역시 여수시를 세계적인 해양문화 중심도시로 거듭나게 할 수 있다는 점에서 절호의 기회가 아닐 수 없다.

여수세계박람회라는 거대한 문화교류 행사를 성공적으로 개최하면 여수시를 국제적인 해양문화 중심도시로 인식시킬 수 있을 뿐 아니라 향후 지속적인 유지 전략을 통해 도시 이미지를 제고할 수 있다. 그동안 좋은 해양 인프라를 가지고 있으면서도 저평가된 여수의 브랜드를 제대로 평가할 수 있는 좋은 기회이다.

1) 역사와 문화예술이 숨 쉬는 국제교류 도시로 거듭나야

여수에는 오랜 역사가 숨 쉬고 있다. 특히 바다와 관련한 역사는 지역의 문화예술과 함께 강렬한 이미지를 남기게 된다. 전시관에서 소개되는 첨단의 전시물만으로는 여수만의 고유한 문화를 충분히 보여주기가 부족하기 때문에 여수의 역사와 문화예술을 효과적으로 홍보하는 것이 매우 중요하다. 또한 세계 여러 지역의 문화를 동시에 소개하는 글로벌 이벤트를 통해서 상호 이해를 증진시킬 뿐만 아니라 여수를 국제교류 도시로 급부상시킬 수 있을 것이다.

2) 여수 시민의식의 국제화

여수 세계박람회는 세계 각국의 관계자들과 관광객들이 방문하는 국제적인 행사이다. 이번 행사에서 다양한 외국의 문물이 여수에 소개되고 자연스러운 교류가 이루어지게 된다. 여수 세계박람회를 통해 지역 주민들은 국제적인 수준에 맞게 의식 수준을 향상시킬 수 있게 되고, 또 이것이 지역 전반의 개선활동으로 연결되면서 도시 이미지를 크게 개선할 수 있을 것이다.

3) 국제회의 산업의 전문가 확보

국제회의·전시 산업은 가장 부가가치가 높은 산업으로 평가되고 있다. 왜냐하면 국제회의·전시 참가자들의 사회적 경제적 수준이 높아 1인당 지출액이 가장 많기 때문이다. 여수시는 이번 세계박람회를 통해 국제회의·전시 전문가들을 확보할 수 있을 뿐 아니라 지속적인 국제회의·전시 개최로 인한 지역 경제 활성화를 기대할 수 있다.

4) 생활환경 개선 및 공동체 의식 향상

시민의식 개선과 환경 개선은 맞물려 있는 과제이다. 특히 문화교류에 있어서 간과해서 안 되는 것이 행사지역의 환경과 생활 현장이다. 그리고

그 현장을 지키고 살아가는 사람들의 진솔한 태도가 찾아오는 사람들에게 잔잔한 감동을 준다. 시민의식 개선은 짧은 시간에 이뤄지기 힘들다. 변화를 위해 장기적으로 꾸준히 노력하면 여수공동체가 크게 변화할 것이고 바람직한 소통의 장이 될 것이다.

3. 문화교류 흐름의 변화

과거에는 각 나라의 전통문화를 단순히 소개하던 수준으로 문화교류가 이뤄져 왔다면 지금은 문화교류에 많은 변화가 생겼다. 특히, 지금의 대중문화의 교류라는 거대한 흐름은 기존의 문화교류 질서를 흔들어 놓기에 충분한 힘을 가지고 있다. 오늘날의 대중문화는 국경과 민족을 넘어서서 그 경계를 모호하게 하면서 급속히 확산되고 있다. 자칫 문화패권주의가 등장할 수 있는 위기가 감지되고 있는 것도 피할 수 없는 현실이다.

문화인류학자들은 이러한 문화적 흐름에 대해서 경계하고 있다. 그리고 문화교류가 모든 문화의 다양성을 존중하고 배려하는 차원에서 일방적인 소통으로부터 벗어나 쌍방향 소통이 이루어져야 한다는 주장이 설득력을 얻고 있다. 또한 그동안 소수 엘리트들만이 문화교류를 독점해 왔는데 이제는 시민중심으로 변화해야 한다고 주장한다. 이러한 관점에서 엘리트들이 가지고 있는 지식위주의 교류가 아닌 생활과 경험의 지혜를 나누는 교류를 추구하는 새로운 공동체 모델이 지금 인류가 겪고 있는 환경과 질병, 전쟁 등의 문제들을 극복할 수 있을 것이라고 주장한다.

4. 여수 세계박람회와 전략적 국제교류

1) 세일즈/마케팅 측면

세계박람회는 인류가 이룩한 당대 최고의 과학 기술 업적을 모아 일정 기간 동안 전시하는 행사로 세계의 거의 모든 나라들이 참가하여 미래의 전망을 전시하는 자리이다. 이곳에서 모든 나라들은 과학기술 정보를 교환할 수 있다. 특히, 참가국들은 국가 브랜드를 한껏 높일 수 있는 기회를 갖게 된다. 평균 1천만 명에 이르는 세계 각국의 관람객들에게 개최국의 과학기술 수준과 국가 브랜드를 노출시켜서 미래의 소비자들에게 어필한다는 것은 마케팅 측면에서 매우 효과적인 일이 아닐 수 없다. 특히 상업적 비즈니스가 수반되는 첨단 전시 기능 하나가 방문객들의 호기심을 자극하고 박람회장 전체 분위기를 이끌어가기 때문에 이는 매우 중요한 요소인 것이다.

2) 국제문화교류측면

최근 들어 세계박람회에서 문화교류가 차지하는 비중이 커지고 있다. 세계박람회를 경제올림픽이라고 하는데 여기에 문화올림픽이라는 용어가 추가돼 사용되고 있다. 그만큼 문화교류에 대한 관심이 증폭됐다는 증거이다. 구체적으로 살펴보면, 박람회의 개막식과 폐막식은 대규모의 이벤트로 기획돼 그 나라의 문화예술을 총집합해서 보여준다. 그리고 과거와는 달리 참가국들의 문화 프로그램을 별도로 수용해 보여주고 있다. 개최국의 공연이 무대에서 펼쳐질 뿐 아니라 전시장 인근에서 참가국의 공연이 펼쳐지며 문화교류가 이루어진다는 점, 또 심포지엄과 포럼 등의 국제회의에서 세계적인 석학들과 NGO 등의 리더들이 참여하면서 인적 교류가 이루어진다는 점에서 국제교류의 정점을 이룬다. 또한 익명의 시민들이 다양한 문화 이벤트에 참여하는 새로운 흐름을 보여준다.

이제부터는 최근에 개최된 2005 아이치 세계박람회, 2008 사라고사 세계박람회, 그리고 앞으로 2010년에 개최될 상해 세계박람회의 문화교류 프로그램을 살펴보고 특징을 찾아보도록 하겠다.

5. 2005 아이치 세계박람회 문화교류 프로그램 '지구를 사랑하자'

아이치 엑스포는 신 문화이벤트라는 이름 아래 전 세계의 많은 예술가와 창작자들이 하나의 프로그램에서 새로운 가능성을 모색하는 개념으로 기획되었다. 아이치 엑스포의 문화교류 프로그램은 '글로벌 하모니 콘서트', '세계로 보내는 메시지', '시민참여 이벤트' 등으로 이뤄져 있다. '글로벌 하모니 콘서트'는 일본과 세계의 톱 아티스트 연주회로 구성되었으며, '세계로 보내는 메시지'는 국제적인 포럼과 심포지엄, 예술 이벤트, 연극 등 다양한 프로그램으로 이뤄졌다. 또 '시민참여 이벤트'는 전시 존, 대화 존, 체험 존 3개 존으로 구성됐는데 이는 준비 과정에서부터 인터넷을 통해 시민들의 아이디어를 받고, 3만 여명의 자원봉사자가 참여한 시민 참여형 프로그램이라는 점, 엑스포 최초로 시민 참여 이벤트를 벌였다는 점, 그리고 친환경적인 내용으로 기획되었다는 점에서 호평을 받았다. 시민참여형 전시 아이디어는 사라고사와 상하이에서도 반영되어 추진되고 있다.

6. 2008 사라고사 세계박람회 '물과 지속가능한 발전'

2008 사라고사 세계박람회는 개최국 공연, 참가국 공연, 기타 기관 공연 등 3가지 공연 프로그램으로 구성되었다. 개회식에서는 리브로 강 위에서 배와 자연의 조화를 표현한 수상 공연을 펼쳐보였고, 폐회식에서는 박람회 3개월 동안의 활동을 요약하는 이미지를 제시하였다. 박람회 기간

동안 하루 4번씩 특별 공연을 펼쳤으며, 퍼레이드와 6월 여름 축제, 7월 카르멘 축제, 8월 스페인 국경일 축제 등의 매월 축제를 기획하였다. 또 소규모 라이브 공연, 발코니에서 열리는 주제별 공연, 오디토리움 및 사라고사 시에서 열리는 공연 등이 펼쳐졌다. 참가국 공연에서는 박람회의 미적·사상적 현대성을 살리고 박람회의 주제인 '물과 지속가능한 발전'을 담는 공연과 퍼레이드를 기획하였다. 이번 행사를 통해 스페인의 사라고사에서는 총 3,400개의 문화예술 및 교류 프로그램이 진행되었다.

7. 2010 상해 세계박람회 '조화의 도시'

상해는 2010년 세계박람회를 준비하고 있다. 지금까지 드러난 문화행사 관련 내용을 개괄적으로 정리해보면, '참가 국가의 날 행사', '테마 공연', '중국 문화 시리즈', '퍼레이드', '스크린 쇼' 등 크게 5가지 얼개로 준비하고 있음을 알 수 있다. '참가 국가의 날' 행사에서 참가국의 문화예술을 홍보하고, '테마공연'에서는 사라져가는 예술·글로벌패션쇼·어린이 세계 합창단 시리즈 등을 펼칠 계획이다. 또 '중국 문화 시리즈' 행사에서는 소수민족 예술 쇼·중국 지역별 음악극·중국 민요 등의 행사를 준비하고 있다. '퍼레이드'에서는 5천년의 문명·예술·과학·사람 등을 주제로 한 퍼레이드를, '스크린 쇼'에서는 영화 속의 도시·도시 다큐멘터리·플래시 및 카툰 쇼 등의 행사를 기획하고 있다.

이와 같이 상해 세계박람회에서는 참가국들에게 행사와 테마공연을 할 수 있게 하고 나머지는 중국문화를 홍보하는 데에 박람회의 대부분을 할애하고 있다. 여기에는 그동안 세계 시장에서 경제적으로 소외되어왔던 중국이 문화의 힘을 앞세워 새롭게 도약하려는 의도가 반영되어 있다. 이는 중국관의 본 전시 내용을 살펴보면 더욱 잘 드러나 있다.

중국 측에서 제시하고 있는 중국관의 전시 개념은 '영원한 도시(Eternal

City)', '역동적인 도시(Dynamic City)', '혁신적인 도시(Innovative City)', '푸른 도시(Evergreen City)', '살기 좋은 도시(Livable City)' 이다.

이번 2010 상해 세계박람회에서는 '영원한 도시(Eternal City)' 라는 소주제에 걸맞게 '도시의 서사시' 공연을 준비해 박람회 방문객들이 아케이드를 걸으며 양쪽 벽과 천정에서 상영하는 최신 3D 영화를 감상할 수 있게 할 계획이다. 또 '문명의 넝쿨' 공연에서 전 세계의 다양한 문화를 혼합하고 춤, 오페라, 발레, 힙합, 율동 등 다양한 예술 형태의 무대 연출 쇼를 선보이고, '세계의 소리' 행사에서 사라져가는 원주민 언어를 소개하는 등 다양한 행사를 기획하고 있다.

또 '역동적인 도시(Dynamic City)' 라는 소주제 하에 각국의 재화 가격을 알 수 있는 '物價 계산기(Price Calculator)', 100년을 24시간으로 표현한 '24시간으로 표현한 100년(100 Years in 24 Hours)' 애니메이션, 다양한 직업을 가진 사람들의 작업하는 모습을 볼 수 있는 '직업의 벽(Wall of Career)' 등의 행사를 준비하고 있다.

'혁신적인 도시(Innovative City)' 소주제 하에서는 가상 박물관과 실제 박물관이 혼합된 형태를 볼 수 있는 '혁신 박물관(The Innovation Museum)', 만화 '미래 여행(Tour of the Future)' 의 후속편인 '2060년의 소령동(Xiao Ling Tong in 2060)', 궁금점을 게시할 수 있는 '생각 은행(Think Bank)' 행사를 기획하고 있다.

또 '푸른 도시(Evergreen City)' 라는 소주제 하에서는 특수 안경을 통해 타림(Tarim) 사막을 볼 수 있는 '룰란의 부활(Loulan Relived)', 수중극장에서 물방울의 여행 영화인 '물방울의 여행(Journey of a Droplet)', 유기농 재배 사진 전시전인 '신 개념 농법(New Concept Farming)' 등의 행사를 준비하고 있다.

'살기 좋은 도시(Livable City)' 라는 소주제 하에서는 상하이 자매 도시의 공동체 모습을 볼 수 있는 '현재 세계 곳곳의 모습(This Time Here and There)', 친환경적인 미래 인간의 주거지 모델인 '내일의 주거지

(Habitat of Tomorrow)', 신체적으로 장애가 있는 사람들을 위해 설계한 '장애물 없는 세상(A World of No Barriers)' 등의 행사를 기획하고 있다.

상해 세계박람회는 여수세계박람회 직전에 이루어지는 행사라는 점에서 시사점이 많다. 또한 세계박람회의 흐름이 마지막으로 멈추는 상해에서 전시 기능과 공연을 하나로 묶는 새로운 아이디어가 제시되었다. 또 시민참여 프로그램이 더욱 활성화 될 것으로 보인다. 특히 2008년 베이징 올림픽 개·폐막식에서 중화민족의 자존심을 세운 중국은 상해 세계박람회를 통해 야심찬 중화패권주의를 드러낼 가능성이 있다. 따라서 상해 세계박람회는 문화행사를 더욱 강화할 것으로 보인다.

이상으로 세계 박람회와 관련해서 실제로 개최되었거나 현재 준비하고 있는 문화교류의 상황을 살펴보았다. 지금부터는 여수 세계박람회에서 준비하고 있는 문화교류에 대한 제언을 하고자 한다.

8. 여수 세계박람회를 위한 제언(1) : 지역 주민들과 관람객 참여형 문화이벤트

최근에 열리고 있는 세계박람회는 인터넷을 통해 시민들로부터 아이디어를 수용해 문화 행사의 개념을 결정하는 방식으로 진행되고 있다. 따라서 여수 세계박람회에서도 이렇게 소통의 방법을 통해 행사를 준비한다면 지역 시민들의 참여를 이끌 수 있을 뿐 아니라 지역 시민, 관람객에게 새로운 소통의 방법을 제시하고 참여 대상의 영역을 넓힌 특별한 문화 행사로 만들 수 있을 것이다.

앞서 국제교류의 기본적인 방향과 내용에 대해서는 언급한 바 있다. 국제교류의 가장 기본적인 요소는 사람의 교류에서 비롯된다. 해당 지역을 지키고 살아가는 주민들과 그곳을 찾아오는 손님인 관람객들과의 조화로운 만남, 그리고 만남을 통한 관계의 형성, 이를 통한 결과물의 산출이라는 틀을 그대로 세계박람회 문화행사로 옮기면 이것이 바로 미래지향적인 국제교류의 개념이 될 것이다.

새로운 것을 만들어내기 위해서는 많은 노력이 필요하다. 지역 시민들의 참여라는 것은 시민들의 동의와 적극적인 참여가 수반되어야만 가능한 일이다. 시민들의 지지와 참여는 지역사회를 크게 변화시킬 수 있다. 세계박람회 개최일까지 남은 기간 동안 하나의 방향을 공동으로 설정하고 좋은 결과를 위해 노력할 필요가 있다. 시민이 참여하는 국제교류 행사는 시민들의 의식을 자발적으로 변화시키는 계기가 될 것이다. 그리고 이번 행사를 통해 여수는 도시의 국제화를 자연스럽게 도모할 수 있게 된다.

세계박람회는 경제올림픽이라고 알려져 있지만 최근 들어 문화가 강조되고 있다는 사실을 볼 때, 박람회 기간 동안 여수 시민과 관람객이 함께 참여하는 미래지향적인 이벤트를 준비한다면 준비 과정과 행사 기간을 막론하고 많은 감동적인 결과물들을 산출해 낼 수 있을 것이라고 본다. 문화교류의 역량을 키우기 위해서는 외부 전문가의 참여가 필수적이지만 국제교류를 통해 남는 것은 인적 네트워크와 도시의 이미지 제고라는 점에서 시민들의 참여는 그 자체로도 좋은 결과를 얻을 수 있을 것이다.

9. 여수 세계박람회를 위한 제언 (2) : 여수다운 마케팅 기획

그동안 세계박람회에서 문화행사는 부수적인 볼거리에 불과했다. 그러나 문화에 관한 관심이 증대되면서 문화행사 쪽에 무게가 실리기 시작했고, 이제는 문화행사를 어떻게 구성할 것인가, 어떤 놀라운 이벤트를 등장시킬 것인가를 비밀리에 부치는 등 이를 신비주의화 하는 전략이 펼쳐지고 있다. 부수적인 볼거리가 주된 또 하나의 볼거리로 탈바꿈되고 있는 것이다.

문화행사는 공연자뿐만 아니라 보는 사람의 즐거움도 만족시켜야 감동이 배가 된다. 또한 주최자의 의도가 행사에 잘 녹아들어야 의도를 정확하게 전달할 수 있다. 여수는 여수지역의 역사와 독특한 문화예술을 담을 수 있는 이벤트를 준비해야 한다. 여수가 단순히 세계박람회 개최국에 머물러서는 안 되고, 여수다운 마케팅을 문화 행사 속에 잘 깃들여야 여수라는 브랜드의 가치를 높일 수 있다.

2000년대에 아시아 전역에 불기 시작한 한류 역시 상당한 관광객을 모을 수 있는 좋은 이벤트이다. 중국, 일본, 홍콩, 동남아 등 지역적으로 근접한 국가들을 목표로 한류 관련 이벤트를 펼치면 의미 있는 결과를 낳을 수 있다.

저개발국이 세계박람회에 참가할 경우 재정이 빈약하여 대규모 공연이나 퍼레이드를 펼치기 어렵다. 여수 시민들이 자발적으로 이들을 돕는다면 쉽게 그들과 친근해질 수 있고 문화 교류가 더욱 쉽게 이루어질 수 있을 것이다.

세계박람회가 세계에서 가장 큰 전시회이자, 국제교류 행사라는 사실을 지역에서 간과해서는 안 된다. 이미 언급한 바 있지만 국제 전시·회의는 앞으로 큰 가능성을 가진 산업이다. 때문에 여수는 세계박람회를 전시·회의 전문가를 양성하는 계기로 삼아야 한다. 지역의 대학에서도 이를 적극적으로 활용해야 한다.

10. 여수 세계박람회를 위한 제언 (3) : 여수의 상상력이 세계를 감동시킨다.

세계박람회 기간 동안 문화행사가 낮에만 펼쳐지는 것은 아니다. 2005년 아이치 세계박람회의 경우, 행사장이 나고야 시내에서 멀리 떨어져 있어 관람객들이 야간 문화행사에 참여하기가 어려웠다. 반면 사라고사 세계박람회의 경우에는 주거지 주변을 잘 활용했기 때문에 야간 공연이 가능했다.

때로는 양적으로 많은 문화행사가 관람객들에게 감동을 줄 수 있지만, 그보다는 특별한 이벤트를 하나라도 잘 준비하는 것이 매우 중요하다. 수많은 문화행사 중에서 관람객들이 기억하는 행사는 소수에 불과하다.

또한 관람객들은 뿌리가 깊은 역사 이야기와 아름다운 자연 경관, 그리고 최첨단의 과학 기술이 조화를 이루어내는 볼거리에 만족한다. 내가 아는 여수는 모든 것을 갖춘 도시이다. 여기에 여수 시민의 친절함과 따뜻한 마음까지 더해지면 최상의 이벤트를 준비할 수 있을 것이다.

여수 시민들과 대학에서 주관하는 다양한 국제회의, 관람객과 함께 어우러지는 이벤트, 아름다운 밤바다를 배경으로 한 수면 무대와 첨단의 레이저가 장식하는 여수의 모습은 상상만으로도 즐거운 일임이 분명하다.

해양관광

여수세계박람회 연계 관광개발 전략 _ 강신겸

전남지역 해양관광자원의 특징과 활성화 방안 _ 김 준

여수세계박람회 연계 관광개발 전략

강신겸 | 전남대 교수

지난 9월 25일 발표된 여수세계박람회 기본계획안 발표를 계기로 여수세계박람회에 대한 관심과 기대가 한층 높아지고 있다. 여수세계박람회는 2012년 5월부터 3개월 동안 80여 개국이 참여한 가운데 개최될 예정이다. 여수세계박람회는 '살아있는 바다 숨 쉬는 연안(The Living Ocean and Coast)' 을 주제로 바다와 연안의 보존을 위한 인류 공동노력의 필요성을 인식하고 논의한다.

지난 9월 25일 발표된 기본계획(안)에 따르면 다도해를 무대로 하는 여수의 공간적 여건과 잠재력을 바탕으로 Blue ECOpolis(신해양산업기술단지)를 조성할 계획이다. 박람회장 주요 시설로는 전남 여수시 오동도 신항 일대 174만m²(전시25만m²·지원149만m²)에는 핵심 시설로 '바다전시장' (수면적 9만m²), '다도해공원' (2만3000m²), '엑스포가로' (길이 600m)가 들어설 계획이다. 박람회장 주요 전시시설로는 한국관(8700m²)·주제관(1만400m²)·부제관(1만1200m²)·국가관(7만1700m²)·국제기구관(5600m²)·기업관(1만6400m²)·아쿠아리움(1만8000m²)이 있다. 바다 자체를 하나의 큰 전시 공간으로 활용하는 '바다전시장' 은 둘레 1㎞, 수심 5~10m의 거대한 해저 수족관으로, 터널을 이용해 바다 생태계를 관찰하는 폭 3m, 길이 300m의 '바닷길' 과 '인공 수족관' 을 갖출 예정이다.

이처럼 바다와 연안을 주제로 한다는 점에서 그리고 관람객수가 총 795만 명에 이를 것으로 예상되는 대형 국제행사라는 점에서 이와 연계한 관광개발에 대한 관심이 높아지고 있다. 여수세계박람회 개최를 계기로 광역인프라와 관광시설을 확충하고 여수를 포함한 남해안 지역을 매력적인 관광목적지로 홍보함으로써 국제적인 관광명소로 성장시킬 것으로 기대되기 때문이다. 유치단계에서부터 여수세계박람회는 여수를 중심으로 한 남해안을 동북아시아의 해양관광 중심으로 육성하기 위한 국가적인 프로젝트로 제안되었다(이건철, 2008). 남해안이 보유한 다양하고 풍부한 해양 생태·문화자원을 활용하여 해양관광개발전략을 추진하여 내국인은 물론 외국인관광객을 유치하자는 것이다.

그러나 세계박람회를 연계하여 지역 관광자원을 개발하고 관광산업을 육성시켜야 한다는 당위성에도 불구하고 구체적인 개발 목표와 전략, 시스템과 콘텐츠에 대한 논의는 미흡한 실정이다. 세계박람회 개최로 인한 긍정적인 파급효과만 제시되어 막연히 기대감만 높아진 측면도 없지 않다. 일반적으로 관광개발은 긍정적인 효과와 함께 부정적인 영향을 반드시 동반하게 된다. 엄밀히 말하자면 세계박람회는 3개월이라는 비교적 장기간 개최되기는 하지만 역시 반짝 이벤트일 뿐이다. 관광객과 세계인의 관심은 단지 3개월에 집중될 수밖에 없다.

문제는 세계박람회 개최를 연계하여 준비과정(pre-expo)과 개최이후 과정(post-expo)에서 관광목적지(tourism destination)로서 이미지를 어떻게 창출 할 것이며, 부가가치가 높은 관광 상품을 개발하여 방문객 만족과 지역발전이라는 두 마리 토끼를 어떻게 잡을 것인가? 에 달려 있다. 관광은 서비스산업인 동시에 장치산업이며, 여러 요소가 조화를 이루어야 하는 시스템산업의 특성을 지니고 있다. 세계박람회 기간 동안 관광객 유치와 수용은 물론 개최 이후 지속적으로 관광객을 유치할만한 전략적 고민이 필요한 이유이다. 일차적인 목표는 물론 성공적인 세계박람회의 개최이지만 그 자체만으로 기대하는 것처럼 지역의 새로운 성장동력으로 관광산업을 자리매김 하기 어려울 것이다. 따라서 엑스포 개최 효과를 지역 관광개발 및 관광산업육성과 지속가능하게 연계할 수 있는 전략이 모색될 필요가 있다.

본 원고에서는 전남 관광자원의 특징과 관광산업의 현황과 문제점, 세계박람회가 지역관광산업에 미치는 효과를 살펴보고, 이를 바탕으로 세계박람회를 연계한 관광개발 전략을 제안하고자 한다.

1. 전남 관광자원 및 관광산업 현황

1) 전남 관광자원의 특징

전남은 풍부한 자연, 문화관광자원을 보유하고 있다. 첫째, 풍부한 자연자원이다. 전라남도의 자연관광자원으로는 국립공원은 5개소로 전국의 25%를 차지하고 있으며 면적으로도 전체의 39.2%로 가장 많은 면적이 지정되어 있다. 도립공원은 4개가 있으며, 산림휴양시설로는 자연휴양림 10개소, 산림욕장 7개소, 수목원 1개소가 있다. 무엇보다 전라남도는 6,418.2㎞에 이르는 해안선을 끼고 있어 풍부한 해양관광자원을 보유하고 있다. 리아스식 해안, 얕은 수심, 넓은 갯벌, 수많은 연안도서 등으로 이루어져 있으며 총 1,967개(유인도280, 무인도 1,687)로 그 자체가 관광자원이다. 해안선을 따라 총 49개소의 해수욕장이 분포하고 있으며 갯벌 면적은 1,054㎢로 전국 2,393㎢의 44%를 차지하고 있을 정도로 풍부하다. 그러나 자연자원중심의 관광은 계절성 극복이 어렵고 환경훼손이 우려되는 등 단점이 있다.

둘째, 풍요로운 생활문화이다. 전라남도에는 282개의 국가지정 문화재, 455개의 지방지정문화재, 197개의 문화재자료 등 총 934점의 풍부한 문화재를 보유하고 있다. 백양사, 화엄사, 송광사 등 연간방문객이 10만명 이상인 사찰만 9개소에 이를 정도로 사찰관광자원 또한 풍부하다. 2000년 세계문화유산으로 등재된 전남 화순 고인돌군(群)을 비롯해 전국에 분포한 2만 6천여기의 고인돌 중 전라남도에만 약 2만 여기가 분포하고 있어 세계에서 가장 높은 고인돌 밀집지역으로 알려져 있다.

이 같은 지정문화재와는 별도로 지금까지 관광자원으로 주목받지 못했으나 전라남도 관광자원의 가장 큰 특징으로 주목받고 있는 것이 바로 생활관광자원이다. 남도의 다채로운 지역별 음식과 신선한 농특산물, 그리고 남도 특유의 사투리와 인정, 아직도 남아 있는 민속과 풍속, 진도아리랑을 비롯한 소리, 크고 작은 축제와 행사 등은 잠재력있는 관광자원이다.

셋째, 활발한 관광상품화 노력이다. 이러한 훌륭한 관광자원을 관광상품으로 개발하기 위하여 도로, 항만, 호텔 등 인프라 구축에 지속적으로 투자하고 있으나 열악한 재정 형편상 재원조달에 어려움을 겪고 있는 실정이다. 그럼에도 주5일 근무제 확산으로 가족단위 여행객의 증가 등 다양한 관광수요에 대비 계절별·테마별 관광상품을 개발하여 여행업체와 각계 전문가를 초청 팸투어를 실시하는 등 적극적인 관광객 유치 활동을 전개하고 있어 그 성과가 주목된다.

최근 순천만, 보성 차밭, 담양 죽록원 등이 관광명소로 자리를 잡아가고 있다. 전라남도도내 22개 시·군에서 46개 축제가 개최되는 등 축제와 이벤트를 통해 관광객을 유치하려는 노력도 활발하다. 일부 축제의 경우 아직도 정체성이 부족한 측면도 없지 않으나 축제 프로그램 운영에 있어서는 단순한 축제행사에서 벗어나 전통 문화체험 등 관광객 참여축제로 발전하고 있어 전체적으로 경쟁력 있고 관광 상품성을 갖춘 축제로 자리잡고 있는 것으로 평가된다.

2) 전남 관광산업의 현황

첫째, 취약한 관광인프라이다. 전라남도는 관광산업의 필수인프라이자 상품인 숙박시설이 다른 지역에 비해 매우 영세하고 부족한 상태이다. 전남지역의 총 관광호텔은 29개업체 1600개의 객실을 보유하고 있으며, 이 가운데 특1급은 1개(118실), 특2급은 1개(58실), 1등급 8개(541실) 2등급 6개 업체(238실)이다. 기타 숙박시설로는 가족호텔이 2개소, 휴양콘도미니엄이 3개소로서 가족중심관광 및 대규모 관광객 수용에 매우 불리한 실정

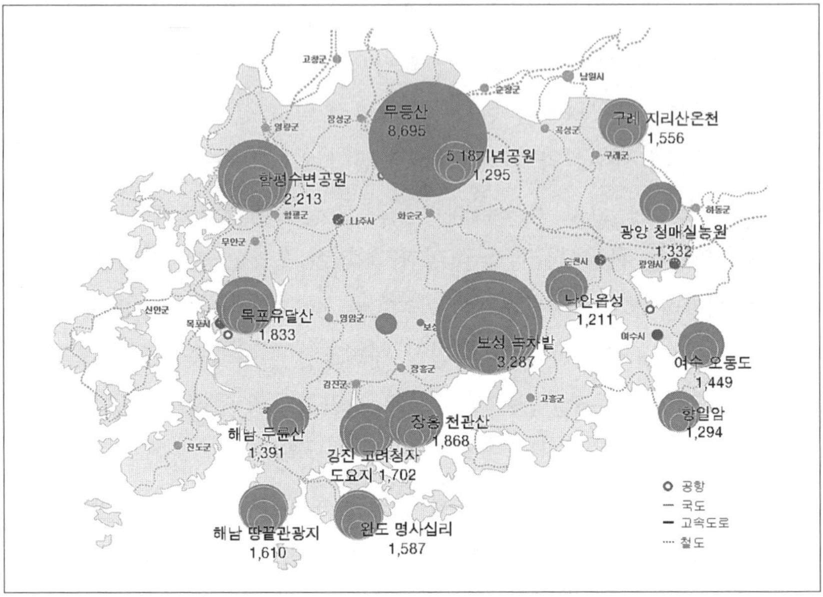

〈그림 1〉 전라남도 주요 관광지별 방문현황

이다. 이 때문에 아직 관광시장이 충분히 형성되지 못하였다.

관광객 이용·편의시설 또한 전라남도에는 국내외 관광객을 적극적으로 수용할 수 있는 이용시설이 부족한 상태이다. 전문휴양업은 금호화순온천에 1개가 지정되어 있으며, 외국인 전용 유흥음식점업(2개소), 관광유람선업(2개소), 관광식당업(22개소), 관광유흥음식점업(9개소) 지정되어 있다. 관광경쟁력을 갖추기 위해 관광숙박시설 및 거점 관광시설·관광지 개발, 관광교통체계 구축이 필요하다.

2) 전라남도 주요 관광지별 방문현황

둘째, 명소중심의 관광패턴이다. 2007년 전남도내 주요 관광지별 방문현황을 보면 가장 많은 방문객이 찾는 곳은 무등산이나 이는 역외 관광객의 방문보다는 도시근교에 위치하여 광주 시민들이 다수 찾는 다는 점에서 제외하면, 역시 보성 녹차밭이 328만명으로 가장 각광받는 관광지임을 알 수 있다. 기타 많은 관광객이 방문한 명소로는 나비축제가 개최되는 함평, 청자축제가 개최되는 강진 고려청자 도요지가 있으며, 땅끝관광지, 완도 명사십리, 구례 지리산 온천 등이 있다(자료는 한국문화관광연구원 관광지식정보시스템 http://www.tour.go.kr). 함평나비축제, 강진청자축제 등 지역축제를 통한 관광객유치가 어느 정도 성과를 보이고 있으며, 명소중심의 관광패턴은 전라남도 관광의 또 다른 특징이라고 할 수 있다. 축제중심의 집객은 일시적일 수밖에 없으며, 명소중심의 관광패턴으로는 체재형 관광이 어렵다는 점을 의미한다.

셋째, 관광시스템 경쟁력이 부족하다. 관광은 시스템 산업이다. 관광시장, 관광교통, 관광대상, 관광기업, 관광행정 등 다양한 요소와 이해관계자(stakeholder)들이 연속적, 기능적으로 상호의존관계를 통하여 발생하는 하나의 체계(system)이다. 관광시스템 모형에 따라 전라남도 관광산업을 분석해 보면 다음과 같다. 먼저 인구 즉, 시장(market) 측면에서 역내시장 규모가 적고 수도권 등 주요 관광배출지역과 거리가 상대적으로 멀다. 향후 고속교통망이 확충되더라도 물리적 거리보다는 '멀게 느껴지는' 심리적 거리는 여전히 존재할 가능성은 있다. 셋째 관광대상(attraction)인 자원과 상품, 시설 등은 여전히 부족하며 정비·확충될 필요가 있다. 넷째, 관광서비스(service) 측면에서는 남도 특유의 정에 주목하고 있지만 서비스 질과 기업가정신(entrepreneurship)은 높지 않은 실정이다. 마지막으로 마케팅(marketing)측면에서는 행정부문에서 주도하고 있으며, 민간기업과 사업자들의 참여는 미흡한 수준으로 평가할 수 있다.

2. 지역관광과 엑스포 개최 효과

1) 지역 이미지의 제고

여수세계박람회 개최를 계기로 지역의 인지도와 지명도를 세계에 알려 국제도시로서 위상을 확보할 수 있다. 2012여수세계박람회의 예상 관람객수는 총 795만 명으로 예상하고 있다. 이 같은 직접적인 방문이외에도 전 세계 언론을 통해 엑스포 관련 소식이 전해지면서 간접적인 홍보효과를 기대할 수 있다. 올림픽의 경우 전 세계인들의 약 90%가 시청하는 등 홍보효과가 큰 세계 최대의 스포츠 이벤트이다. 시청률 조사업체인 닐슨미디어리서치에 따르면 2004년 아테네올림픽에는 220개국에서 36억 명이 TV를 시청하였고, 2008년 베이징올림픽에서는 47억 명이 경기를 시청한 바 있다.

세계박람회에 전 세계의 이목이 집중되는 만큼 개최지의 존재와 자원, 문화를 세계에 알려 지명도와 이미지제고에 크게 기여할 수 있으며, 나아가 지역경제 활성화에 기여할 수 있다. 세계박람회가 지역경제를 획기적으로 발전시킨 대표적 사례는 1998년 포르투갈 리스본 엑스포다. '바다-미래를 위한 유산(Oceans-A Heritage for the Future)'을 주제로 열린 당시 엑스포는 폐유저장소와 쓰레기단지였던 리스본 지역을 최첨단 상업단지, 관공서 단지로 탈바꿈시켰다. 1995년 일본 스쿠바 엑스포 역시 개최지를 첨단 과학단지로 발전시켰고, 세계적 랜드마크 에펠탑은 1889년 프랑스 파리 엑스포의 산물이다.

개최도시들은 도시마케팅의 일환으로 국제 이벤트를 활용하고 있다. 일반적으로 이벤트 기간중 개최도시는 특정 이미지와 테마를 강조하고 전달한다. 프랑스가 문화·예술 중심국가로 세계인들에게 각인되는 데 '엑스포'의 역할이 컸다. 일본이 1970년 오사카 박람회에서 하이테크 산업을 집중적으로 전시해 패전국 이미지를 벗고 국제사회에서 선진국으로 인정받게 된 것도 같은 예다. 올림픽 같은 스포츠 이벤트도 마찬가지이다.

1964년 동경 올림픽은 전후 황폐에서 일본의 재생, 1990년 북경아시안게임 개최는 천안문사태의 어두운 이미지를 해소하는 데 이용한 바 있다(한창수외, 2007).

뿐만 아니라 기업과 관광객을 끌어들이기 위해 도시의 새로운 브랜드를 창출하기도 한다. 2000년 시드니올림픽은 쓰레기매립장이던 홈부시베이(Homebushbay)에 친환경공법으로 올림픽파크를 건설하여 세계적인 '환경도시' 로서 시드니를 홍보하였으며, 2008 베이징올림픽은 과학올림픽 녹색올림픽과 함께 베이징올림픽의 3대 테마로 '인문(人文) 올림픽' 을 내걸며 문화를 강조했다. 이는 문화올림픽을 통해 싸구려 저급 제품을 수출하는 국가 이미지에서 탈피하겠다는 것이었다.

2) 지역관광 인프라 확충

국제행사에서 주요 수익원으로 활용될 수 있는 분야가 관광산업이다. 한국해양수산개발원(KMI)에 따르면 2012년 여수세계박람회 유치가 확정될 경우 국내 생산유발 효과는 10조 294억원에 이르고 4조원의 부가가치와 8만8946명의 고용이 창출될 것으로 전망된다(여수엑스포조직위원회, 2007). 엑스포조직위. 엑스포는 올림픽, 월드컵과 함께 세계 3대 이벤트로 꼽히는 대규모 국제행사다. 올림픽이나 월드컵이 스포츠 장르에 국한되는 반면, 엑스포는 경제·사회·정치·문화를 총망라한다는 점에서 규모가 다르다. 엑스포를 '경제 올림픽' '경제 월드컵' 등에 비유하는 이유도 이와 무관치 않다.

세계박람회는 지역 관광인프라를 획기적으로 확충하는 계기가 된다. 도시의 미관이 개선되고 자연친화적인 공간이 조성될 뿐만 아니라 관광활동에 필요한 기본시설이 증가하게 된다. 행사상 선설뿐만 아니라 호텔과 관광지, 문화공간, 컨벤션시설, 공원 등이 함께 개발되어 관광객과 시민들의 여가공간으로 활용된다. 기반시설은 도로, 공항 등 사회간접자본(infrastructure)과 호텔, 관광지와 같은 관광기반시설(supra structure)

확충으로 구분할 수 있다.

여수세계박람회 개최를 계기로 공항, 항만, 고속철도, 고속도로, 연륙·연도교 등 각종 인프라의 대대적인 확충으로 관광루트의 획기적인 변화가 예상된다. 여수공항 확장, 전라선(익산~순천~여수) 복선전철화, 여수~고흥 연륙·연도교 전주~광양간 고속도로, 목포~광양간 고속도로 등 박람회 개최전인 2011년까지 관련 SOC가 완공될 예정이다. 이렇게 되면 수도권, 영남권에서의 접근성이 개선되고 역내 관광객 이동도 원활해질 전망이다.

SOC이외에 리조트, 호텔, 펜션단지 등 관광기반시설을 확충함으로써 국제적인 관광목적지에 걸 맞는 관광자원과 시설, 공간이 정비될 전망이다. 여수지역에는 세계박람회를 앞두고 관광호텔 1,768실, 가족호텔/콘도미니엄 1,358실 등 총 26,575개의 객실이 2012년까지 공급될 예정이다. 이외에도 크루즈터미널과 크루즈선박, 아쿠아리움, 해중전망탑 등 다양한 해양관련 관광시설(attraction)이 들어설 전망이다.

아이치엑스포의 경우 나고야(名古屋) 지역발전과 인프라 구축에 크게 기여했다. 아이치엑스포의 개막에 맞추어 중부국제공항이 개항했고, 이어서 도카이순환고속도로, 이세완간고속도로, 히가시메이한고속도로, 나고야고속도카이선 등 주요 간선 고속도로가 확충되었으며, 나고야지하철, 철도망 등도 재정비되는 등 각종 인프라가 크게 개선되었다.엑스포를 전후한 인프라 재정비는 나고야지역 관광산업 뿐만 아니라 제조업 관련 산업이 더욱 더 성장할 수 있는 잠재능력이 확대되었다는 점에서 큰 의미를 갖고 있다.

엑스포와 같은 국제행사는 그 자체로 하나의 관광상품인 동시에 개최지역은 관광목적지로 주목받게 된다. 국제행사를 통해 형성된 긍정적인 지역의 이미지와 인지도, 대대적인 관광기반시설의 확충은 지역관광산업의 성장으로 이어진다. 1992년 올림픽을 개최한 스페인의 항구도시 바르셀로나는 관광도시로 재정비되면서 파리, 로마와 함께 유럽 5대 관광도시로 성장했다. 관광객수는 1991년 170만 명에서 2001년 500만 명으로 증가한 바 있다(한창수외, 2007). 아이치엑스포의 경우도 개막전 목표 입장객수 1,500만 명을 크게 웃도는 2,200만 명 이상이 엑스포를 방문하는 등, 나고야 지역에 대한 국제적인 인지도와 관심이 급속도로 높아진 것으로 평가받고 있다.

3) 주민의식의 글로벌화 촉진

대형 국제이벤트는 개최도시를 세계로 뻗어 나가게 하는 전환점이다. 선진국일수록 이벤트의 유치 주체가 국가주도형에서 지역사회주도형으로 변화하며 지방이 세계의 중심으로 등장하고 있다. 1988년 서울올림픽은 국가차원에서 유치했다면, 2002년 한일월드컵은 개최지가 전국으로 확대되었고, 부산아시안게임은 지자체가 주도적인 역할을 담당한 경우이다. 특히 여수세계박람회는 지방의 중소도시로서는 처음으로 대규모 국제행사를 유치한 사례이기도 하다.

이처럼 지역의 특성을 살리면서 동시에 세계화를 실천하는 세방화(glocalization)가 확산되고 있다. 아시안게임을 성공적으로 치른 부산은 '한국 제2도시' 가 아니라 당당한 세계도시로 도약하기 위해 2003년부터 '세계도시 부산' 을 기치로 국제화 전략을 추진 중에 있다. 부산국제영화제를 비롯하여 2005부산APEC(아시아태평양경제협력체) 정상회의, 2008년 세계사회체육대회 등 지속적으로 국제행사를 개최하고 있다. 아시안게임을 유치한 인천의 궁극적 목표도 '세계 10대도시' 로 도약하는 것이다.

상대적으로 낙후된 지방도시가 대규모 국제행사를 유치함으로써 국토균형발전을 실현하게 된다. 대구, 여수 등 지역이 국제대회에 심혈을 기울이는 것도 침체일로에 있는 지역경제를 살리기 위한 전략의 일환이다. 여수세계박람회 개최를 계기로 고속철도, 고속도로 건설, 도시 인프라의 개선으로 지역경제가 활성화될 수 있는 전기가 마련될 전망이다. 스포츠이벤트를 계기로 인적, 물적, 정보, 자본이 유입되고 교류가 활성화되면서 자연스럽게 지역의 기술과 문화수준이 향상될 수 있다. 지역마케팅을 본격화하여 개선된 지역이미지를 비즈니스로 연결하여 지역별로 특색있는 상품과 이벤트를 발굴하는 등 새로운 시장을 창출할 수 있다.

행사 개최로 형성된 지역주민의 관심은 지역사회의 일체감과 연대의식을 높여 지역발전에 긍정적으로 작용한다. '한국' 을 벗어나 '세계' 를 지향하는 글로벌마인드가 정착되면서 국제교류 및 친선활동이 활성화된다. 행사 개최과정에서 다양한 조직과 기구가 구성되면서 지역사회의 역량과 노하우가 조직화될 수 있다. 아이치엑스포의 성공비결도 준비기간부터 시민을 행사 주역으로 한 전략이었다. 엑스포 현장에서 활동한 시민단체만 하더라도 무려 235개다.

엑스포와 같은 국제행사를 계기로 지역사회의 호응과 일체감이 조성되고 지역의 자신감과 자긍심을 고취시키는 등 지역민 의식 고양의 전기가 마련된다. 아이치엑스포의 경우 폐쇄적이기로 유명하던 나고야 지역 사람들도 개방적으로 변화하는 계기가 되었다. 대표적인 사례로서 외부지역 백화점으로는 처음으로 나고야에 개점한 JR 나고야 다까시마야는 주위의 예상을 깨고 성공적으로 정착했다.

3. 엑스포 연계 관광개발 전략

1) 대형이벤트 개최 효과의 극대화

전라남도 관광자원과 관광산업의 고민은 관광인프라 부족이지만 더 큰 고민은 관광시장이 본격적으로 형성되어 있지 못하다는 점이다. 이러한 고민을 동시에 해결하기 위해서는 여수세계박람회와 같은 대형이벤트를 통해 관광목적지로서 이미지를 알리며 집객하고 중앙정부와 민간의 투자속에 관련인프라를 확충하는 전략이 필요하다. 그런 의미에서 전라남도와 남해안 지역은 2012년 여수세계박람회 유치로 지역 관광산업 발전의 새

로운 轉機가 될 것이며, 앞으로도 대형 이벤트의 지속적인 발굴과 유치가 요구된다.

여수세계박람회의 경우 개최로 인해 생산유발효과 10조원, 부가가치 효과 5조원 등 막대한 경제적 효과를 유발할 것으로 기대하고 있다(한국해양수산개발원(KMI) 추정). 지역적으로는 여수 등 남해안 일대가 해양레저, 관광의 중심지로 개발되는 여건을 조성하여 국토의 균형발전에도 크게 기여할 것으로 전망된다.

2012여수세계박람회의 예상 관람객수는 총 795만 명으로 예상하고 있다. 여수세계박람회실사. BIE 규정에 따른 최대 기간(3개월) 동안 개최할 경우 일평균 8만 5천명이 박람회장을 방문할 것으로 전망하고 있다(여수엑스포조직위원회, 2007). 매력적인 관광목적지로서 마케팅은 물론 광역인프라와 항만, 철도, 공항 등 인프라 확충, 리조트, 호텔, 관광지 등 관광시설 확충으로 개최 후에도 국제적인 관광명소로 발돋움할 기반을 마련해야 할 것이다. 문제는 국가적 차원의 프로젝트인 만큼 효율적인 집행과 파급효과는 물론 계획단계부터 모든 시설의 사후활용방안을 염두에 두고 추진해야 한다. 대전엑스포나 하노버엑스포처럼 과잉투자로 인해 사후 활용되지 못하고 오히려 지역발전의 부담으로 돌아온 사례를 반면교사로 삼아야 한다.

이처럼 국제행사는 지역 관광산업이 한 단계 업그레이드하는 계기이며 크게 두 가지 측면에서 전략적 고민이 필요하다. 첫째는 대형행사 개최시 원활한 행사진행과 관광객 유치 및 수용태세 확립을 위한 관광부문의 전략이며, 둘째는 행사 개최이후 후광효과를 이용하여 지속적으로 관광객을 유치하여 전남지역 전체의 관광산업 발전을 도모하기 위한 전략이 필요하다.

원활한 행사진행을 위해 부족한 숙박 인프라 구축과 연계관광상품, 지역축제 등을 연계할 필요가 있다. 숙박인프라는 엑스포 개최기간에 단기적으로 많은 방문객을 수용하기 위해서는 꼭 필요하지만 행사가 끝난 이후 과잉공급될 여지가 있으므로, 리조트와 호텔 등 민간투자를 확보하면서 동시에 공공숙박시설, 홈스테이, 캠핑장 등 한시적으로 공급을 확대하는 전략이 필요하다. 종사자 숙소는 여수시 도시개발과 연계하여 아파트 단지로 개발하고 박람회 이후 분양하도록 한다. 숙박시설은 1차 권역과 2차 권역으로 구분하여 여수권뿐만 아니라 향후 관광수요를 고려하여 연계 가능한 남해안권 일대에 숙박시설을 분산 개발할 필요가 있다. 엑스포방문객을 지역내 관광지로 파급시키기 위해서는 엑스포가 개최되는 5월과 8월 사이에 연계가능한 축제와 각종 관광콘텐츠 및 상품 개발이 요구된다.

박람회를 성공적으로 개최하기 위해서는 시민과 민간부문 공감대와 적극적인 참여가 중요하다. 다양한 시민참여 프로그램을 개발하여 자원봉사 기회를 제공하고, 사업차원에서도 박람회와 연계할 수 있도록 지원하는 등 소득 증대 및 고용창출에 실질적으로 도움을 줄 수 있도록 계획한다.

2) 국제적인 관광목적지로서 새로운 공간구조 창출

여수세계박람회 개최를 계기로 남해안지역은 새로운 관광지 공간구조(spatial structure)를 구상하여 국제적인 관광목적지로 개발할 필요가 있다. 엑스포는 행정구역을 초월하여 인근지역과 연계한 남해안 지역 광역발전전략으로 활용해야 한다. 여수세계박람회이후 공항, 항만, 고속철도, 고속도로, 연륙·연도교 등 각종 인프라의 대대적인 확충으로 관광루트의 획기적인 변화가 예상된다. 여수공항 확장, 전라선(익산~순천~여수) 복선전철화, 여수~고흥 연륙·연도교 전주~광양간 고속도로, 목포~광양간 고속도로 등 박람회 개최전인 2011년까지 관련 SOC가 완공될 예정이다. 이렇게 되면 수도권, 영남권에서의 접근성이 개선되고 역내 관광객 이동도 원활해질 전망이다.

SOC이외에 리조트, 호텔, 펜션단지 등 관광기반시설을 확충함으로써 국제적인 관광목적지에 걸맞는 관광자원과 시설, 공간으로 정비해야 한다. 여수지역에는 엑스포를 앞두고 관광호텔 1,768실, 가족호텔/콘도미니엄 1,358실 등 총 26,575개의 객실이 2012년까지 공급될 예정이다(여수엑스포조직위원회, 2007). 이렇게 되면 광양·구례 등 섬진강 권역과 여수

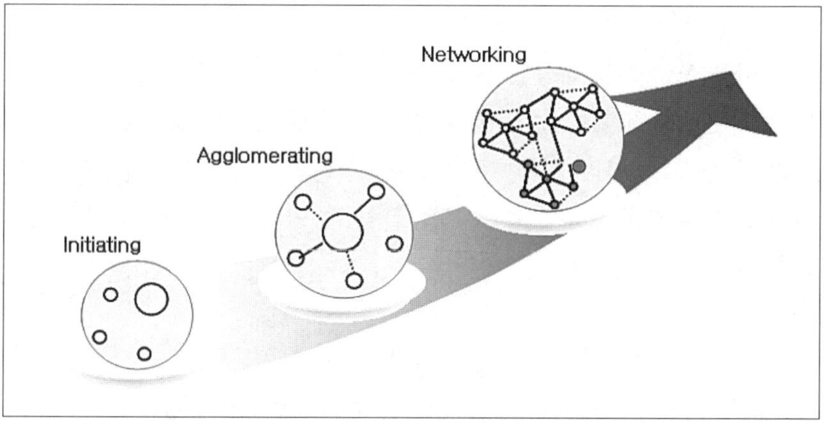

와 고흥, 순천만, 보성을 잇는 전남 동부지역이 관광벨트로 부상할 수 있으며, 나아가 하동, 남해, 진주, 통영으로 이어지는 남해안 전체를 광역관광권으로 설정할 수 있다.

이처럼 관광기반시설이 확충되면 지역간 관광객 이동이 보다 원활해질 전망이다. 따라서 전라남도 나아가 남해안 지역 전체를 놓고 현재의 "명소 중심의 단절 구조"에서 "네트워크 구조"로 관광지 공간체계를 재편할 필요가 있다. 명소(点) 중심에서 권역(面)으로, 지역 전체(空間)로 확대하는 개념이다. 관광명소들을 네트워크형 구조로 설정하고 관광객의 이동(flow)을 고려하여 각 결절점(node)에 매력물(attraction)을 개발해 나가야 한다. 국제관광시장과 여수를 이어주는 게이트웨이(gateway)는 무안국제공항과 김해국제공항이다. 따라서 이들 공항과 여수를 잇는 경로상에 다양한 관광명소와 상품을 개발할 필요가 있다. 이를 위해서는 전남과 경남을 잇는 SOC확충이 필요하며, 각 지자체의 관광개발이 이러한 전체적인 네트워크 속에서 조화를 이루는 것이 중요하다.

여수세계박람회와 관련하여 여수권은 단순히 관광지 개발이 아니라 도시 전체를 지속가능한 해양생태관광도시 모델로 개발해 나갈 필요가 있다. 즉, 박람회장을 현재의 박람회장에 한정시키지 말고 여수권 전체가 거대한 박람회장이란 관점에서 관광개발전략을 짜야 한다. 따라서 박람회장이나 특정관광(단)지만이 관광개발의 대상이 아니다. 우리가 정주하는 도시와 마을 그 자체도 훌륭한 관광목적지가 될 수 있으며, 산업시설 및 활동 등도 관광자원화 할 수 있어야 한다. 이와 함께 여수가 남해안 관광벨트의 거점도시로 자리매김하기 위해 해양컨벤션센터, 해양생태공원, 아쿠아리움, 크루즈항 등 여수의 특성을 살릴 수 있는 관련인프라와 시스템, 콘텐츠를 정비해야 한다.

3) 관광산업의 시스템 경쟁력 강화

대형 이벤트를 개최를 계기로 전라남도 관광산업의 시스템경쟁력을 한

단계 업그레이드해야 한다. 관광산업은 숙박업, 음식업, 교통업, 여행업, 항공업, 국제회의업 등 다양한 업종과 이해관계자가 조화를 이루어야 가능한 시스템 산업이다(강신겸 2008b). 현재 전라남도는 단순히 관광지 또는 상품이 부족한 측면 뿐만 아니라 국제 관광목적지로서 낮은 인지도, 부족한 관광인프라, 미비한 관광시스템, 미흡한 관광서비스 수준이 문제이다.

장기적으로 단순한 볼거리 개발이 아닌 관광시스템을 구축하여 지속가능한 경쟁력을 확보하는 것이 관건이다. 관광은 관광시장, 관광교통, 관광대상, 관광기업, 관광행정 등 다섯 가지 요소들이 연속적, 기능적으로 상호의존관계 속에서 작동하는 하나의 체계(system)이다(심원섭, 2004). 구체적으로 관광대상(attraction)개발, 새로운 시장 및 수요의 개발, 지역사회의 문화 및 관광기업의 기업가 정신, 민관의 협력적 리더십, 관광서비스, 정보 및 홍보·마케팅 등 다양한 요소의 균형있는 발전이 중요하다. 일반적으로 볼거리에 해당되는 관광대상 또는 관광매력물(attraction)은 관광시스템의 일부에 불과하다. 따라서 관광시스템 전체의 경쟁력을 강화할 수 있는 소프트사업을 구상하는 것이 관건이다.

시스템 구성요소 각각의 부문경쟁력뿐만 아니라 구성요소간 상호작용을 촉진하는 연계(Network)를 통해 전체 관광시스템 경쟁력을 높여 관광산업의 질적 성장을 도모해야한다(강신겸, 2006). 여러 요소를 결합하여 관광서비스를 제공함으로써 부가가치를 높이는 소프트경쟁력이 중요하며, 소프트 경쟁력 강화를 통해 상품(product), 운영(operation), 시장

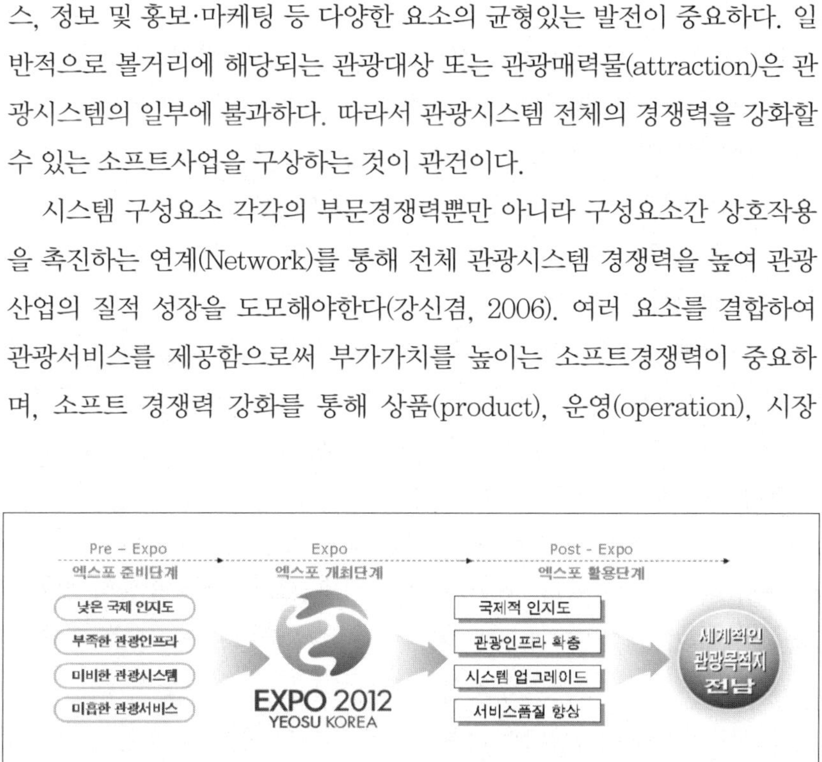

(customer)에 대해 타 지역보다 경쟁우위의 리더십(leadership)을 발휘해야 한다. 현재의 관광명소와 공간 확충중심의 사고만으로는 이러한 소프트 경쟁력을 갖추기 어렵다. '개발' 의 대상으로 관광을 볼 것이 아니라 '산업' 이라는 관점에서 시스템을 갖추려는 육성전략이 뒷받침되어야 한다.

세계박람회 개최를 계기로 지역관광산업의 경쟁력을 높이는 것 뿐만 아니라 관광산업과 기타 연계가능한 지역산업과 전후방 연계효과를 높이는 전략도 필요하다. 관광산업은 단순히 리조트, 호텔에 머무는 것이 아니라 여수가 보유한 공단 등 산업자원도 산업관광, 연수관광의 대상이 될 수 있으며, 주변 농어업도 관광서비스를 결합함으로써 새로운 부가가치를 창출할 수 있다. 따라서 관광산업과 연계 가능한 산업분야를 발굴함으로써 지역경제 활성화에 실질적으로 기여할 수 있다.

4) 차별화된 관광콘텐츠로 선도적인 관광브랜드 창출

전라남도만이 자랑할 수 있는 차별화된 관광콘텐츠 개발해 나가는 것이 중요하다. 우리 지역의 장점, 단점, 결점이 무엇인가를 파악하고 창의력과 상상력을 바탕으로 전략을 수립해야 한다. 무에서 유를 창조한다는 것은 본래 소재거리가 되지 않는 것을 가지고 소재로서 기발하게 이용하는 것을 말한다. 일본 오이타지방의 유후인(湯布院)은 '영화관 하나 없는 시골, 그러나 그곳에 영화가 있다' 는 컨셉으로 세계적인 영화제를 개최한다(강신겸, 2006). 음식, 국악 등 '멋과 맛' 으로 대표되는 예향의 이미지와 풍부한 농수특산물, 풍요로운 자연과 해양자원을 바탕으로 차별화된 관광시설과 상품을 개발하는 데 더 많은 노력이 요구된다.

관광상품과 콘텐츠 측면에서 풍부한 섬과 갯벌, 다양한 식생, 뛰어난 경관 등 여수 연안지역의 생태자원 또한 다양성과 그 가치가 높아 생태관광 자원으로도 활용가치가 높다. 사도 공룡화석지, 백도 등 엑스포를 계기로 세계적인 생태관광지로서 자원화할 수 있는 가능성이 높다. 여수 세계박람회는 여수가 해양생태관광의 중심지로 자리매김할 수 있는 계기이기도 하다. 이를 위해 생태·문화자원을 활용한 생태관광 프로그램과 상품 개발이 필요하다.

우선 관광객이 방문하고 자원의 가치를 이해하고 구매할 수 있도록 접근성(accessibility)을 높이고, 최소한의 편의 시설(accommodation)과 명소(attraction)를 개발하는 등 상품화 전략이 필요하다. 생태자원의 가치를 알려 줄 수 있는 전문 교육프로그램과 안내·해설시스템이 필요하다. 여수 연안지역 및 도서를 관광자원으로 개발하기 위해서는 용도지구를 설정(zoning), 이용과 보전 지구를 철저히 구분하여 개발하고, 방문으로 인한 생태계훼손을 최소화하기 위하여 방문객관리시스템(visitor impact management system)을 갖춰야 한다. 성수기뿐만 아니라 비수기에도 방문객을 유치할 수 있도록 각종 탐사, 관찰, 체험, 보호 이벤트와 축제를 개최하도록 한다.

국제관광시장에서 새로운 트렌드를 선도하는 전라남도만의 관광브랜드를 창출하는 것이 과제이다. 싱가포르는 '03년부터 '교육과 의료도 관광상품' 이라는 전략으로 의료시스템과 여행사를 연계, 건강여행 패키지, 영어·중국어 연수프로그램을 선보이며 '의료관광' 과 '교육관광' 을 브랜드화하는 데 성공했다(강신겸, 2005). 전남 또한 부문간 융복합(convergence)으로 새로운 관광영역 및 상품 개발하고 문화, 엔터테인먼트, 게임, 미디어, 스포츠, 교육, 디자인, 패션, 음식 등을 관광과 접목한 새로운 지식 관광상품으로 세계 관광시장을 선도해 나가길 기대한다. 스포츠투어리즘(sports tourism), 아트투어리즘(art tourism), 헬스캐어투어리즘(healthcare tourism), 에코투어리즘(Eco tourism), 슬로우투어리즘(slow tourism) 등 전라남도의 경쟁력을 살린 새로운 시장과 브랜드를 창출해야 한다.

여수세계박람회는 2012년 5월부터 3개월 동안 80여 개국이 참여한 가운데 개최되는 대형 국제이벤트로서 관광산업에 대한 관심 또한 높아지고 있다. 무엇보다 여수세계박람회 개최를 계기로 광역인프라와 관광시설을 확충하고 여수를 포함한 남해안 지역을 매력적인 관광목적지로 홍보함으로써 국제적인 관광명소로 성장시킬 것으로 기대되기 때문이다. 그러나 관광개발과 관광산업 육성의 필요성에도 불구하고 구체적인 개발 전략과 방향, 컨텐츠에 대한 논의는 아직 미흡한 실정이다.

관광은 '산업' 이다. 관광은 '개발' 이 아니라 '경영' 이다. 경영(經營)이란 "환경변화에 대응하여 기회를 포착하고, 가용 자원을 동원, 최적의 성과를 창출하는 것"을 말한다. 그동안 전라남도 관광산업은 환경변화에 대응해 새로운 시장을 만들고 부가가치를 높이기 위해 많은 노력을 해왔음에도 불구하고 기대에 부응하지 못하고 있다(강신겸, 2008). 전라남도는 풍부하고 다양한 자연관광자원 특히 6,418.2㎞에 이르는 리아스식 해안, 얕은 수심, 넓은 갯벌, 총 1,967개의 연안도서 등 해양자원은 매력적인 잠재력을 지니고 있다. 또한 지금까지 주목받지 못했지만 다채로운 음식과 농특산물, 민속과 크고 작은 축제 등 풍요로운 생활관광자원이다. 그리고 어느 지역보다 활발한 관광자원의 상품화와 대형 국제행사의 유치 등 마케팅 노력을 들 수 있다.

그럼에도 불구하고 현재 전남 관광산업은 몇 가지 해결해야할 과제를 안고 있다. 취약한 관광인프라와 관광시장의 미성숙이다. 공급이 수요를 창출해야 하지만 공급이 부족하여 수요를 충분히 유도할 수 없는 상황이다. 지역축제 및 명소중심의 관광패턴도 문제이다. 축제중심의 집객은 일시적일 수밖에 없으며, 명소중심의 관광패턴으로는 체재형 관광이 어렵다는 점을 의미한다. 관광시스템 전체의 연계와 경쟁력이 부족한 점도 극복해야 할 과제이다.

여수세계박람회는 이런 한계를 뛰어넘어 지역 관광산업이 한 단계 업그레이드하는 계기가 될 수 있다는 점에서 절호의 기회이다. 첫째, 박람회를 성공적으로 개최하기 위하여 관광객 유치 및 수용태세 확립이 가장 중요하다. 또한 개최이후 후광효과를 이용하여 지속적으로 관광객을 유치하여 지역 관광산업 발전을 도모하기 위한 전략이 필요하다. 둘째, 엑스포 개최를 매력적인 관광목적지로서 마케팅하는 기회로 삼고 항만, 철도, 공항 등 인프라 확충, 리조트, 호텔, 관광지 등 관광시설을 확충하는 계기로 활용해야 한다.

셋째, 국제적인 관광목적지로서 새로운 관광 공간구조를 창출해 나가야 한다. 전라남도 전체를 놓고 현재의 "명소중심의 단절 구조"에서 "네트워크 구조"로 관광지 공간체계를 재편하면서 각 지자체의 관광개발이 전체적인 네트워크 속에서 조화를 이루도록 해야 한다. 넷째, 관광산업의 시스템 경쟁력을 높여야 한다. 관광산업은 숙박업, 음식업, 교통업, 여행업, 항공업, 국제회의업 등 다양한 업종과 이해관계자가 조화를 이루어야 가능한 시스템 산업이다. 장기적으로 관광시스템을 구축하여 지속가능한 경쟁력을 확보하는 것이 관건이다. 마지막으로, 차별화된 관광콘텐츠로 선도적인 관광브랜드 창출해 나가야 한다. 아트투어리즘(art tourism), 슬로우투어리즘(slow tourism), 생태관광(eco-tourism) 등 엑스포의 주제와 전남 관광자원의 경쟁력을 살린 새로운 시장과 브랜드를 창출이 필요하다.

전남지역 해양관광자원의 특징과 활성화 방안

김준 | 전남발전연구원 연구위원

1. 왜 해양관광인가

관광은 획일화를 강요하는 자본주의사회에서 새로운 에너지를 얻는 좋은 방법이다. 그래서 현대인은 관광을 통해 일탈을 꿈꾼다. 기존 대중관광이 시민들로부터 외면 받는 것은 이러한 욕구를 제대로 충족시키지 못하기 때문이다. 게다가 대량관광이 관광자원 훼손과 생태계파괴뿐만 아니라 주민들의 삶을 위협하기도 한다. 이러한 이유로 지구환경, 지속가능한 관광, 생태관광 등이 주목을 받고 있다. 특히 '살아있는 바다 숨쉬는 연안(the Living Ocean and Coast)' 이라는 주제로 2012년 여수지역이 엑스포 개최지로 결정되면서 해양관광의 역할이 더욱 중요해지고 있다. 지난 2008년 10월 개최된 람사르당사국회의 주제도 '건강한 습지 건강한 인간' 이었다. 이를 계기로 갯벌과 바다가 새롭게 주목받고 있다.

새로운 관광자원으로 평가받고 있는 섬과 바다는 우리 역사에서 어떤 의미를 갖는 것일까. 처음부터 고립되고 폐쇄된 공간이었을까. 그렇지는 않다. 섬은 고대 교통과 신문화가 소통하는 중심이었다. 삼국시대 한강유역을 두고 고구려, 백제, 신라가 치열하게 싸웠던 것도 이 때문이다. 조선시대 뱃길이 좋고 가까운 서해 섬들은 말목장이나 봉산으로 지정되거나 제염 생산지였다. 교통이 좋지 않는 섬들은 유배지로 이용되었다. 그리고 외적들이 침입할 때 섬은 최초 방어기지였다. 어느 쪽이든 섬은 중앙권력의 입장에서 권력유지를 위한 매우 요긴한 곳이었다. 일찍이 정약용은 해양경영의 필요성을 강조했다.

엑스포는 근대국가의 '국력'을 과시하기 위한 수단이었다. 이후 '기술'이 국가경쟁력의 척도가 되면서 기업들의 첨단상품의 전시장이 되었다. 엑스포를 통해 소개된 전화기(1976, 필라델피아), 자동차 · 비행기 실용화(1904, 세인트루이스), TV(1939, 뉴욕) 등 새로운 상품은 동시대 문화 아이콘으로 등장하기도 했다. 그렇다면 2012년 여수엑스포는 무엇을 보여주어야 할까. 무엇이 관광상품이어야할까. 지난 2005년 일본 아이치 박람회는 '시민참여'와 '환경'이라는 시대정신을 잘 반영했다고 평가한다. 여수가 엑스포 개최지로 선정되었던 것도 이러한 시대정신과 맥락을 같이 한다. 현대사회는 물론 미래사회의 화두로 등장한 지구온난화를 비롯한 각종 오염과 자원고갈 문제는 단순히 기술문제로 해결할 수 없는 상황에 이르렀다. 여수엑스포가 보여주어야 할 관광자원의 출발은 '해양'에 있다. 섬, 해안선, 갯벌, 포구, 염전, 고기잡이 등 연안과 도서지역에 다양한 해양관광 자원들이 있다. 이러한 자원들이 단순한 볼거리를 넘어서기 위해서는 인문학적 가치가 결합되어야 한다.

해양관광은 시간과 장소가 내륙중심의 관광과 다르다. 즉 장소와 공간이 가변적이며 시간은 유동적이다. 특히 우리나라 서해와 남해처럼 조차가 큰 곳은 9미터, 작은 곳은 2~3m가 되는 연안에서 이루어지는 관광행위는 그 자체로 흥미롭다. 이러한 생태환경에 적응하는 인간의 삶도 종다양성 만큼이나 다양하다. 특히 대표적인 해양관광 자원인 섬은 육지와 떨어져 있다는 자체로 신비롭고 매력적이다. 인간이 섬에 가고 싶고 머무르고 싶어 하는 이유다. 교통과 통신이 발달하기 전, 섬은 그 자체로 하나의 문화체계를 갖추었다. 그리고 다양한 문화교류를 통해 삶을 축적해 왔다. 이런 탓에 인간들은 육지에서 잃어버린 삶의 흔적(문화의 원형질)들을 섬에서 찾고 있다. 새로운 사회를 '율도국'에서 찾으려 했던 홍길동처럼, 복잡한 사회 속에 살아가는 현대인은 '일상의 탈출(일탈)'을 꿈꾸며 '섬'을 찾는 것이다.

이 글은 전남지역의 해양관광자원의 성격과 특징 그리고 해양관광실태를 살펴보고 활성화를 위한 대안을 살펴보는데 목적이 있다.

2. 해양관광의 개념과 전남의 해양관광자원

해양관광은 '해안·해중·해상과 도서, 어촌 등을 포함하는 해양성이 미치는 공간과 부존하는 자원을 직간접으로 활용하여 일어나는 관광목적의 모든 활동(최도석, 2006, 32)', '해역과 연안에 접한 단위지역사회에서 일어나는 관광목적의 활동(한국해양수산개발원, 1998, p.7)', '해양과 도서, 어촌, 해변 등을 포함하는 공간에 부존하는 자원을 활용하여 이루어지는 관광활동(이재곤, 2005, pp.319~341) 등 다양하다. 해양수산부(2006)는 해양관광의 유형을 관광시장 측면에서 해양의존형과 해양연관형, 관광자원 측면에서 자연자원과 인문자원으로 구분했다. 해양의존형은 스포츠형, 휴양형, 유람형으로 나누었다. 해양연관형은 해양문화관광, 도서관광, 행태관광, 보양관광, 해변경관감상 등 다양한 활동을 내용으로 하고 있다. 이를 종합해 보면 해양관광(marine tourism)은 '도서와 연안지역관광자원에 직간접적으로 의존하는 관광목적의 활동'으로 정리할 수 있다. 해양관광의 공간적 범위 중 해양은 해변, 해상, 해중 및 해저를 포함하고, 도서

〈표. 1〉 해양 관광자원 분류

대분류	중분류	소분류(내용)
경관자원	자연경관	바다, 해안선, 파도(밀물, 썰물), 갯벌, 해수욕장, 해식애 등 바위, 생물(칠면초군락, 갈매기, 철새, 고래 등), 일출/일몰지, 도서(유무인도)
	인공경관	어촌, 어항, 선박, 등대, 해안도로, 마을숲(우실, 어부림, 방풍림), 낚시터 천일염전
문화자원	생활문화	음식, 건물, 고기잡이(어법) 및 어구, 농법, 마을의례(갯제, 용왕제, 당산제 등)와 신앙, 지역축제, 천일염
	역사문화	해저유물, 지석묘, 입석, 산성, 봉수, 유배지, 비석, 건물, 각종 고문서, 각종 전시관

〈표. 2〉 우리나라 도서(섬) 현황

구분	섬의 수(개)			유인도		
	계	유인도	무인도	면적(㎢)	인구(명)	가구(호)
합계	3170	491	2679	3,701.17	869,801	288,183
부산	41	3	38	34.58	192,183	59,701
인천	154	42	112	640.91	94,172	33,046
울산	4	0	4	0	0	0
경기	65	12	54	43.71	7,215	2,768
강원	32	0	32	0	0	0
충남	261	37	224	150.47	20,261	6,867
전북	109	26	83	3,531.00	6,468	1,985
전남	1,969	280	1,689	1,810.35	243,969	85,025
경북	47	4	43	73.60	10,426	3,840
경남	425	80	345	898.41	289,124	92,719
제주	63	8	55	13.80	5,982	2,232

자료 : 통계청(2005), 한국통계연감

는 해양 내의 육지이므로 해양관광의 범위에 속한다(김성귀, 2007, 37). 즉 해양관광은 내륙관광에 대비되는 개념으로 사용할 수 있으며, 섬관광은 해양관광 하위개념으로 분류할 수 있다(WTO, 2001).

우리나라는 남한 면적의 3.7배에 달하는 배타경제수역(Exclusive Economic Zone)을 갖고 있다. 그리고 11,542km의 해안선(이중 50%는 섬 해안선), 3,170개의 섬들이 있다. 갯벌은 국토면적의 2.8%에 이르며 세계 5대 갯벌로 평가되고 있다. 전남은 전국 섬의 62%, 해안선의 50%, 갯벌의 44% 가량 차지하고 있다. 모두 아직 활용하지 않고 있는 자원들이다.

이렇듯 풍부한 해양자원에도 불구하고 국제적으로 경쟁력을 갖춘 해양관광 상품을 찾기 어렵다. 겨우 여름철 국내 해수욕객에 의존하는 실정이다. 특히 2012년 여수엑스포 개최를 앞두고 해양관광 중흥의 계기를 맞고 있지만 당장 눈앞 시설에만 관심이 있을 뿐이다.

우리나라 섬은 총 3,170개 섬 중 유인도는 491개, 무인도는 2,679개

〈표. 3〉 해역별 해양자원의 특성

<table>
<tr><th rowspan="2">구분</th><th colspan="3">유인도현황</th><th rowspan="2">자원적 특성</th><th rowspan="2">환경적 특성</th></tr>
<tr><th>개수</th><th>면적(㎢)</th><th>인구</th></tr>
<tr><td>동해
해역</td><td>3</td><td>72.8</td><td>9,191</td><td>·해식애, 단구, 사빈과 사구발달
·푸른바다와 모래</td><td>·대륙붕 면적 적고, 유인도 수가 매우 적음</td></tr>
<tr><td>서해
해역</td><td>120</td><td>1,036</td><td>141,473</td><td>·우리나라 갯벌 83%
·해수욕장, 섬, 해상국립공원
·해양성관광자원
·천일염, 양식어업
·간척사업 활발</td><td>·조석간만의 차이 큼
·기상의 영향으로 표면 수온 차이 심함
·회유성 어류의 산란지</td></tr>
<tr><td>남해
해역</td><td>363</td><td>2,804.4</td><td>725,276</td><td>·해상국립공원
·양식업
·해수욕장, 공룡화석지</td><td>·리아스식 해안 발달
·연중 온화한 기후
·도서 밀집</td></tr>
</table>

주 : 문화관광부(2006. 19) 자료를 기초로 재구성함.

다. 섬의 수는 매년 개발과 매립에 의해서 감소되고 있다(예를 들어, 새만금사업 등 대규모 국책사업이나 연륙사업으로 섬의 기능을 잃어 섬이 육지화 되고 있다. 큰 섬 주변에 있는 작은 섬들은 인구감소로 무인도화 되고, 염전과 농지조성, 개발계획 등으로 사라지고 있다). 특히 서남해역은 리아스식 해안과 다도해는 경관이 발달해 있으며, 이중 전남지역은 우리나라 전체 도서 3,167개중 62.6%를, 유인도는 492개 중 279개로 56.7%를 점하고 있다. 우리나라 해안선의 길이는 총 11,914㎞이며 전남이 6,434㎞로 전국 해안선의 54.0%를 차지한다. 최근 간척사업과 해안도로 건설, 항만개발 등으로 인해 자연해안선이 많이 축소되고 인공해안선이 증가하고 있다.

우리나라의 섬과 바다는 위치에 따라 동해해역, 서해해역, 남해해역으로 구분할 수 있다(동해해역은 강원도 고성에서 경상남도 울산에 이르는 해역을, 서해해역은 인천 백령도 인근해역에서 신안군에 이르는 해역을, 남해해역은 진도군에서 부산광역시까지를 말한다). 동해안은 해안선이 단

〈표. 4〉 전라남도 해양관광자원 현황(2008. 4. 30)

관광자원 구분		개소	지역별	비고*
계		336	목포14, 여수50, 순천15, 광양1, 고흥23, 보성8, 장흥7, 강진8, 해남15, 영암7, 무안17, 함평2, 영광14, 완도86, 진도38, 신안31	증42
어부림 및 방풍림		13	고흥2, 강진2, 무안1, 진도2, 완도6	
해양수산과학관		1	여수1	
어촌민속전시관		1	완도1	
해양수족관		2	여수1, 진도1	
해양관련 전시실		8	목포1, 순천1, 해남1, 영광1, 진도1, 신안2, 완도1	증2
지역별 바다 향토요리		47	목포5, 여수6, 순천1, 고흥1, 보성2, 영암1, 무안5, 영광3, 해남5, 완도11, 진도5, 신안2	증6
특이한 어구·어법		7	여수1, 보성1, 완도2, 신안1, 순천2	증2
해안경관지, 기암괴석, 해안절벽		70	목포1, 여수11, 고흥5, 무안3, 영광1, 완도21, 진도17, 신안10, 순천1	증14
일출·일몰 경관지		52	목포1, 여수10, 순천3, 고흥4, 장흥3, 강진1, 무안1, 함평1, 영광3, 완도19, 진도1, 신안2, 해남3	증8
신비의 바닷길/해안산책로		18	여수3, 순천1, 무안2, 영광1, 완도7, 진도2, 신안2	증1
해양스포츠공간		11	여수3, 강진1, 무안1, 함평1, 완도4, 신안1	
철새도래지		12	여수1, 순천1, 강진1, 해남1, 무안1, 영광1, 완도3, 진도1, 신안2	
지역 축제	소계	53	목포3, 여수5, 순천4, 광양1, 고흥2, 보성4, 장흥4, 강진2, 해남4, 영암5, 무안2, 영광2, 완도10, 진도2, 신안3	증6
	바다음식과 관련된 축제	13	여수1, 순천1, 광양1, 고흥1, 보성2, 장흥2, 무안1, 영광1, 완도2, 진도1	
	어업과 관련된 제전	11	목포1, 여수2, 고흥1, 장흥2, 강진2, 영암1, 완도2	감1
	해양스포츠 등 해변축제	4	목포1, 해남1, 신안2	
	일출제	8	목포1, 순천2, 여수1, 해남1, 무안1, 완도1, 영암1	증4
	역사를 소재로한 축제	7	여수1, 해남1, 완도3, 영암2	증2
	풍습 및 전승문화를 소재로 한 축제	3	보성1, 영광1, 영암1	증1
	자연현상 소재로 한 축제	7	순천1, 보성1, 해남1, 완도2, 진도1, 신안1	증1
해양관광자원 및 시설 (관광잠수정, 유람선)		14	목포2, 여수5, 순천1, 고흥2, 진도1, 신안2, 영암1	증2

지역	개소	지역별	비고
기타 지역의 해양을 소재로 한 관광자원	27	목포1, 여수3, 고흥7, 보성1, 강진1, 해남1, 무안1, 영광2, 완도2, 진도4, 신안4	증1

조롭고 수심이 낮은 반면에 서해해역은 복잡한 해안선과 북서계절풍의 영향을 많이 받는다. 남해해역은 리아스식 해안으로 겨울에는 따뜻하고 여름에는 더운 해양성기후를 보이고 있다. 동해해역은 해식애와 모래갯벌이 발달하고 서울 등 수도권과 교통이 편리하다. 남해해역은 외도, 청산도, 보길도 등 다도해의 섬문화를 느끼려는 사람들이 늘고 있고, 동해해역은 여름철 해수욕객과 해양성 리조트를 즐기려는 사람들이 많이 찾고 있다. 서해해역 일몰이 아름답고 갯벌이 발달해 서해안고속도로 개통이후 생태관광 및 어촌체험을 즐기려는 사람들이 방문하고 있다.

전라남도가 파악한 해양관광자원은 모두 336개소이다. 이중 해안경관지(기암괴석, 절벽 포함)가 70곳, 지역축제가 53개, 일출일몰경관지가 52개 순이다. 〈표 2〉에는 포함되지 않았지만, 초기 해양관광의 핵심자원인 해수욕장이 62개소(육지부 29, 섬지역 33)가 있다.

전남연안과 도서지역 대표적인 해양관광자원을 갯벌, 물새(철새), 어촌마을, 천일염전, 전통어법, 지역축제, 유물 등을 중심으로 살펴보자.

1) 갯벌

자연경관으로는 바다, 해안선, 갯벌, 해수욕장, 해식애, 섬 등 다양하다. 이중 갯벌과 섬은 다른 지역에 절대우위를 차지하는 자원이다. 1987년 한국의 갯벌 면적은 약 3,203㎢였지만 2005년 기준 2,550.2㎢로 약 20%가 간척과 매립 등으로 사라졌다.

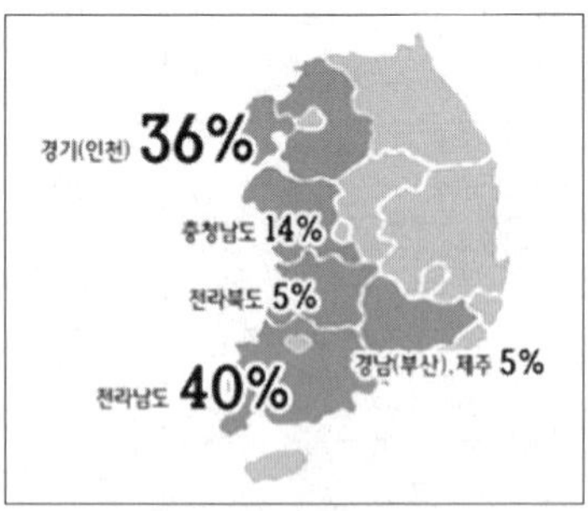

〈그림 1〉 지역별 갯벌면적

〈표. 5〉 시도별 갯벌면적

지역	1987		2005		1987~2005	
	면적(㎢)	비율(%)	면적(㎢)	비율(%)	면적(㎢)	비율(%)
전국갯벌	3,203.5	100	2,550.2	100	653.3	20.4
경기(인천)	1,179.5	36.8	914.9	35.9	264.6	22.5
충남	434.2	13.6	367.3	14.4	66.9	15.4
전북	321.6	10.0	132.0	5.2	189.6	59.0
전남	1,179.1	36.8	1,017.4	39.9	161.7	13.7
경남(부산)	89.1	2.8	118.6	4.7	29.5	33.1

자료 : 갯벌정보시스템(www.tidalflat.go.kr)
1) 1987년 자료는 인공위성 자료판독, 최저조위가 96cm를 기준으로 작성
2) 2005년 자료는 정밀한 전자해도를 활용하여 작성함으로써 면적이 다소 늘어남

2006년 현재 추진 중에 있는 간척사업의 총 면적은 새만금지구 40,100ha를 포함하여 약 104,400ha(1,044㎢)에 이른다. 또한 계획 중인 사업은 8,100ha(81㎢)이며 이를 모두 합친 면적은 112,500ha(1,125)㎢이다. 이 사업들이 계획대로 모두 추진된다면 남한의 갯벌면적 255,000ha(2,550㎢) 중 약 44%가 추가로 사라질 위기에 처한다.

다행스럽게 전라남도는 영산강4단계사업이 백지화되고 대신 그곳이 우리나라 최초 연안습지 보호구역과 람사르습지로도 지정되었다. 갯벌이 사라지면 해양생물들의 서식지가 감소하고 생물종다양성이 낮아진다. 희귀종의 멸종, 물새들의 서식지 감소와 함께 어민들의 생활터전도 잃게 된다. 최근 갯벌의 문화적 가치 등 공익적 기능이 새롭게 조명을 받고 있다(갯벌을 포함한 습지의 가치와 기능으로는 생물다양성의 보고, 기후변화 완화, 홍수조절, 토양안정화, 지하수 보급, 수질정화, 생태교육 및 문화유산, 각종 사원 세공 등이 있다).

2) 철새

서남해안의 간석지, 호소, 저수지 등지는 철새의 서식 및 도래지로도

〈표. 6〉 시도별 어촌체험마을 조성현황(2007)

지역	총계	부산	인천	경기	강원	충남	전북	전남	경북	경남	제주
마을수	112	2	5	10	9	11	6	31	10	18	10

잘 알려져 있다. 대표적인 곳으로는 칠발도, 칠산도, 영산호, 영암호, 금호호, 고천암호, 무안 창포간척지, 진도 군내간척지, 완도호, 강진 사내간척지, 강진만, 고흥호, 고흥 해창만 간척지, 순천만 등지를 꼽을 수 있다.

이들 지역에 도래하는 조류는 가창오리, 청둥오리, 흰뺨검둥오리 순으로 오리류가 우점하고 있고, 이미 개체수가 현저하게 줄어들어 멸종위기에 있는 황새, 노랑부리저어새 등도 관찰되고 있다. 그외에 환경부에서 보호야생종으로 지정한 흑두루미, 큰기러기, 큰고니, 검은머리갈매기, 재두루미, 알락해오라기 등과 맹금류인 매, 잿빛개구리매, 말똥가리, 황조롱이도 관찰되고 있다.

3) 어촌체험마을

바다와 접한 전형적인 어촌마을은 그 자체로 중요한 관광자원이다. 특히 아름다운 포구까지 갖추고 있다면 더 말할 필요가 없다. 정부에서는 2001년부터 어업체험을 중심으로 자연환경, 생활문화 등과 연계한 어촌체험마을을 조성하여 어촌소득증대를 꾀하고 있다. 단순한 경관감상을 넘어서 어업·생태·해양레크레이션 체험 등을 통한 창조적인 여가활동으로 어촌지역과 교류확대를 목적으로 하고 있다. 전국에 조성된 어촌체험마을 수에서도 전라남도가 가장 많다. 하지만 어촌인구의 고령화, 관광수요 계절성 등 다양한 요인에 의해 도시민들의 눈높이에 맞는 체류환경 및 시설이 갖춰지지 않고 있는 실정이다.

4) 천일염전

천일염은 발효식품을 비롯한 전통장류에 필수적인 재료이며, 남도음식

〈표. 7〉 천일염전 현황(2007)

<table>
<tr><th rowspan="2">구분</th><th colspan="3">면적(ha)</th><th colspan="2">업체수</th><th>생산량</th></tr>
<tr><th>허가</th><th>가동</th><th>휴업</th><th>허가</th><th>생산</th><th>(톤)</th></tr>
<tr><td>전국</td><td>4,737</td><td>3,926</td><td>811</td><td>1,275</td><td>1,119</td><td>296,108</td></tr>
<tr><td>전남</td><td>3,330</td><td>2,977</td><td>353</td><td>1,134</td><td>1,000</td><td>258,353</td></tr>
<tr><td>대비</td><td>70%</td><td>76%</td><td>44%</td><td>89%</td><td>89%</td><td>87%</td></tr>
</table>

자료 : 대한염업조합

의 근원이다. 최근 신안증도는 염전을 자원으로 슬로우시티로 선정되기도 했다. 천일염을 이용해 전통장, 된장, 젓갈 등 발효음식과 연결된 전통음식, 로컬푸드(local food) 등과 연계된 음식문화 연구가 진행되고 있다. 뿐만 아니라 천일염전은 레저와 학습을 병행할 수 있는 체험생태학습장이다. 갯벌의 특성이 잘 보전되어 있고 갯벌생물과 도요새 등 철새들을 관찰할 수 있다. 이러한 천일염전의 면적은 전국대비 허가 70%, 가동 76%정도이고, 업체 수는 허가, 생산 공히 90% 가까이 차지하고 있다. 생산량은 전국대비 2007년 말 현재, 87%에 이른다.

5) 전통어법 : 어살

선사시대 인간은 손도구를 이용한 채취어법, 작살을 이용한 고기 찍기, 동물의 뼈와 금속제를 이용한 낚시, 방추차 등으로 짐작할 수 있는 그물어업으로 물고기를 잡았다. 그물은 어구발전 경로에서 가장 늦은 단계에 해당된다. 연근해를 벗어나 멀리까지 나가서 대형그물로 고기를 잡는 중선배가 등장해서 중선망으로 어획량을 획기적으로 끌어올리는 단계는 조선후기에 이르러서야 본격적으로 가능했다. 20세기에 들어와서도 짚그물, 혹은 칡그물 같은 원시적인 그물이 일부 사용되었다. 면사(綿絲)그물이 일제강점기에 등장하면서 그물을 이용한 어법이 널리 펴져 나가기 시작했다. 그물이 보편화된 것은 1960년대 나일론이 본격적으로 보급되면서부터다.

고대사회에서는 그물은 어살을 이용했다. 어살[漁箭]이란 조수간만의 차이가 많고 오목하게 들어간 포구에 대나무나 싸리나무, 돌멩이 따위로 보를 막아서 고기를 잡던 어로방식이다. 대나무로 만든 죽살, 돌로 만든 돌살 등이 어살에 포함되는 어구다. 고대에는 어살·돌살이라는 표현보다는 량(梁)이라는 표현을 사용했다. 특히 돌살은 지금도 남아 있으며 일부 축제나 체험자원으로 이용되고 있다.

전통어법으로는 이외에도 손낙지잡이, 개매기, 가래, 낚시, 죽방렴 등에서 응용되고 있다. 이러한 자원들은 각종체험프로그램이나 지역축제 자원으로 이용되고 있다.

6) 지역축제

2008년도 전라남도 시·군 지역축제를 분석해 보면 85개의 지역 축제 중에서 해양관련 축제는 해맞이를 포함해 29개에 달한다. 그러나, 각 지방자치단체의 축제는 지역특성을 살리지 못하고 백화점식 프로그램을 운영함으로써 다른 지역 축제와 차별성이 부각되지 않고 있어 지역적 특성을 갖는 전문 축제로 자리매김하지 못하고 있다. 어느 지역 축제를 가더라도 비슷한 공연 프로그램과 먹거리판 등이 운영됨으로써 지역적 차별화를 가져오지 못하고 있다. 이는 지역의 문화적 특성이나 역사성에 기반하지 않은 단순한 이벤트성 축제를 기획함으로 인해 발생하는 문제다. 전남에 산재되어 있는 풍부한 해양관광자원을 이용하여 축제의 소재로 삼는다면

〈표. 8〉 시군별 지역축제 현황(2007)

시·군	목포	여수	순천	나주	광양	담양	곡성	구례	고흥	보성	화순
축제수	4	9	4	4	3	3	3	4	2	5	2
해양관련	3	5	1	1	1	0	0	0	1	2	0
시·군	장흥	강진	해남	영암	무안	함평	영광	장성	완도	진도	진도/완도
축제수	8	6	3	5	2	3	3	6	3	2	1
해양관련	3	3	2	1	0	0	1	0	3	1	1

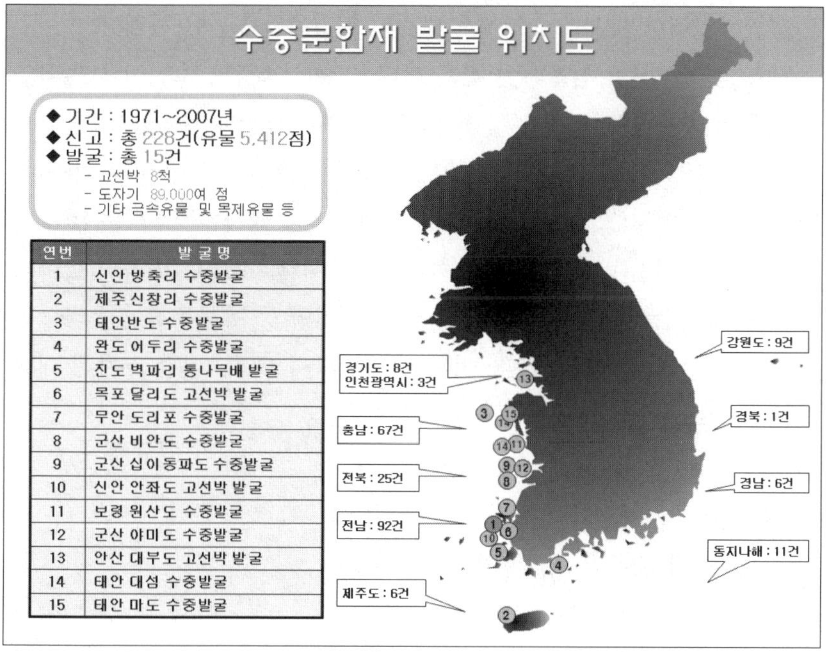

〈그림 2〉 수중문화재 발굴 위치도

지역적 특성과 프로그램의 한계를 극복할 수 있는 방법이 될 수 있다.

7) 해저유물

서해안은 일찍부터 배짓는 기술이 뛰어나 바닷길을 이용해 교통과 문화교류가 활발했다. 게다가 해신으로 추앙받는 장보고처럼 동북아 해상무역을 쥐락펴락 하기도 했다. 이런 활동 탓에 서남해역 200여 곳 이상에서 해상유물 신고가 접수되고 있다. 바다 속에 유물이 있는 것은 태풍이나 전쟁 등으로 신박이 침몰한 경우, 원래 육상이었는데 지각변동이나 기후 변동으로 물에 잠겼기 때문이다. 전남 신안군 증도면 해저유물이 전자의 사례라면, 후자는 시화호 공룡알이나 규화목 발견 등 간척사업과 댐건설 등 대규모 사업으로 바닥이 드러나 유물이 발견되기도 한다. 시화호에서 발견된 공룡알이나 새만금 유역에서 발견된 해저유물도 같은 사례다.

대부분 고선박이 침몰하여 깊은 바다 속 비산소층에 오롯이 보전되다가 발견된 것들이다. 이들은 수천 년에서 수백 년의 시간이 멈춘 '타임캡슐' 이다. 이렇게 오랜 유물이 손실되지 않고 사람의 손길도 타지 않고 존재할 수 있었던 것도 갯벌 때문이다. 우리나라의 해저유물조사는 1976년부터 시작된 신안 방축리 해저유물조사가 효시다. 1975년 방축리 앞바다에서 고기잡이를 하던 어부의 그물에 청자 매병 등 유물 6점이 올라오면서 세상에 알려지기 시작했다. 이후 1984년까지 모두 9년간 10차례 대대적인 수중발굴이 이루어졌다.

3. 전남 해양관광 현황과 문제점

해양수산부(2006)가 발표한 자료에 따르면, 해양관광 참가인구가 2001년에 약 1억 1,400만 명에서 2011년에는 약 2억 3,600만 명, 2013년에는 2억 5,700만 명으로 늘어날 것으로 예상했다. 전체 관광수요에서 차

〈표. 9〉 우리나라 국민관광과 해양관광 추세

구분		1997	2001	2005	2011	2013
국민관광(A)	관광대상인구(천명)	35837	37563	39088	41492	42242
	1인당 참가횟수	7.0	6.1			
	1인당 참가일수	9.6	8.7	12.98	14.60	15.22
	관광객(천명)	31612	36324			
	관광총량(천명·일)	344176	327929	507436	605968	642,893
해양관광(B)	1인당 참가 횟수	2.11	35			
	해양관광참가율(B/A)	35	114775	37	39	40
	해양관광총량(천명·일)			187751	236327	257157

자료 : 해양수산부(2006, 41)

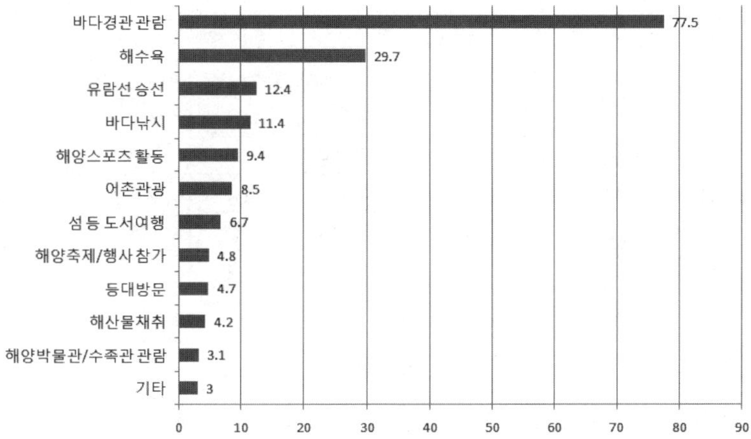

〈그림 3〉 경험한 수상·해변활동(주 : %, 복수응답 자료 : 한국관광공사(2007, 25)

지하는 비중도 2001년 약 35%에서 2011년 39%, 2013년에는 40%로 증가할 것으로 전망했다.

우리나라 해양관광은 71%가 해수욕으로 여름철에 동해안(50%)에 집중된다. 한국관광공사의 '2006 국민여행실태조사' 에 따르면 국내여행 중 수상·해변활동을 경험한 관광객은 59.6%에 달한다. 이중 '바다경관 관람' 이 77.5%로 가장 많았고, 해수욕(29.7), 유람선승선(12.4), 바다낚시(11.4), 해양스포츠활동(9.4), 어촌관광(8.5), 섬 등 도서여행(6.7) 순이었다. 조사질문과 항목들이 섬관광 현황을 파악하는데 한계가 있지만, 극히 일부만 섬관광을 즐기는 것으로 추정할 수 있다. 한편 해양레저 스포츠를 경험한 관광객 중에서는 '해수욕 활동' 이 전체 51.2%로 높으며 다음으로 철새/갯벌 관찰(13.5), 관광유람선(10.8), 바다낚시(7.8) 순으로 나타났다(김영준, 2007, 15).

전라남도는 2007년 8천만 명의 관광객이 방문하였다. 이 중 연안과 도서지역을 찾는 해양관광객은 3천 2백만 명으로 전체 관광객의 40.3%였

〈표. 10〉 전라남도 관광객 현황(단위 : 천, %)

구분	2005		2006		2007	
합계	75,403	100.0	75,136	100.0	80,220	100.0
내륙관광객	42,911	56.9	44,985	59.9	47,867	59.7
해양관광객	32,492	43.1	30,151	40.1	32,353	40.3
(해수욕장)	(3,951)	(5.2)	(7,188)	(9.6)	(7,280)	(9.1)
섬관광객	11,940	15.8	11,120	14.8	11,017	13.7

자료: 전라남도, 주: 해양관광객에는 해수욕객이 포함된 수치임

다. 해양관광객 중 섬을 찾은 관광객은 1천 1백만 명으로 13.7%였다. 2005년은 7천 5백만 명의 전라남도 관광객 중 1천 1백 9십만 명이 섬을 찾아 15.8%였다.

〈그림 4〉에서 보는 것과 같이 전라남도 월별방문객의 추이를 살펴보면, 봄, 여름, 가을로 확연하게 구분된다. 8천만 명 중 5월에 1천여만 명, 8월에 9백 6십만 명, 10월에 8백 1십만 명이 전남지역을 방문하였다. 해양관광객은 7월과 8월에 분산되어 있을 뿐이다. 이는 해수욕 등 해양관광의 계절적 제한요인 때문이다. 섬관광은 4월과 7~8월, 즉 봄과 여름에 집

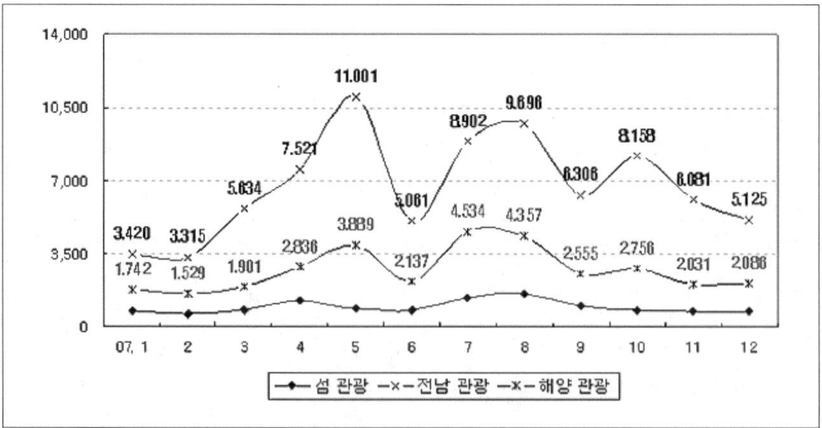

〈그림 4〉 2007년 월별 관광객 현황(천명)

〈표. 11〉 해양관광유형과 종류

유형	종류
스포츠형	서핑, 윈드서핑, 요트, 보트, 다이빙
체험교육형	체험(고기잡이, 조개잡이, 갯벌), 철새탐방, 식물, 유적답사(전시관)
휴양형	해수욕, 낚시, 먹거리, 유람선, 크루즈
관람형	지역축제, 어촌 및 경관, 섬답사

중 되는 계절성이 더욱 뚜렷이 나타난다.

해양관광 행위를 기준으로 분류하면, 〈표 11〉과 같이 스포츠형, 체험·교육형, 휴양형, 관람형으로 구분할 수 있다. 스포츠형은 서핑, 요트, 보트, 다이빙 등이 포함되며, 체험교육형은 고기잡이· 조개잡이·갯벌체험과 철새탐방, 식물답사, 유적답사 등이다. 휴양형은 해수욕, 낚시, 음식관광, 유람선과 크루즈 등이며, 관람형은 지역축제, 어촌 및 경관, 도서관광 등이다. 하지만 관광행위가 그렇듯이 해양관광도 그 특성상 스포츠관광, 모험관광, 생태관광, 문화관광, 농촌관광 등 복합적인 성격을 띤다. 다만 우리나라의 특성상 최근 체험교육형관광, 여름철 계절형관광, 지역축제 중심의 관광이 주를 이루고 있다.

해양의존성이 강한 스포츠형이나 체험교육형 등은 바다의 수심, 바람, 날씨, 조차, 해류 등 자연조건에 큰 영향을 받는다. 특히 해변과 해중 관광자원에 의존하는 경우 자연조건에 따라 활동이 결정된다. 서해안은 수심이 낮고 해변지역 갯벌이 발달했지만, 동해안은 수심이 깊고 물이 맑으며 모래갯벌이 발달했다. 남해안은 동해와 서해의 특징이 혼합되어 있다. 해역에 따라 이용해야할 해변, 해면, 해중 자원이 다르다. 해양관광과 마찬가지로 섬관광도 해변에서는 비치스포츠와 각종체험활동을 할 수 있다. 펄갯벌이 발달한 지역에서는 체험교육형 관광이 활발하지만 수심이 깊고 모래갯벌이 발달한 지역에서는 스포츠형이나 휴양형이 발달했다. 수심이 깊은 연안에서는 크루즈관광을 즐길 수 있다.

우리나라도 최근 생태관광, 체험관광에 대한 관심이 높아지면서 해양

〈표. 11〉 해양관광유형과 종류

지역	관광지	관광지	주요관광자원
목포	평화광장	2,116,076	해안도로, 하이킹, 인라인스케이트, 야간조명, 소규모 공연장, 주변 음식점 및 숙박시설
완도	명사십리해수욕장	2,031,542	백사장, 송림, 전망대, 바다낚시
목포	북항회센터	1,835,504	서해안고속도로 끝자락, 저렴한 회집 유명
순천	순천만	1,807,388	생태관광, 체험학습, 갈대축제, 람사르 등록
여수	오동도	1,704,694	여수엑스포 개최지, 동백숲
해남	땅끝관광지	1,602,587	전망대, 해돋이, 한반도 최남단
함평	돌머리해수욕장	1,530,026	석두마을, 해수찜, 풍부한 수산물
보성	율포해수욕장	1,305,833	해수풀장, 해수녹차온천탕, 보성녹차, 제암산휴양림 인근
고흥	나로도	1,147,470	기암괴석, 해수욕장, 유자나무
여수	향일암	1,132,235	다도해해상국립공원, 일출, 동백나무

관광을 즐기는 사람들이 늘어나고 있다. 특히 2012년 살아있는 바다, 숨쉬는 연안(The Living Ocean & Coast)을 주제로 여수엑스포 개최가 결정되면서 해양자원의 관광화 전략들이 모색되고 있다. 여수엑스포는 전남 여수 신항 지역 (총 141만 ㎢)에서 2012. 5. 12~8. 12(3개월)까지 개최된다. 참가규모(예상) : 100개국, 약 800만 명이며, 생산유발 10조원, 부가가치 4조원, 고용유발 9만 명의 경제효과를 예상하고 있다.

우리나라는 삼면이 바다로 둘러싸여 있다. 게다가 3천여 개의 섬과 1만 2천㎞에 달하는 해안선이 있다. 바다는 수심 20m 내외며 해역에는 국토의 1/3, 2,550㎢의 갯벌이 있다. 이러한 해양자원은 일부분 어장으로 이용해왔으며, 모래갯벌이 발달한 해수욕장을 중심으로 여름철 피서관광이 전부였다. 최근 관광 추세는 해양관광으로 전환되고 있다. 관광소비자들은 육지와 다른 독특한 풍경과 전통문화가 남아 있는 매력요인, 주 5일 근무제정착, 절대소득 증가 등으로 새로운 여가활동을 원하고 있다.

이러한 요인에도 불구하고 해양관광은 수온, 기후 등 극심한 계절성으로 확산에 어려움이 많다. 가장 큰 어려움은 해양관광 인프라 부족이다.

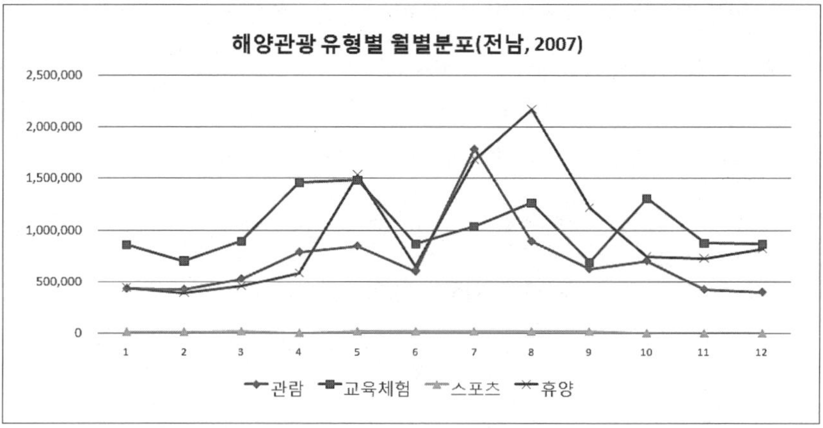

〈그림 5〉 해양관광 유형별 월별 관광객 분포(전남, 2007)

앞으로 육지관광은 골프, 해양관광은 요트가 대세라고 한다. 현재 운영 중인 마리나는 여수 소호요트장(105척) 외에 부산 수영만 마리나(764척), 경남 충무 마리나(60척), 경남 진해 마리나(50척), 경남 삼천포 마리나(44척), 제주 중문 마리나(65척) 등 6개소다. 이외 시공 중인 6곳(〈표 13〉)이다. 전라남도는 개발적지로 목포와 함평 외에 여수 화양장수(281척), 여수 웅천(450척), 여수 수정동(미정), 보성 득량 비봉(30척), 해남 화원(300척), 강진 마량 신마항(40척), 진도 임회 귀성항(30척), 신안 비금 원평(미정), 임자 전장포항(미정), 압해 송공항(미정) 등 10개소이다.

정부가 마리나시설이 계획 중인 곳은 모두 8개 시군 11개소, 크루즈 관광 사업은 6개 지역이다. 국가가 운영하는 해양박물관은 하나도 없으며, 목포에 국립해양유물전시관이 유일하다. 최근에는 크고 작은 항만시설을 이용해 '마리나'를 계획 중이다. 정부에서도 '마리나 항만 조성 및 관리 등에 관한 법'을 준비 중이며 '마리나 기본계획'을 수립하고 있다. 뿐만 아니라 소규모 마리나시설, 친수공간, 낚시공원 조성 등을 추진하고 있다. 더 나아가 연안 크루즈산업을 육성할 계획을 가지고 있다. 정부는 2020년까지 목포항과 여수항을 포함한 6개 무역항을 크루즈항으로 개발할 계획이다. 이를 위해서는 레저선박의 대중화가 필요하다. 현재 정부에서는 해양레저선박으로 family 보트와 sailing 요트 2종 개발과 관광용 위그선 기술이전을 추진 중이다. 최근 많은 지방자치단체에서 마리나항을 건설하려는 것은 미래관광산업인 해양레저스포츠 거점을 먼저 확보하려는 것 때문이다.

〈표. 13〉 조성중인 마리나 현황(2008)

시도별	마리나명	수용척수	사업주체
전남	목포항 마리나	30척	목포시
함평	함평 마리나	20척	함평군
경기	전곡항 마리나	113척	화성시
강원	수산항 마리나	60척	양양군
제주	김녕항 마리나	20척	크라운
제주	이호항 마리나	330척	이호랜드

자료 : 국토해양부(2008)

〈표. 14〉 크루즈해 개발계획

항별	개발방안	시설규모
부산항	북항 재개발계획에 크루즈부두 반영예정	8만G/T급 2선석 *소요사업비 376억 원
인천항	인천항 종합발전계획 관련 국제여객부두 개발계획 반영으로 수도권관광항의 위상제고	5만G/T 2선석 *소요사업비 1,000억 원
평택당진항	한중간 크루즈 유람선 수요에 대처하기 위하여 신규 국제여객 부두 입지에 크루즈 부두 반영	2.6만G/T 1선석 *소요사업비 420억 원
목포항 ('11년 이후)	서남해안 관광레저 도시와 관련하여 신외항에 크루즈부두 개발 반영	5만G/T 1선석 *소요사업비 690억 원
여수항 (현재 운영 중)	여수세계박람회 개최시 관람객 유치를 위한 크루즈부두 개발반영	8만G/T 1선석 *소요사업비 350억 원
제주항 ('06. 12. 26 착공)	외항에 크루즈부두 개발하여 해양관광 활성화 도모	8만G/T 1선석 *소요사업비 300억 원

자료 : 국토해양부(2008)

4. 해양관광 활성화를 위한 제언

21세기 관광산업이 나가야 할 목표는 관광 대상지 지역사회와 주민을 우선시하고, 환경·사회문화·경제적으로 '관광의 지속가능성을 추구' 하는 방향으로 전환되고 있다. 세계의 관광 추세도 '가치에 근거한 관광', 생태와 문화를 강조하고 있다. 즉, 깨끗한 자연 속에서 휴양하고, 생각하고 배우며, 관광지 지역사회와 교류하는 관광형태를 추구하고 있다.

해양관광이야말로 이러한 미래관광에 가장 어울리는 관광유형이다. 첫째 해양관광은 지역을 초월한다. 특히 해양의존형의 경우는 더욱 그렇다. 이러한 특징 때문에 지역연계형 관광이 가능하다. 특히 만과 해협을 매개로 같은 생활 및 생업권을 갖는 지역들이 많다. 유럽처럼 해양관광자원이 국가간 매개체 역할을 하는 경우도 있다. 둘째 섬과 바다와 갯벌 등 해안의존형의 경우 환경과 생태에 주목해야 한다. 특히 조차가 큰 서남해역은 해양의존성이 크다. 어민들의 생태지식 즉 '물때' 에 대한 의존도가 매우 높다. 현지 주민들의 지혜를 빌리지 않으면 체험을 비롯한 관광행위가 어려운 부분들이 많다. 단순 지식으로 접근했을 때 어민들의 생업공간에 큰 피해를 줄 수도 있다. 도시민들에게 올바른 해양인식을 증진시키고 지역주민들의 소득창출을 위해서도 반드시 주민참여가 이루어져야 한다. 셋째 우리나라 어촌은 반농반어의 특징을 갖고 있다. 이런 특징 때문에 농촌, 산촌, 어촌의 생활상을 한꺼번에 체험하거나 즐길 수 있다. 가족단위의 관광에 가장 어울린다. 특히 산과 들과 강과 바다로 이어지는 생태계를 잘 관찰할 수 있어 교육형 체험관광에 적합하다. 넷째 해양자원의 다양성은 생업의 다양성으로 그리고 문화 다양성으로 이어졌다. 특히 해양문화는 자연의 시간성과 공간성에 의존하기 때문에 전통문화가 내륙문화에 비해서 잘 남아 있다. 특히 섬에는 육지와 다른 생업방식과 가치체계가 있다. 육지의 가치지향성에 익숙해진 관광객들에게 '섬' 과 '바다' 는 일탈과 동경의 대상이 되어야 한다. 이를 위해서는 '해양성', '해양문화' 에 기초한 개발이 전제되어야 한다.

이를 위해서는 첫째, 해양관광자원 및 관광객들 관광욕구에 대한 조사가 제대로 이루어져야 한다. 조사는 단순히 유적이나 유물조사 차원을 넘어 지역주민들의 삶과 생활문화가 중심이 되어야 한다. 그리고 관광객, 특히 미래 소비자라 할 수 있는 아이들, 국내체류 중인 외국인들의 관광욕구에 대한 조사도 매우 중요하다.

둘째, 명품 섬, 해안도로를 만들어야 한다. 우리나라에서 가장 많은 사람들이 찾는 섬은 거제시 '외도' 다. 이 섬은 수 십 년 동안 민간인의 투자와 관리로 농원에서 식물원으로 그리고 관광지로 탈바꿈했다. 일 년에 외도를 찾는 사람은 100만 명이다. 이들이 머무는 시간은 2시간이 되지 않는다. 섬이 가장 많고 해안선이 가장 긴 남도에 대표적인 명품 섬과 해안도로를 조성하는 것은 매력적인 관광자원이 될 수 있다. 이미 영광 백수해안도로에서도 입증되고 있다.

셋째, 계절성을 극복한 사계절 체류형 관광지로 전환해야 한다. 계절성을 극복하기 위한 방안으로 해양관광자원과 지역축제를 연결시키는 것도 좋은 방안이다. 섬관광은 휴가철과 해맞이와 해넘이와 연계한 연말연시형 이벤트에 집중되어 있다. 바람, 파도, 겨울바다 등을 이용한 겨울축제 등 테마발굴이 필요하다.

넷째, 해양관광 개발에서 무엇보다 중요한 것은 환경수용력(Environment Carrying Capacity)이 고려되어야 한다는 점이다. 갯벌이나 섬자원은 매우 제한적이며 파괴된 이후 복구가 쉽지 않기 때문이다. 이와 함께 수자원보호구역과 국립공원지역에 대한 면밀한 검토를 통해 현실에 맞는 조정작업이 진행되어야 한다.

다섯째, 섬관광을 활성화하기 위해서는 관광객 여객선 운임 지원이 절실하다. 섬관광을 활성화하는 방안으로 섬주민과 같은 여객선 운임 지원 시스템을 운영할 필요가 있다. 특히 홍도, 흑산도, 가거도 등 먼 섬관광을 할 경우 교통비 부담은 제주도 항공료 요금과 큰 차이가 나지 않으며 가족

여행을 할 경우 전체 여행비 중 교통비 비율이 매우 높아진다.

여섯째, 섬과 바다의 전통문화의 발굴 보전 육성 등 다양한 소프트웨어 개발이 필요하다. 섬을 찾는 관광객들의 관심은 육지관광과 차별화된 콘텐츠를 원한다. 자연경관, 역사와 문화, 민속 등 섬에서만 볼 수 있는 자원을 보고 체험하길 원한다. 뿐만 아니라 섬 주민들의 생활모습에서 이러한 문화를 확인하고 싶어 한다. 섬관광객 욕구를 충족시키기 위해서는 섬의 전통문화를 발굴하고 보전 육성시켜야 한다. 이를 위해 섬문화의 체계적인 조사가 이루어져야 할 것이다. 이를 통해 해양 스토리 개발이 필요하다. 섬에는 많은 설화와 전설이 전해오고 있다. 구전되어 온 이야기들은 진부한 이야기이지만 오늘날 어린이들에게 맞는 이야기로 재구성할 수 있다.

일곱째, 접근성 개선부분이다. 섬 접근성을 개선하는 방법은 교량건설, 쾌속여객선 운영, 경비행기 이용 등이 있다. 연륙과 연도 등 교량을 이용한 방법보다는 오히려 거점별 쾌속선 운항이나 경비행장 건설 등을 검토해 볼 필요가 있다. 섬이 갖고 있는 독특한 문화, 육지 사람들이 갖는 섬 이미지는 사라지는 것이다. 해양관광의 핵심산업으로 떠오르고 있는 요트 마리나시설, 수상택시, 연안크루즈도 같은 맥락에서 검토해 볼 필요가 있다. 목포, 진도, 여수지역에 소형 경비행기 운행 시스템을 마련해 전남의 서남해 바다와 섬, 다도해해상국립공원을 관람하는 방안을 모색할 필요가 있다.

마지막으로 해양관련 법률의 정비 및 제도개선이 필요하다. 토지는 배타적 소유의 성격을 갖지만 어장은 국가소유라는 공공재 성격을 띤다. 또 경계가 명확하지 않다. 정부 부처간 이해관계는 물론 지자체간, 마을간 이해갈등으로 표출되어 왔다. 그런 소유관계는 수많은 제도와 법률을 만들어냈다. 그 결과 바다와 갯벌 혹은 연안개발을 위해 적으면 10여개, 많으면 수십 개 법률검토를 해야 한다. 또 새로운 자원과 이용요구가 생길 때마다 법안들이 만들어지고 있다. 하지만 법률들 간 유기적인 관계는 거의 이루어지지 않고 있다. 이런 이유 때문에 개발은 먼저 생각하는 영역(지자체, 중앙부처)에서는 각종특별법을 만들어 내고 있다. 대표적으로 '동서남해안권 발전 특별법' 을 들 수 있다. 하지만 특별법이 만능이 될 수 없다. 특별법은 또 다른 특별법을 낳기 때문이다. 이제 해양 이용과 보전이라는 측면이 동시에 고려되어야 한다. 국립공원 및 수산자원보호 구역지정 및 운영방안 등 다양한 해양관련법들을 보전과 이용의 현실에 맞게 재조정해야 하며 법안의 통합운영이 절실한 상황이다.

전남지역은 다른 어느 지역보다 풍부하고 가치 있는 관광자원을 갖추고 있다. 그동안 외면해 왔던 지역의 생태·문화·역사의 가치를 높일 수 있는 자원들을 발굴해야한다. 섬과 바다의 특징은 '느림' 과 '생태', '전통' 과 잘 어울린다. 이러한 특징을 모토로 개발해야 한다. 이제 관광개발도 '미래세대의 관광기회를 보호하면서 관광객의 욕구도 충족시켜야 한다. 즉 지속가능한 관광개발은 문화보전, 생물다양성 그리고 생명지원체계를 유지하면서 경제적·사회적·미적 필요를 충족시킬 수 있는 방법으로 모든 자원을 관리해야 한다. 이러한 관광상품은 지역환경, 지역사회와 문화가 관광개발의 희생물이 아니라 수혜자가 되도록 조화를 이루는 상품이 되어야 한다.

벤치마킹

2005 아이치엑스포의 벤치마킹 _ 변동명

2010 상해엑스포와 대학의 역할 _ 이주노

2005 아이치엑스포의 벤치마킹

변동명 | 전남대 교수

1. 벤치마킹의 배경

여수세계박람회가 2012년 개최됨에 따라 지역거점 대학으로서 박람회에 대한 적극적이고 주도적인 역할을 수행하고 대학 내 박람회 관련 분야의 특성화 가능성을 검토하기 위해 해외 박람회 유치 지역과 그 지역 소재 대학의 선행 사례를 조사·연구하는 일이 필요하다고 할 수 있다. 이를 통해 박람회 관련 분야를 특성화하고 관련 사업에 주도적으로 참여하여 대학의 경쟁력을 제고할 수 있기 때문이다. 그래서 전남대학교에서는 2005년 세계박람회를 개최한 일본 아이치(愛知)와 2010년 세계박람회 개최 예정인 중국 상하이(上海)를 탐방하기로 결정하였다. 이 글은 2008년 2월 18일부터 20일까지 2박 3일 동안 일본 아이치엑스포 개최 현장과 나고야 해양박물관 및 나고야 대학을 탐방한 결과를 정리한 것으로 여수세계박람회에 활용할 수 있는 벤치마킹 요소를 제시하는 것을 목적으로 한다.

아이치엑스포는 매우 성공적으로 개최된 행사로 평가받고 있다. 박람회 예상 관람객은 당초 1,500만 명이었으나 실제 2,200만 명이 관람하였고 박람회 자체 수익만 700억 엔 이상에 달했다. 이로 인해 아이치(愛知)·기후(岐阜)·미에(三重) 등 도카이(東海) 3개 현(縣)에 총 1조 2,082억 엔 상당의 경제효과가 발생하였다. 이처럼 성공적인 행사를 치른 아이치의 사례를 살펴보는 것은 여수세계박람회의 성공적인 개최와 사후 활용을 위해 필수적인 과정이라고 할 수 있다.

2. 아이치엑스포 개최 현장의 벤치마킹 요소

아이치엑스포는 벤치마킹할 요소들이 많은데 박람회 개최 현장과 관련해서는 특히 박람회 현장과의 접근성, 특정주제로의 집중, 폐막 후 주요시설물의 활용이라는 측면을 살펴볼 필요가 있다.

먼저 '박람회 현장과의 접근성'에 대해 언급하자면 이는 박람회의 성패를 좌우할 만큼 매우 중요한 사항이라고 할 수 있다. 아이치엑스포가 개최된 지역은 일본의 중부에 위치하여 전통적으로 접근성이 좋은 지역임에도 박람회의 성공적 개최를 위해 접근성 개선에 적극 투자한 점은 눈여겨보아야 할 일이다. 중부국제공항(나고야만 인공섬)을 개장하고 리니모(Linimo)를 만들어 이를 아이치 환상도로(環狀道路), 거미줄 같은 기존의 전철망·철도망과 연결한 것을 그 예로 들 수 있다.

특히 여기서 주목할 만한 일은 자기부상식 첨단 모터카인 리니모의 운행이다. 박람회 개최지는 나고야(名古屋) 도심으로부터 멀리 떨어진 곳에 있었으나 나고야 외곽 후지가오카역(藤丘驛)에서 아이지큐하쿠키넨코엔역(愛·地球博記念公園驛)을 거쳐 야쿠사역(八草驛)에 이르는 8.9km의 거리를 리니모 열차가 운행하도록 연결함으로써 접근성을 크게 개선하였다. 아울러 리니모가 운행되는 토부큐료선(東部丘陵線)을 아이치 환상도로로 연결시켜 가벼운 교외 여행을 가능하게 하고, 토부큐료선 및 아이치 환상도로의 연변에 수많은 기념관과 역사유적 등 관광명소를 집중 배치한 점도 눈에 띄는 점이다.

아이치엑스포의 관람객이 당초 예상한 1,500만 명보다 훨씬 많은 2,200만 명을 훌쩍 넘어서고 흑자가 1,000억 원 이상 될 수 있었던 주요한 요인으로 이처럼 첨단 과학기술을 활용한 리니모를 운행하고 이를 주요교통수단인 지하철과의 긴밀하게 연계함으로써 박람회 현장으로의 접근을 용이하게 한 점을 빼놓을 수 없다. 여수세계박람회에서도 접근성 확보가 매우 중요하다는 것은 두말할 여지가 없다. 더구나 여수는 접근성의

〈그림 1〉 리니모의 운행모습

측면에서 아이치보다 훨씬 많은 문제점을 안고 있기 때문에 접근성 확보에 각별히 신경을 써야 한다. 박람회장까지 연결하는 교통수단의 연결체계를 관람자 입장에서 재검토·조정하고 첨단기술을 적용한 자연친화적인 교통수단을 마련하는 노력을 기울여야 한다. 항공 및 해상·육상교통의 물 샐 틈 없는 연결망을 갖추는 것이 보다 많은 국내외 관람객을 유치하는 첩경일 것이다.

다음으로 '특정주제로의 집중'에 대해 살펴보자. 아이치엑스포에서는 '자연·환경', '첨단기술', '일본적', '어린이' 등 미래지향적인 것들로 주제를 집중시키고 이를 사후 활용에도 반영한 것을 볼 수 있다. '자연친화'(水·林花·風)와 관련된 것으로는 임상화원(林床花園 : 일본 토종 수목과 화초 식재), 태양열 · 풍력 이용 가로등, 자연정화력을 최대한 이용한 6곳 이상의 연못과 저수지를 들 수 있다. '첨단기술'과 관련된 것으로는 태양열 · 풍력 동시 이용 가로등, 청색발광 다이오드, 야외 폭염 대비 첨단 스프링클러, 일본의 탑 '월'(月)을 들 수 있다. '일본적'인 것으로는 일본 전통정원과 다실(茶室)이 있다. 인기 애니메이션『이웃집 토토로』에 나오는 내용 그대로 집('사츠키와 메이의 집')의 외관과 내부를 섬세하게 재현하여 실제 체험도 일부 가능하도록 한 것은 '어린이'를 위한 것이다. 특히 아이치엑스포에서는 일본은 물론 세계의 어린이들이 좋아하는 캐릭터인 토토로를 정원수 및 그 밖의 각종 캐릭터 상품으로 진열·판매함으로써 가족단위 방문객 유인과 수익증대라는 일석이조의 효과를 보았다.

아이치엑스포에서는 이와 같은 핵심 주제들을 사후 활용에도 반영하도록 하였다. 놀이와 학습을 겸한 아이치현아동종합센터와 첨단연구소가 중심시설이 되게 하고 자연친화적이고 친환경적인 박람회 현장과 일본적 전통을 보여주는 시설이나 장치를 그 배경이 되도록 한 점이 그것을 말해준다.

〈그림 2〉 박람회 캐릭터 토토로

여수세계박람회에서도 이처럼 미래지향적인 특정 주제로 집중할 필요가 있다. 예를 들어, '자연·환경', '첨단기술', '한국적인 것', '어린이', '노인문제' 등에 집중할 필요가 있다. 또한 박람회의 공식 캐릭터로서 누구에게나 친숙한 우리 만화나 전통 캐릭터들을 최대한 활용토록 하여야 한다. 나아가 박람회 본래 성격에 어긋나지 않는 한 가급적 우리 문화를 많이 접목해야 할 것이다.

마지막으로 '폐막 후 주요시설물의 활용'에 대해 살펴보자. 아이치엑스포는 현장과 각종 시설물을 설계할 때부터 사후 활용을 대비하여 정밀하게 구상한 점이 돋보인다. 현재는 사전 계획에 따라 박람회 당시 시설물을 대부분 철거하고 일부는 아이치엑스포기념관(愛·地球博記念館), 아이치현아동종합센터(어린이체험학습장이면서 체험학습과 놀이 개발 및 보급, 관련 전문가 교육을 담당), 아이치국제아동년기념관(愛知國際兒童年記念館), 자연체험 놀이기구, 온수(溫水) 풀, 스케이트장 등으로 활용하고 있다. 또한 박람회 개최 현장에서 봄맞이걷기대회, 화초식재 자발적 활동가 대회 등 각종 대회를 개최하고 있는 것을 볼 수 있다. 기존 인기 시설물인 일본 전통정원과 다실 및 '사츠키와 메이의 집' 재현 장소는 관광전시용으로 지금도 운영 중이며 앞으로도 계속 유지할 계획이라고 한다. 사후 활용을 위한 프로젝트들은 앞으로도 계속될 예정이다. 나고야대학교는 여

〈그림 3〉 아이스스케이트장으로 바뀐 식당 및 전시관

〈그림 4〉 대공원 조성 공사현장 및 안내판

기에 첨단연구센터를 건립하여 운영할 계획이다. 또한 2008년 개장을 목표로 대단위 레저공원 조성을 위한 공사가 진행 중에 있다. 이 모두는 박람회 계획 단계에서부터 폐막 후의 용도를 충분히 고려하여 건물·시설을 설계·시공하였음을 보여주는 것으로 여수세계박람회가 반드시 본받아야 할 요소라고 할 수 있다.

이와 같이 아이치엑스포는 철저한 준비를 한 행사였지만 현재 휴일 관람객은 200~300명, 평일 관람객은 20~30명 정도에 머무르고 있다. 이는 세계박람회 개최 후를 대비해 얼마나 많은 준비를 해야 하는가를 잘 보여준다. 여수세계박람회에서는 이를 충분히 감안하여 기획 단계부터 관련 관공서 및 참여업체들의 폐막 후 활용가능성을 충분히 고려하고, 특히 향후 활용을 위한 매우 세부적이고 구체적인 계획안을 수립해야 할 것이다.

3. 나고야 일원의 역사문화 및 자연자원 활용

아이치엑스포에서는 전통에서 현대와 미래까지, 자연에서 최첨단의 과학기술까지, 바다에서 산까지, 열대에서 한대까지, 한 지역에서 모든 것을 체험하고 즐길 수 있도록 배려하였다. 이를 위해 유적 및 관광명소를 새롭게 정비·창출함과 더불어 새로운 명소와 명물을 만들어냈다. 그 예로 수족

〈그림 5〉 해양박물관 및 남극탐사선

〈그림 6〉 나고야 성

관, 해수욕장, 썰물 때의 고기잡이 놀이시설, 온천, 눈 덮인 고산, 오아시스, 나고야돔, 경정장(競艇場), 지하쇼핑센터 등을 들 수 있다. 또한 외국인과 장애인을 배려한 안내 및 교통·숙박시설, 크고 작은 수많은 기념관, 박물관, 전시관 등 다양한 문화시설을 갖춤으로써 박람회 주변에 볼거리를 마련하였다.

여기에서는 대표적인 예로 나고야 해양박물관과 나고야 성을 살펴보고자 한다. 나고야 해양박물관은 나고야 구항(1907년 개항)의 옛 모습에서 현재까지를 실물과 모형물 및 컴퓨터 그래픽을 활용해 상세히 보여주고 있다. 또한 전통시기에서 현대에 이르는 수많은 선박 및 그에 관련된 도구와 시설의 사진, 모형물, 그림 등은 물론 다양한 해양 관련 저작물을 전시하고 있고, 남극탐사선을 사용하던 당시 그대로 실물로 재현하고 있어 관람객들의 호기심을 자극한다. 나고야 항을 굽어보는 높고도 아름다운 전망대와 거대한 수족관도 눈에 띄는 점이다.

다음으로 언급해야 할 것은 거대한 나고야 성을 복원·정비하였다는 것이다. 제2차 세계대전 당시 불탄 천수각을 복원하였고, 전망대 및 역사적 사건의 현장임을 보여주는 그림과 저술 및 유물 등을 전시에 활용하였다. 오다 노부나가, 도요토미 히데요시, 도쿠가와 이에야스 등 전국시대를 마감한 세 인물이 나고야와 관련되었음을 강조하여 역사성을 드러내려 노력한 점이 돋보인다. 또한 일본의 전통을 보여주는 매림(梅林), 다실건물(茶

室建物 : 喫茶體驗)을 내세운 점도 눈에 띄는 점이다.

이와 같이 박람회 개최지 주변의 자연자원과 역사문화자원을 활용하여 관람객 유치에 기여한 점 역시 여수세계박람회에서 벤치마킹할 대상이라고 할 수 있다. 덧붙여 벤치마킹 대상으로 한 가지만 더 언급하자면 '관광 상품 및 상징물의 특성화' 이다. 나고야 해양박물관과 나고야 성에서는 현지에서만 볼 수 있고 또 살 수 있는 상징물 및 관광 상품을 개발할 뿐만 아니라, 다른 지역에서 동일한 것을 모방해 사용하지 못하도록 이것들을 적극 보호하고 있었다. 지역의 특성을 잘 드러낸 관광 상품인 나고야 해양박물관의 돌고래나 나고야성의 샤치(金鯱)가 바로 그 예라 할 수 있다. 여수의 경우 거북선 내지 거북이를 그 대상으로 고려할 만하며, 이러한 상징물 및 역사문화자원을 스토리텔링 작업을 통해 알리는 노력을 기울여야 한다. 여수는 2012 세계박람회를 계기로 창의적이고 특색 있으며 국제화된 명품도시를 지향해야 하는데 명품도시가 되기 위해서는 이와 같은 노력이 선행되어야 하며 지역 대학은 가지고 있는 지적 자원을 최대한 활용하여 이러한 노력이 실현될 수 있도록 지원하여야 할 것이다.

4. 나고야대학의 지역사회 기여 노력과 아이치엑스포의 성공

아이치엑스포 개최 지역에 위치한 나고야대학은 지역거점대학으로서 지역사회에 기여하기 위한 노력의 일환으로 아이치엑스포의 성공적 개최에 적극 협력하고 실제로 큰 역할을 하였기 때문에 여수세계박람회가 열리는 지역의 거점대학으로서 전남대학교가 벤치마킹할 많은 경험을 가지고 있다.

먼저 주목할 사항은 나고야 대학과 지역사회의 긴밀한 연계라고 할 수 있다. 이 대학은 지역사회에 대한 봉사와 기여를 대학의 주요한 목표로 구체적으로 명시하고 있을 정도로 중요시하고 있기 때문에 박람회에 대한 협력은 지역거점대학으로서의 사명이었다고 할 수 있다. 또한 나고야대학 졸업생들이 도요타 회장(나고야 대학 동창회장), 박람회 사무국장 등으로 지역 내 각계각층에서 주요한 활동을 벌이고 있는 점도 대학의 지역사회 봉사를 원활하게 하였다고 할 수 있다.

나고야 대학의 박람회에 대한 실질적 기여에 있어서는 먼저 엑스포 전시물 및 시설물과 관련된 학문적·기술적 지원을 들 수 있다. 나고야 대학은 전시물인 러시아 맘모스의 DNA와 알래스카 식물을 분석하고, 로봇 제작 및 전시 기술을 지원하고, 이 대학 소속인 아카자키 교수가 세계 최초로 개발한 청색 발광 다이오드를 기념품 등에 활용하고, 폭염 시 관람자 편의를 위한 첨단 스프링클러 설치 기술을 지원하였다.

이러한 학문적·기술적 지원은 박람회의 단위별로 공학부, 연구센터, 교수 등에 의해 개별적으로 이루어졌기 때문에 나고야 대학에 별도의 박람회 지원조직은 두지 않았다고 한다. 그러나 우리 대학의 입장에서는 조직적 지원을 위해 여수엑스포지원특성화사업단을 두고 있으므로 이를 활용하여 나고야 대학과 어떻게 차별화할 것인가를 생각해보아야 할 것이다. 또한 로봇, 식물 분야 등 과학기술계열에서는 나고야 대학의 전문가들이 분야별로 참여하여 활동하였지만 역사, 문화 등 인문사회계열에서는 박람회와 관련한 지원 및 참여가 없었기 때문에 여수세계박람회에서는 이를 보완하기 위한 아이디어를 마련해야 할 것으로 보인다.

다음으로 다양한 학술행사를 개최한 점을 들 수 있다. 자연을 주제로 열린 아이치엑스포를 위한 '환경문제 포럼', 발광 다이오드 관련 학술 심포지엄이 바로 그 예이다. 또한 나고야 대학은 학생들이 주도한 포럼을 개최하여 재학생들의 참여를 이끌어내기도 하였다.

자원봉사자 교육도 이 대학이 한 큰 역할 중의 하나였다고 할 수 있다. 나고야 대학은 학내의 언어교육원 등에서 자원봉사자를 교육하였는데, 특히 70여 국에서 온 유학생 1,200여 명(나고야 대학의 전체 학생 수는 약 1만 7,000명)을 교육하여 각자 본국에서 아이치엑스포를 홍보하거나 대회

〈그림 7〉 나고야대학 이사(부총장)면담장면

장의 국가별 부스에서 자원봉사활동을 하게 한 점은 눈여겨보아야 할 일이다. 이들 유학생들이 문화교류에 있어 큰 역할을 함으로써 이 아이디어는 좋은 성과를 거두었다는 평가를 받고 있다.

나고야 대학은 박람회 폐막 후에도 계속해서 중요한 역할을 하고 있다. 이 대학은 박람회 개최 장소를 지적 거점으로 만들기 위해 이곳에 첨단연구센터를 건립·운영할 계획을 세움으로써 박람회 시설의 사후활용 방안 마련을 지원하고자 한다. 또한 앞선 개최 경험을 활용하여 2010 상하이엑스포 개최를 지원하는 등의 국제교류활동을 전개함으로써 대학의 대외적 위상을 높이고 있는 점도 높이 평가할만한 일이다. 나고야 대학은 현재 상해 교통대학과 교류하며 관련분야 지원 및 협조를 위하여 중국에 사무소를 두고 활동 중이다.

나고야 대학의 입장에서 박람회 개최 시 가장 우려하고 주의한 점은 테러였으며 이를 방지하기 위해 많은 준비를 하였다고 한다. 대학은 누구나 자유롭게 들어올 수 있는데 대학 내에 위험한 화학물질 및 방사선 물질 등이 많아 이를 훔쳐 테러에 폭발물 등으로 사용할 가능성이 있기 때문에 안전에 철저를 기했다는 것이다. 이러한 안전 문제도 박람회를 위해 매우 중요한 사안이므로 이에 대한 철저한 계획을 세워야 할 것이다.

이와 같은 여러 문제에 있어 나고야 대학은 다양한 경험을 축적하고 있고 2010년에는 상하이에서 박람회가 개최되어 거기에 참여하는 지역 대학들이 다양한 노하우를 갖게 될 것이므로 2012 여수세계박람회의 성공을 효율적으로 지원하기 위해서는 이러한 주변 박람회 개최국 대학과의 교류 및 협조가 절실하다고 할 수 있다. 따라서 이 대학들과의 국제심포지엄 개최와 공동 관심사에 대한 협동연구를 생각해볼 필요가 있다.

5. 제언

여수세계박람회의 성공적 개최는 여수시나 여수세계박람회조직위원회에만 일임해서는 절대 불가능한 일이다. 중앙의 적극적인 지원은 물론, 광주·전남 지역사회의 자발적·적극적인 참여가 필수적이다. 또한 대학과 기업체의 협력이 반드시 이루어져야 한다. 대학의 경우 나고야 대학이, 기업체의 경우 도요타가 했던 역할이 그것을 잘 말해준다. 도요타그룹은 박람회장에만 60억 엔을 투입하였고, 박람회장 입장권 938만 장 중 100만 장을 박람회 개최 전에 자체 소화해주었다고 한다. 따라서 다양한 활동 주체들을 끌어들여 이를 조직화하는 문제를 심각하게 생각해보아야 할 것이다.

다음으로 세계박람회가 여수시만의 행사로 그치지 않고 지역 전체, 나아가 국가 전체의 행사가 될 수 있도록 기획하여야 한다는 것이다. 그러므로 우선 여수를 중심으로 순천, 광양, 보성, 고흥 및 남해, 하동, 통영, 거제 등 남해안 중앙부 전체를 아우를 수 있는 구상을 제시할 필요가 있다. 이를 토대로 행사가 전국화될 수 있는 방안을 모색하여야 한다.

또한 박람회의 성공적 개최를 위해서는 유념해야 할 점이 많은데, 다음의 것들을 특히 강조하고자 한다 : ① 박람회 기획에서부터 전시, 활용 등 다방면에서 창조적 발상을 해야 성공할 수 있다 ; ② 무형자산인 지역 고유의 전통을 적극적으로 활용해야 한다. 여기에는 여수와 남해안 내지 호남까지 포함될 수 있다 ; ③ 박람회의 성공적 개최는 물론 그 사후활용을 위한 우리 모두의, 특히 여수시민의 참여와 관심이 절대적임을 명심해야 한다. 이러한 사항들의 추진을 위한 비전 및 전략적 추진 방향을 지역거점대학인 전남대학교가 제시하고 선도해야 할 것이다.

2010 상해엑스포와 대학의 역할

이주노 | 전남대 교수

주지하다시피 상해세계박람회(이하 상해엑스포로 약칭)는 등록(registered) 엑스포이고, 여수엑스포는 인정(recognized) 엑스포인 바, 엑스포의 주제는 물론, 개최기간, 개최 주기, 전시관 건설의 주체, 전시면적 등이 다르다. 따라서 두 곳의 엑스포를 단순 비교하는 것은 현재 우리의 논의선상에서는 그다지 의미 있다고 볼 수는 없다. 그러나 대학이 엑스포를 성공적으로 치르기 위해 필요한 인적 자원과 다양한 노하우를 보유하고 있다는 점에서, 대학의 참여와 지원은 엑스포의 성패를 좌우할 수 있는 중요한 요소라고 할 수 있다.

지난 2월 말 상해엑스포를 지원하기 위한 대학의 역할과 시스템을 살펴보기 위해 우리 대학에서는 상해엑스포 시찰단을 구성하여 상해엑스포국과 여러 대학을 시찰한 바 있다. 이 글은 기본적으로 여수엑스포를 지원하기 위해 실시했던 상해엑스포의 벤치마킹에 토대를 두고 있다. 이 글은 크게 두 부분, 즉 상해엑스포에 관한 기본적 정보, 그리고 상해엑스포에 대한 대학의 역할과 지원 시스템으로 나누어 살펴보기로 한다.

1. 상해엑스포란?

상해엑스포는 '도시, 삶을 더욱 아름답게(城市, 讓生活更美好 : Better City, Better Life)' 라는 주제로, 2010년 5월 1일부터 10월 31일까지 6개

월간 개최된다. 상해엑스포는 이러한 주제를 나름의 엑스포 로고(logo)와 마스코트(mascot)로 형상화하여 상해엑스포를 홍보하고 있다. 엑스포의 로고(〈그림 1〉 참조)는 '세(世)' 라는 한자를 창의적으로 변용하여 세 사람이 어깨를 겯고 있는 모습을 상징하고 있으며, '이해, 소통, 즐거움, 협조' 의 이념을 표현하고 있다. 이로써 상해 엑스포가 '인간 본위' 의 엑스포임을 적극적으로 주창하고 있다.

아울러 상해엑스포는 마스코트(〈그림 2〉 참조)로서 '하이바오(海寶)' 를 제작하였다. 이 마스코트는 '인(人)' 이라는 한자를 변용하였는 바, 중국문화의 특색을 반영하고 있을 뿐만 아니라, 로고의 '인간 본위' 의 이념과 호응하고 있다. 즉 '인(人)' 이라는 글자가 보여주는 바의, 서로 지탱하고 있는 구조는 '아름다운 삶이란 너와 내가 함께 창조한다' 는 의미를 담고 있다는 것이다. 마스코트의 각 부분을 자세히 살펴보면, 머리카락은 바다 물결로서 활발한 개성을 상징하며, 얼굴의 만화식의 간략한 표정은 우호적이면서 충만한 자신감을 상징한다. 커다랗고 둥근 눈은 미래의 도시에 대한 충만한 기대를 상징하고, 곡선미 넘치는 몸은 조화로운 삶의 멋진 느낌을 약간은 장난스럽게 보여주고 있으며, 엄지를 치켜세운 주먹은 전세계의 벗들을 열정적으로 환영함을 의미한다. 또한 대지 위에 굳건히 선 두 발은 엑스포를 성공적으로 치를 수 있는 중국의 능력과 결심을 상징하고 있으며, 마스코트 전체의 푸른 색깔은 발전의 희망과 잠재력으로 충만된 중국을 상징하고 있다.

엑스포 사상 처음으로 '도시' 를 주제로 내건 상해엑스포는 부주제(副主題)로 '도시 다문화의 융합', '도시경제의 번영', '도시과학기술의 창신', '도시구역의 재창조'. '도시와 농촌의 상호작용' 등을 내세우고 있다. 이러한 주제와 부(副)주제 아래, 상해엑스포의 조직자들은 전람회와 각종 테마활동을 통하여 크게 세 가지의 주요 문제에 해답을 제시하고자 한다. 세 가지의 주요 문제는 다음과 같다. 첫째, 어떠한 도시가 삶을 더욱 아름답게 만드는가? 둘째, 어떠한 생활관념과 실천이 도시를 더욱 아름답

〈그림 1〉

〈그림 2〉

게 만드는가? 셋째, 어떠한 도시발전의 모델이 지구를 더욱 아름답게 만드는가? 상해엑스포는 이러한 문제의식을 바탕으로, 상해엑스포의 핵심사상을 다음과 같이 밝히고 있다.

도시는 인간이 창조한 것으로, 끊임없이 진화, 발전하여 하나의 유기체계로 성장하였다. 인간은 이 유기체계 가운데 가장 활력이 넘치고 가장 창신능력이 뛰어난 세포이다. 인간의 생활은 도시의 형태 및 발전과 밀접하게 상호 작용하고 있다. 도시문화의 발전이 가속화함에 따라, 도시의 유기체계, 그리고 지구의 대(大)생물권과 자원 시스템과의 상호 작용 역시 날로 심화되고 확대되었다. 인간, 도시와 지구, 이 세 가지의 유기체계는 서로 얽혀 있는 바, 이러한 관계는 도시 발전의 역사에 관철되어 있으며, 이 세 가지는 날로 떼려야 뗄 수 없는 정체(整體)로 융합될 것이다.

이러한 핵심사상에 근거하여, 상해엑스포는 주요 목표를 크게 네 가지로 설정하였다. 첫째, '도시시대'에서 제기되는 갖가지 우환의식을 제기함과 아울러, 가능한 해결방안을 제시하는 것. 둘째, 도시 유산에 대한 보호를 촉구함으로써, 사람들이 건강한 도시발전에 보다 많은 관심을 기울이도록 하는 것. 셋째, 지속가능한 도시발전이념, 성공적 실천 및 기술의 창신 등을 널리 보급하고, 개발도상국의 지속가능한 도시발전모식을 모색

〈표 1〉 편구의 기능

편구(片區)	기능
A 편구	·중국관 ·외국 국가관(동남아를 제외한 아시아국)
B 편구	·주제관 ·동남아와 대양주 일부 국가관 ·국제조직관 ·공공활동센터 ·연예(演藝)센터
C 편구	·외국 국가관(유럽, 아메리카주와 아프리카주 국가)
D 편구	·기업관
E 편구	·기업관 ·도시문명관 ·도시 최우수실천구

하는 것. 넷째, 인류사회의 교류, 융합과 이해를 촉진하는 것 등이다.

이 주제와 주요 목표를 달성하기 위해, 상해시는 상해시를 관통하는 황포강(黃浦江) 양안, 남포대교(南浦大橋)와 로포대교(盧浦大橋) 사이의 빈강(濱江) 지구(상해엑스포의 용지는 총면적 5.28㎢이며, 이 가운데 포동(浦東)지구가 3.93㎢이고 포서(浦西)지구가 1.35㎢이다)를 엑스포의 공간으로 지정하였다. 이 가운데 상해엑스포의 핵심적인 역할을 수행하는 구역은 다섯 개의 편구(片區)인데, 각각의 편구의 기능은 다음과 같다.

상해엑스포는 운영의 총목표를 '안전, 간편, 조화(安全, 便捷, 和諧)'로 설정하고 있으며, 그 구체적인 목표로 다음의 여덟 가지를 제시하고 있다.

- ·7000만 명의 관람객을 유치하여 60억 원의 입장 수입을 실현한다.
- ·엑스포구역을 안전하고 질서 있게, 조화롭고 안정적으로 운영하여 사고를 예방한다.
- ·관람객에게 편리하고 우수한 서비스를 제공하여 아름다운 삶을 느끼

도록 한다.

- 엑스포 참여자에게 최고의 서비스와 도움을 제공한다.
- 과학기술을 최대한 이용하여 과학적인 운영과 디지털화된 엑스포를 실현한다.
- 검소하고 청렴한 운영으로 수익을 창출한다.
- 교양 있는 행동을 실천하고 시민의 교양수준을 끌어올려 중국의 이미지를 제고한다.
- 규모가 크고 수준 높은 다국가, 다민족, 전인류의 경제, 문화, 과학기술이 교류할 수 있는 성대한 잔치를 창조한다.

'도시' 라는 주제에 걸맞게 상해엑스포가 역점을 두어 준비하고 있는 전시 항목은 '도시최우수실천구(城市最佳實踐區)' 이다. '도시최우수실천구' 는 황포강 서쪽의 E편구에 자리 잡고 있으며, 면적은 약 12헥타르이다. '도시최우수실천구' 는 '지속가능한 발전 – 생태도시' 를 전시 주제로 설정하고 있다. E 편구의 남구에서는 교통, 에너지, 수자원, 고체폐기물과 대기환경 등의 방면에서 생태기술이 가장 우수하게 실천되고 있는 사례를 전시할 예정이며, 이 구역에는 서관(序館), 에너지관과 실외 전시구, 교통관과 실외 전시구, 환경, 고체폐기물 및 수자원관과 실외 전시구 등이 포함되어 있다. E 편구의 북구에는 생태구의 모의(模擬) 정경을 구성하여, 갖가지 생태도시의 이념과 과학기술을 총체적으로 전시하고, 미래도시의 전경을 미리 살펴볼 예정이며, 이 구역에는 생태건축 전시구, 역사건축 보호와 재활용 전시구, 연안지구 기능의 재창조 전시구, 도시와 지역사회 발전관, 개발도상국의 도시실천 및 빈민지구 개조경험관 등이 들어선다.

이러한 목표를 실현하기 위해, 상해엑스포를 관장하는 주요 기구로 세 가지를 들 수 있는데, 상해엑스포조직위원회, 상해엑스포집행위원회, 그리고 상해엑스포사무협조국이 그것이다. 상해엑스포조직위원회는 상해엑스포의 지도기구로서, 중앙의 관련 부서 및 상해시정부 등 30곳의 단위로 이루어져 있으며, 주임은 국무원부총리가 담당하고 있다. 조직위원회의 주요 업무는, ① 관련 법규, 규장 및 정책의 제정과 실시에 대한 협조, ② 각 지구와 중앙 관련부서의 박람회 참여업무에 대한 협조 및 촉진, ③ 중국 정부가 각국 정부와 관련 국제조직을 초청하여 박람회에 참여하도록 촉진, ④ 상해엑스포의 주비 및 추진 과정 중에 발생하는 주요 사안에 대한 결의와 결정, ⑤ 국제박람회기구(BIE)의 정부측 대표를 확정, ⑥ 조직위원회의 일상 연락 및 협조 업무는 중국국제무역촉진위원회에서 담당하도록 한다는 것 등이다. (조직위원회의 조직 구성은 〈참고자료 1〉을 참고)

상해엑스포집행위원회는 상해엑스포의 집행기구로서, 42개 관련부서가 참여하고 있으며, 상해시 시장이 주임을 담당하고 있다. 집행위원회의 주요 업무는, ① 상해엑스포조직위원회의 지도 아래 조직위원회의 결의와 결정을 집행, ② 관련 정보를 정기적으로 조직위원회에 보고, ③ 상해시 관련 기구의 사업을 지도하고 협조, ④ 조직위원회가 위임한 업무의 처리 등이다. (집행위원회의 조직 구성은 〈참고자료 2〉를 참고)

상해엑스포사무협조국(上海世博會事務協調局, 상해엑스포국이라는 의미의 上海世博局이라 약칭)은 2003년 10월 30일에 성립된, 상해엑스포의 실질적인 조직자의 역할을 담당하고 있다. 상해엑스포국은 조직위원회 및 집행위원회의 지도 아래 상해엑스포의 주비, 조직, 운영 및 관리를 담당한다. 상해엑스포국의 주요 업무는, ① 상해엑스포조직위원회가 결정하고 협조하는 일상공작의 담당, ② 상해엑스포 주비공작의 일상조직관리의 담당, ③ 엑스포와 관련된 대외협력 및 교류활동, 엑스포의 운영사업에 대한 협조 등이다. 상해엑스포국은 35개의 부서로 이루어져 있으며, 정부 부서 및 대학, 연구소의 전문가들이 각 부서에서 활동하고 있다. (사무협조국의 조직 구성과 담당업무는 〈참고자료 3〉을 참고)

이밖에, 상해엑스포를 성공적으로 추진하기 위한 기구로서 상해엑스포토지유한공사(土地控股有限公司)와 잡지인 『상해엑스포(上海世博)』을 들 수 있다. 2004년 1월 5일에 성립한 토지유한공사는 94억 원(인민폐)의 자본금을 보유하고 있는데, 상해엑스포조직위원회의 위탁을 받아, 정부투자 이외의 토지개발자금의 조달, 상해엑스포의 기획 단지 내의 주민 및 기업의 이전, 단지의 기초시설의 건설 및 단지 안팎의 관련 부속시설의 건설 등을 책임지고 있다. 『상해엑스포』는 2005년과 2006년에는 격월간으로 발행되다가, 2007년 이후 월간으로 발행되고 있는데, 상해엑스포와 관련 시사정책 및 각종 정보를 홍보하는 한편, 엑스포의 정신과 지식을 널리 알리는, 상해엑스포의 창구이자 교량 역할을 담당하고 있다.

3. 상해엑스포에서의 대학의 기능과 역할

상해엑스포 유치 단계에서는 정부기관의 공식적인 활동이 아닌, 대학과 연구소의 학술활동이 중심을 이루었다. 상해시에 소재하는 대학의 관련전공 교수들이 주로 참여하였는데, 상해엑스포의 주제가 '도시'인지라 도시계획 방면에서 가장 탁월한 업적을 자랑하는 동제대학이 가장 두드러진 역할을 수행하였다. 유치단계에서 각각의 대학이 주로 수행했던 분야를 살펴보면 다음과 같다.

이들 4개 대학 가운데 동제대학이 가장 주도적 역할을 담당하였는데, 이는 물론 동제대학이 도시계획 분야에서 이미 가장 앞서나갔기 때문이기도 하지만, 보다 중요한 요인으로는 1980년대부터 엑스포 유치 사업에 상해시와 함께 나섰으며, 1999년 12월에 엑스포 신청작업을 주도하였던 점을 들 수 있다. 실제로 상해엑스포 유치 이후 동제대학은 엑스포 연구센터를 설립하였으며, 이 연구센터는 상해엑스포국으로부터 상해엑스포 정책결정 자문기구로 인정받았다. 또한 당시 엑스포 신청작업을 주도하였던 동제대학 총장은 이후 과학기술부 장관으로 발탁되었다.

2002년 12월 3일 상해시가 상해엑스포의 유치에 성공한 이후, 상해엑스포의 운영을 위한 수요인력은 다음과 같이 예상되고 있다. 상해엑스포

〈표 2〉 각 대학의 수행 분야

대학	분야
동제(同濟)대학	도시계획 및 건설 전반
복단(復旦)대학 국제정치학과	외교 및 전시(展示) 사업
상해(上海)외국어대학	통역 및 법률 해석
상해(上海)사범대학	관광 및 전시(展示) 사업

국의 상주 인원은 2008년 2월 현재 435명에서 2008년 말 800명으로, 2010년에는 4000명으로 증원되리라고 예상되고 있다. 자원봉사자의 경우 상해엑스포가 진행되는 184일 동안 연인원 24만 명이 필요하리라 예상되고 있으며, 이를 위해 1 : 3의 비율로 약 70~80만 명의 자원봉사자를 양성할 계획이다. 이밖에도 상점이나 회의장, 식당, 청소용역 등에 필요한 인원으로 3만 명 내지 3만 4천 명이 필요하리라 예상되고 있다.

이러한 인력 수요를 해결할 수 있는 방안으로, 효율성과 생산성이 가장 높은 것은 대학이었다. 첫째로 대학은 기본적으로 엑스포와 관련된 전문가(교수 및 연구원)를 제공할 수 있는 원천이었다. 이들 전문가 그룹은 대학이나 연구소의 이름 아래 참여하기보다는, 상해시 혹은 상해엑스포국에 의한 Top-down 방식에 의해 개인 자격으로 참여하게 되었다. 이들은 엑스포 관련 분야에 따라 상해엑스포국에 배치되거나 연구를 배정받게 되었다. 둘째로 대학을 통해 엑스포 관련 인력양성사업을 수행할 수 있다. 현재 상해를 중심으로 6개 대학에 컨벤션학과(會議展示學科)를 설립함으로써 컨벤션실무가를 양성할 수 있게 되었다. 셋째로 상해엑스포에 필수적인, 예상인원 24만 명의 자원봉사자 가운데 약 80%를 대학의 학생회와 공청단(共靑團)을 통해 동원할 수 있으리라 기대하고 있다. 이들 조직은 관학(官學)의 통일을 토대로, 균질의 자원봉사자를 제공할 수 있을 뿐만 아니라, 자원봉사자를 효율적으로 관리할 수 있다는 이점을 지니고 있다. 이밖에도 엑스포 개최의 경험이 전무한 상태에서, 대학은 엑스포와 관련한 교재를 편찬하고, 엑스포 전문교수를 초빙하여 외국의 사례를 연구할 수 있으며, 엑스포 개최 위한 대학시설을 제공할 수도 있을 것이다.

상해엑스포의 유치에 성공한 이후 현재 상해 소재의 각 대학이 수행하고 있는 역할은 무엇인지 먼저 상해사범대학의 경우를 살펴보자. 상해엑스포의 유치가 성공한 후, 상해사범대학에는 전국 최초로 컨벤션학과가 설치되었다. 이와 함께 상해사범대학은 상해엑스포 연예(演藝)활동에 참여함으로써, 엑스포 행사기간에 열리는 3만 개의 공연행사를 공동으로 주관하게 되었으며, 이를 위한 각국별 문화책자의 제작을 담당하고 있다. 또한 상해사범대학의 몇몇 연구소가 상해엑스포의 사업에 참여하는 경우도 있는데, 아프리카관의 설계책임과 도시문명관 및 엑스포 역사관 건설에의 참여가 그것이다. 아프리카관의 설계는 이 대학의 도시문화연구소와 아프리카연구소가 여러 대학 및 연구소와 컨소시엄을 구성하여 진행되고 있는데, 48개 아프리카국이 참가하도록 권유하고, 그들의 의견을 수집하여 반영하고 있다. 상해엑스포의 도시문명관과 엑스포 역사관의 건설은 이 대학의 도시경영센터가 상해박물관을 비롯한 여러 대학과 컨소시엄을 구성하여 진행하고 있다. 이밖에 상해사범대학의 광고학과는 엑스포 상징물의

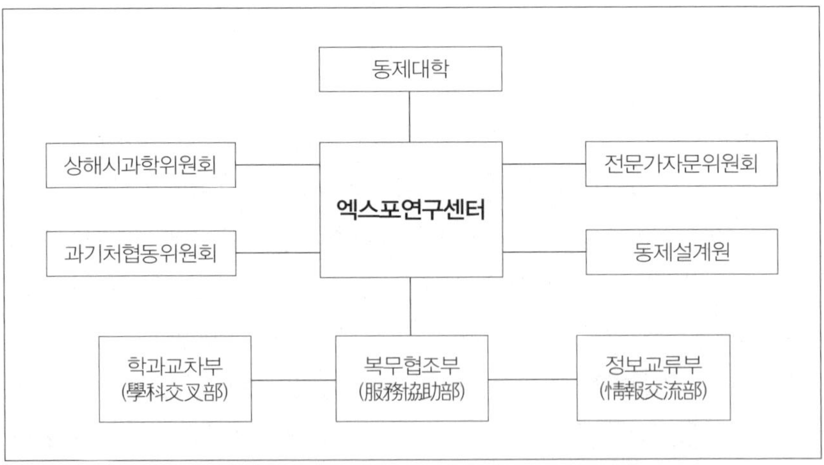

〈그림 3〉 엑스포연구센터 조직도

이미 앞에서 언급하였듯이, 상해 소재 대학 가운데에서 상해엑스포에 가장 깊숙이 간여하고 있는 대학은 동제대학이다. 동제대학은 상해엑스포 유치가 성공한 직후 엑스포연구센터를 구성하였다. 다음은 엑스포연구센터의 조직도이다.

실제로 상해엑스포와 관련된 동제대학의 역할은 대단한 바, 동제대학 측은 이를 '일곱 가지 총괄(七個總)'이라 일컫고 있다. 그 구체적인 역할의 내용은 같다.

- 상해엑스포 기획의 총기획사(동제대학 총장)
- 상해엑스포 교통의 총책임자(동제대학 부총장)
- 상해엑스포촌(村)의 총기획단위(동제대학 건축설계연구원[建築設計研究院])
- 상해엑스포 총기획사 중 도시발전분야(동제대학 교수)
- 도시최우수실천구 총기획사(동제대학 교수)
- 상해엑스포 표지성 건축물 총설계단위(동제대학 건축설계연구원[建築設計研究院])
- 상해엑스포촌(村) 건설 총항목관리(교수단)

동제대학은 이러한 구체적인 역할을 담당하면서 상당한 액수의 엑스포 관련 연구비를 수주하고 있다. 2008년 2월 기준에 따르면, 상해엑스포 과학연구 90여개 항목의 총경비로 약 7138,82만 원(인민폐), 그리고 동제설계원과 동제기획원의 설계항목 총경비로 8000여만 원(인민폐) 등, 과학기술부, 교육부, 상해시 등의 지원 및 기업의 협찬 등을 통해 약 1.8억 원(인민폐)을 유치하였다.

상해엑스포를 지원하는 대학의 역할과 기능을 돌아볼 때, 상해엑스포와 대학과의 관계는 다음과 같이 정리할 수 있을 것이다. 첫째, 공산당 주도 하에 인적, 물적 자원의 동원이 다른 나라에 비해 상대적으로 용이하다는 점이다. 둘째, 상해엑스포 운영에 있어서 상해엑스포국이 지대한 역할과 기능을 담당하고 있다는 점이다. 셋째, 상해엑스포국과 동제대학이 긴밀한 유대를 맺어오고 있을 뿐만 아니라, 효율적인 협력 시스템을 구축하고 있다는 점이다. 넷째, 동제대학이 엑스포 신청을 위한 주비단계에서부터 역할을 분담하였을 뿐만 아니라, 유치 이후에도 주도적인 역할을 담당하고 있다는 점이다. 다섯째, 동제대학 외의 대학들은 전문가 개인 혹은 연구소 단위를 통해 개별적으로 참여하고 있을 뿐이라는 점이다.

〈참고 자료〉

상해엑스포를 관장하는 주요 기구인 상해엑스포조직위원회, 상해엑스포집행위원회, 그리고 상해엑스포사무협조국의 구성과 업무 및 역할 등을 살펴본다.

〈참고자료 1〉 상해엑스포조직위원회

국제엑스포사무국의 관련 규정에 따라, 중국 정부는 상해엑스포 정부대표를 임명하여, 중국 정부를 대표하여 상해엑스포와 관련된 각종 사무를 처리하고, 참가국 정부 및 국제기구와 상해엑스포와 관련된 주요 업무를 논의하고 연락하도록 하였다. 2010년 상해엑스포의 조직위원회의 구성은 다음과 같다.

주임위원	국무원 부총리
제1 부주임위원	상해시 시위서기(市委書記)
부주임위원	상해시 시장
	중국무역촉진회 회장
	국무원 부(副)비서장(조직위원회 연락소조 조장을 겸함)
	상무부 부부장(부부장은 우리나라의 차관에 해당)
	외교부 부장보(部長助理)

위원

중앙선전부 부부장
중앙편판(編制委員會 辦公室) 부주임
발전개혁위원회 부주임
과학기술부 부부장
공업 및 정보화부(信息化部) 부부장
공안부 부부장
재정부 부부장
국토자원부 부부장
주택 및 도시건설부 부부장
교통운수부 부부장
철도부 부부장
문화부 부부장
위생부 부부장
인민은행 부행장
국가자원위원회 부주임
세관총서 부서장
세무총국 총경제사(總經濟師)
공상총국 부국장
질검총국(國家質量監督檢驗檢疫總局) 부국장
광전총국(國家廣播電影電視總局) 부국장
지적재산권국 부국장
관광국(旅游局) 부국장
국무원 홍콩·마카오판사처 부주임
국무원 법제판사처 부주임
국무원 대만판사처 부주임
국무원 언론판사처 부주임
기상국 부국장

보감회(保險監督管理委員會) 부주석
민항국 부국장
우정국 부국장
무역촉진회 부회장
상해시 부시장
상해엑스포 정부 총대표

〈참고자료 2〉 상해엑스포집행위원회

상해엑스포집행위원회의 구성은 다음과 같다.

주임	중국공산당 상해시 위원회 서기
집행 주임	상해시 시장
	중국국제무역촉진위원회 회장
상무부주임	상해시 부시장
전직(專職)부주임	2명
위원 단위	중국공산당 상해시 기율검사위원회(紀律檢查委員會)
	중국공산당 상해시위 조직부(組織部)
	중국공산당 상해시위 선전부(宣傳部)
	중국공산당 상해시위 판공청(辦公廳)
	상해시 기구편제(機構編制)위원회 판공실(辦公室)
	상해시 인민정부 판공청(辦公廳)
	상해시 발전개혁위원회
	상해시 국유자산 감독관리위원회
	상해시 경제위원회
	상해시 교육위원회
	상해시 과학기술위원회

상해시 건설교통위원회

상해시 대외경제무역위원회

상해시 공안국(公安局)

상해시 안전국(安全局)

상해시 사법국(司法局)

상해시 재정국(財政局)

상해시 인사국(人事局)

상해시 문화방송영상관리국(文化廣播影視管理局)

상해시 위생국(衛生局)

상해시 인민정부 외사판공실(外事辦公室)

상해시 환경보호국(環境保護局)

상해시 공상행정관리국(工商行政管理局)

상해시 관광사업관리위원회(旅游事業管理委員會)

상해시 지적재산권국(知識産權局)

상해시 도시계획관리국(城市規劃管理局)

상해시 부동산토지자원관리국(房屋土地資源管理局)

상해시 도시교통관리국(城市交通管理局)

상해시 정보화위원회(信息化委員會)

상해시 인민정부 법제판공실(法制辦公室)

상해시 금융서비스판공실(金融服務辦公室)

상해시 인민정부 언론판공실(新聞辦公室)

상해시 도시환경위생관리국(市容環境衛生管理局)

포동신구(浦東新區) 인민정부

호만구(滬灣區) 인민정부

황포구(黃浦區) 인민정부

상해시 인민정부 발전연구센터(發展研究中心)

상해국제무역촉진회

공청단(共靑團) 상해시위원회
상해 세관(海關)
상해시 출입국검역국(出入境檢驗檢疫局)
상해엑스포사무협조국(上海世博會事務協調局)

〈참고자료 3〉 상해엑스포사무협조국

상해엑스포사무협조국에 설치된 부서 및 주요 업무는 다음과 같다.

1) 판공실/정보공유(信訪辦) : 사무협조국의 당정 문건, 기요 업무, 당정의 제도 수립, 당정의 종합, 조정 및 정보 업무, 조직위원회와의 연락 업무 등. 국당정(局黨政) 간의 정보 공유 및 비밀유지 업무
2) 종합기획부(綜合計劃部) : 엑스포의 총체 기획의 제정 및 조정, 엑스포 상황에 대한 종합적 분석, 대책 마련, 엑스포 조직기구에 대한 건의, 중요 사항에 대한 평가 및 검사, 총체적인 자금의 안배, 사무협조국의 연구과제 사업의 관리
3) 국제참전부(參展部) : 국가, 국제조직, 도시, 기업의 초청 및 유치
4) 국내참전부 : 국내의 각 성 및 시, 홍콩, 마카오, 대만 지구의 참여 유치
5) 외사판공실(外事辦公室) : 엑스포에 참가한 각국 및 국내 단위에 각종 외사 서비스 제공
6) 주제연역부(主題演繹部) : 엑스포 주제에 대한 연구 및 기획, 주제 전시업무의 지도·관리, 박람회 전시 담당부서와의 소통 및 협조
7) 전람관전시부(展館展示部) : 중국 국가관, 4개 주제관, 상해관의 전시 업무,
8) 도시최우수실천구부(城市最佳實踐區部) : 도시최우수실천구의 전시 방안의 기획 및 제정
9) 총공정사(總工程師)판공실 : 엑스포의 단지 및 전람관 건설에 관련

된 건축기술의 방침과 정책, 규범과 기준을 제정, 실시

10) 총건축사(總建築師) 판공실 : 엑스포 단지의 임시건축과 시설설계 기준, 규범의 제정 및 집행 감독

11) 공정부(工程部) : 단지의 기초시설 및 기타 시설의 건설에 관한 기획 및 조직, 관리

12) 시장개발부 : 시장개발의 총체적 기획 및 시장개발사업에 대한 협조

13) 운영부 : 운영계획의 수립, 단지 내의 상업지구에 대한 기업가 유치 및 관리

14) 물류센터(物流中心, 운영부 소속 기구) : 엑스포의 물류 업무 관장

15) 정방센터(訂房中心, 운영부 소속 기구) : 엑스포 기간 및 기간 전후의 물류 업무 및 물류운영계획의 수립 및 조직 정비, 물류시설에 대한 수요 조사

16) 엑스포 참관자 서비스센터(服務中心, 운영부 소속 기구) : 엑스포 참관자에 대한 서비스 계획의 수립, 시설과 정보에 대한 수요 조사

17) 엑스포 입장권센터(票務中心) : 입장권의 설계, 제작 및 관리와 관련된 업무

18) 안보부(安保部) : 엑스포 안보업무의 총체 방안 및 단계적 방안 수립

19) 증건관리센터(證件管理中心, 안보부 소속 기구) : 엑스포 관련 문서의 관리, 보안 등의 업무

20) 언론선전부(新聞宣傳部) : 엑스포에 관한 총체적 기획 및 단계적 기획을 국내외에 홍보하는 업무

21) 엑스포웹사이트(世博網站, 언론선전부 소속 기구) : 엑스포 웹사이트와 관련된 총체 기획, 내용 관리 및 중국어정보 제공

22) 『상해엑스포』잡지편집부(『上海世博』雜志編輯部, 언론선전부 소속 기구) : 『상해엑스포』 잡지의 발간, 운영

23) 활동부(活動部) : 개막식 및 폐막식, 오락 및 경축 활동 등의 조직 및 기획

24) 교통관리부 : 엑스포 단지 내의 도로교통건설 및 운영의 총체방안 수립

25) 기획부(規劃部) : 엑스포 관련 각종 기획 및 심사, 종합분석 및 협조 관리

26) 엑스포 참전자 서비스센터(服務中心) : 엑스포에 참가한 국가 및 기업에 대한 서비스의 기획 및 관리, 운영

27) 정보화부(信息化部) : 상해엑스포의 정보화 업무에 관한 총체적 기획 및 수립, 운영

28) 엑스포국정보센터(世博局信息中心, 정보화부 소속 기구) : 엑스포 정보화에 대한 총체적 기획의 설계와 운영의 협조

29) 자금재무부(資金財務部) : 엑스포 건설에 소요되는 자금 상황의 통계, 엑스포 자금재무의 관리

30) 인력자원부(人力資源部) : 엑스포 부서의 설치, 부서의 직책 및 인원 조정 및 인력자원의 관리

31) 엑스포 단지 지원자공작부/양성센터(培訓中心) : 단지 자원봉사자에 대한 총체적 기획, 자원봉사자의 모집, 양성, 관리, 선전, 보장 등의 업무

32) 법률사무부(法律事務部) : 상해엑스포와 관련된 지적재산권 등의 권익 보호

33) 사무협조국 행정센터(行政中心) : 엑스포 행정센터의 기획 및 관리, 엑스포 행정인력의 식사와 교통 등의 편의 제공

34) 당군(黨群)공작부 : 사무협조국의 조직, 선전, 대중공작 등의 업무

35) 감찰심사부(監察審査部) : 사무협조국의 기율감사 업무

박람회 운영

2012 여수세계박람회 추진과제와 기본계획 _ 김병일

세계박람회와 대학 _ 김창규

2012 여수세계박람회 추진과제와 기본계획

김병일 | 2012 여수세계박람회 조직위원회 사무총장

1. 여수엑스포의 과제와 기본계획수립 기본원칙

1) 세계 엑스포와 개최 도시 대응

엑스포는 인류가 이룩한 문명의 성과와 미래의 바람직한 방향을 모색하는 전시·토론의 장으로 시대에 따라 전시 주제와 유치 목적이 크게 변화되고 있는 바, 전시 주제는 '문명화 능력'(산업기술)에서 '국가 이미지 제고'로 변화되었고, 최근에는 '인류공동 현안'(자연·환경)으로 바뀌었으며, 유치 목적도 '국력, 경제력, 기술력의 과시'에서 '변모를 지향하는 의식적 전략'으로, 특히 최근에는 '지역(도시)개발'이라는 실용적 차원으로 변화되었다. 이에 따라, 개최 도시 관심은 초기 '도시품격 과시, 기념비적 건축물 건립'에서 '도시개발전략차원의 박람회장 조성'으로 변화되었고, 특히 최근에는 도시마케팅과 사후활용 문제가 핵심으로 부각되고 있다.

2) 2012 여수엑스포의 과제

여수엑스포는 2012년 5월 12일부터 8월 12일까지 3개월간 '살아있는 바다, 숨쉬는 연안'을 주제로 개최되며 관람객 800만 명을 유치할 계획을 세우고 있다. 여수엑스포는 기후변화, 자원고갈, 생태계 파괴 등 21세기 인류의 현안과제를 해양과 연안의 가치 조명을 통해 해결하는 계기가 될 것이며, 해양은 지구상에 남은 마지막 자원의 보고이자 인류공동의 자산으로서 그 가치를 지닌다. 현재 국제사회는 해양관할권 확대와 해양자원의 배타적 이용, 갈등 심화 등이 나타나고 있는 바, 여수엑스포가 바다와 인간의 공존, 바다를 통한 인류와 미래의 발전방안을 모색해 21세기 새로운 패러다임을 제시해야 할 것으로 보인다.

1988년 서울올림픽이 서울 도시 구조 혁신 및 국민적 자신감을 주었다면 1993년 대전엑스포는 중부권 SOC 구축 및 IT 강국 기반 확보의 기틀을 마련하였고, 2002년 월드컵축구는 국토균형발전 기반 마련 및 세계시민 의식을 제고하였다. 2012년 여수엑스포는 남부권 성장축 구축 및 21세기 신해양 경제(Blue Economy) 선도 기반을 마련할 것이다.

3) 여수엑스포 성공 비전과 이를 위한 계획 체계

2012 엑스포의 성공적 개최를 위해서는 계획하고 있는 100여개 참가국과 800만명의 관람객을 유치해야 하고, 이를 통해 협력과 공존의 21C 신해양문화 창달은 물론 Post-Kyoto의 비전을 구현하며, 국가이미지 제고와 함께 지역 마케팅을 활성화가 이루어져야 한다. 뿐만 아니라 썬벨트 거점도시가 되기 위한 인프라(SOC) 구축과 신성장 동력원 확보, 엑스포장과 연계된 신산업 성장 네트워크를 확립을 통한 신해양경제 선도도시 및 썬벨트 중심도시로 발돋움함으로써 여수·인근 지역 재생과 국가혁신기반이 마련되어야 한다. 이를 위해서는 조직위의 엑스포 기본계획, 조직위와 지자체의 엑스포 종합지원계획, 지자체와 조직위 지원 하의 지역 장기발전계획, SOC, 남부광역권 성장, 녹색성장의 정부지원계획이 뒷받침돼야 한다.

한편 이를 위해 극복해야할 요소로는 지리적 위치와 공간적 협소 문제, 엑스포에 대한 일반시민의 관심 저하, 상해·아이치 엑스포와 비교 경쟁을 꼽을 수 있는 반면 빼어난 자연 환경, 정부의 녹색성장 정책과 엑스포 주제의 '환경' 부합, 정부의 남부권 성장축 조성 계획(선벨트, SOC, 관광 등)의 기회 요소를 갖고 있다.

21세기 신해양경제는 국가경쟁력을 확보할 수 있고 새로운 성장 동력 마련을 위한 선벨트 블루오션 영역이라는 점에서 상당히 중요하다. 신해양경제는 바다와 연안을 현명하게 이용해 인류의 지속가능한 발전을 모색하는 경제 모델로서 창조적 해양과학과 기술이 연계된 산업으로서 차세대 해양교통·조선, 차세대 해양관광업, 차세대 레포츠, 해양 바이오산업, CO2해양처리기술 등 해양환경산업, IT 해양 및 연안관리, 기후변화, 위험성관리, 해양자원관리 등이 있으며. 신해양산업기술단지(Blue Economy Cluster)를 위해서는 산·학·연·관 네트워크 구축이 필요하다.

4) 여수엑스포 환경요소와 계획수립의 원칙

여수의 지리적 위치와 공간적 협소를 고려하여 여수만의 행사가 아닌 남중경제권 전체 행사로 준비하여 참여를 확보하고, 지원시설구역의 지정 및 정비, 문화행사, 현장전시 등 공동 준비를 지원할 필요가 있다.

한편 국제행사가 보편화되고 테마파크, 인터넷 발달 영향으로 일반 시민의 관심도가 저하되는 경향이 있는데 스타프로젝트 발굴, 미래적 체험 위주의 콘텐츠 개발(리서치) 등을 통해 이 같은 문제를 해결할 필요가 있다.

뿐만 아니라 상해(2010), 아이치(2005) 등의 박람회와 비교하는 경향이 있기 때문에 주제 '해양'에 환경, IT, 디자인, 문화예술요소 등을 가미하고, 종합박람회화하여 현장 전시공간화를 통한 깊이와 질로 경쟁해야 한다.

이에 따른 여수엑스포의 기본계획 원칙은 첫째, 엑스포 및 선벨트 거점 기반을 위한 SOC의 안정적 확보, 둘째, 박람회 준비와 참여의 광역화, 셋째, 사후활용이 전제된 박람회장 조성, 넷째, 녹색성장(Green Growth)의 모델사업으로서 계획 수립, 다섯째, 주제 '해양'을 근간으로 환경, 문화예술, IT, 디자인이 융합된 종합엑스포화, 여섯째, 집중과 선택을 통한 스타프로젝트 중심 계획 등이다.

2. 여수엑스포의 광역 공간 활용 계획

협소한 여수시와 엑스포장의 공간적 한계를 보완하기 위해 '엑스포지원시설구역', '엑스포환경정비대상구역', '현장 주제전시구역'을 지정하여 광역적으로 활용하고 이를 통해 남부권 전체 주민의 참여를 적극 유도하는 방안을 계획하고 있다. 리조트와 같은 관광시설단지, 해양산업 시설·단지 등을 지원시설구역으로 지정해 엑스포 및 엑스포장 사후활용과 연계한 지역경쟁력 강화 시설 및 단지로 활용할 계획이다. 지정절차는 지자체의 신청에 따라 여수세계박람회조직위가 사전검토한 후 국토해양부 장관의 지정으로 이루어지며, 지정을 받은 시설은 인·허가의 의제처리 및 규제특례 허용(특별법) 대상이 될 수 있다.

또 박람회장 인근 바다 및 연안과 기존 도시 공간에 현장전시구역을 지정하여 전시공간화 할 예정이다. 이를 위해 엑스포 타운을 연안 도시 개발의 모델 사례로 개발하고, 순천만 갯벌을 연안 보존 및 환경 보호의 모델로 제시하며, 여수 신항 바다의 수질정화사업의 현장사례모델화와 도시 내 CO_2 제로화 구간을 설정하는 환경도시사업을 추진할 계획이다.

여수 시가지 내에 엑스포와 직·간접 관련 있는 가로, 주거 등 정비가 필요한 지역을 환경정비대상으로 지정, 정비할 계획으로, 오동도 지역을 수질정화사업과 연계하여 정비하고, 만성리와 구항 지역을 재정비해 박람회장과의 연계 사업을 도모할 수 있다. 또한 지역 주민이 주도하는 세계적 명품관광 모뉴먼트 만들기 제안신청을 받아 '엑스포 관광지 만들기' 사업을 주민참여형으로 추진할 계획이다. 뿐만 아니라 엑스포 관련 문화 및 학술행사를 광역적으로 개최해 남부권 전 지역에서 공동으로 개최하고, 전 항구도시가 공동 참여하는 문화행사를 기획·시행할 예정이다.

3. 여수엑스포장 공간 구성 및 시설 배치 계획

1) 공간 구성 및 가로 계획의 기본 배경

엑스포장은 총 141만 1천㎡로 'Expo Site'(총 25만㎡), 'Expo Park'(총 41만 1천㎡), 'Expo Town'(총 53만 6천㎡)으로 구성되며, 기본방향은 엑스포장의 사후활용과 기존 도시와의 연계를 감안하여 가로축과 토지이용계획을 먼저 결정한 후 박람회장 공간계획을 마련하는 것이다. 토지이용계획은 개발대상구역의 입지조건인 바다와 산, KTX 역사, 국도 17호선 및 기존 도시축 등 고정 여건과 사후활용계획 등 향후 개발여건을 종합 고려하여 입안하였다.

사후 활용 공간계획은 국가정책 및 엑스포 주제와 부합되는 신해양경제의 거점으로서 신해양 산업기술단지 'Blue Ecopolis'를 조성하는 것이다. 엑스포장 공간계획은 기존도시 도로축과 KTX 역사를 연결하는 중심가로 그리고 이를 중심으로 연안과 바다를 연결하는 루프형 가로구획이다. 관람객의 이동동선을 최소화하면서 분산시키고, 엑스포 이후 소유 및 용도전환이 용이하도록 구획하여 주제인 "살아있는 바다, 숨쉬는 연안"을 구현하기 위해 바다로 전시장을 확대해 바다, 연안, 도시를 연계하고, Expo Park는 공원구역으로 하여 엑스포 기간 중 야외문화행사, 국제바자 등으로 활용함은 물론, 엑스포 이후에도 적극적으로 개발하여 활용할 수 있도록 할 계획이다.

2) 시설 배치의 기본체계와 원칙

기존 도시축과 KTX역을 연결하는 중심 가로축 그리고 바다와 연접한 중심광장을 축으로 하여 시설을 배치하고 "살아있는 바다, 숨쉬는 연안" 주제 구현을 위해 '바다', '연안', '도시' 각 영역별 핵심 전시시설을 1개씩 조성 배치하였다. 또 사후활용을 감안하여, 영구활용건물(한국관 등)은 중앙광장과 가로축에 연접하여 배치하고, 용도전환시설(국제관 등)은 가로축을 따라 배치하였으며, 해양연구 R&D 건물은 바다에 연접하여 배치하였다. 또한 주요시설을 네트워크화 하는 루프형 이동 동선을 따라 상업시설을 포함한 기타 시설을 배치하였다.

3) 주제 전시 특화 시설

해양엑스포로서 "살아있는 바다, 숨쉬는 연안"의 주제 구현을 위해 특화시설인 '바다' – Big O, '연안' – 다도해공원, '도시' – 엑스포디지털가로를 배치하였다. Big O는 기존 파재제를 활용한 여수엑스포만의 특화장소로서 해양공간에 조성되어 새로운 인공생태계로서 해양지식허브의 핵심기능을 수행하게 되며, 박람회 기간 중에는 에듀인터테인먼트의 구현장소로서 기능을 하게하며, 일부 공간을 활용하여 살아있는 해양실험실로서 첨단 해양과학기술의 테스트베드 기능을 수행할 것이다,

또한 박람회 이후에는 세계 최초로 해양과 연안에 대한 다목적 연구·전시·실험공간으로서 해양관련 과학·산업·연구의 거점으로 활용할 계획이며, 그 규모는 면적 90,000㎡ 길이 1km이다.

다도해공원은 연안을 체험하고 즐기는 전시 및 놀이장소로서 남해의 다도해 지형을 1/1,000로 축소하여 모래사장, 갯벌, 습지 등을 친환경적으로 구성하며 바다를 상징하는 Big O와 도시를 상징하는 엑스포디지털가로를 연결하는 기능을 부여하였다. 면적은 17,584㎡로서 관람객 중 가족단위, 학생, 어린이들을 위한 학습공간이며 직접 체험을 통해 연안의 중요성을 인식하는 장소의 역할을 하게 될 것이며, 박람회 이후에도 Big O와 함께 관람객을 유인하여 관광 활성화에도 기여할 것으로 보인다.

여수의 기존 시가지와 엑스포역사를 연결하는 박람회장의 주 가로를 첨단 IT기술을 활용하여 세계 최초의 유비쿼터스 가로로 구현하는 엑스포디지털가로는 관람객에게 국내외 다양한 정보 등 편의를 제공하고, 전시공간으로 활용하게 될 것이다.

시설의 규모는 폭 30m, 가로 길이 600m로서 전시관 외벽 및 유비쿼

터스 환경조형물로 구성될 예정이며, 엑스포 이후 미디어아트와 광고, 상업가로로 전면이 어우러지는 '특화상업가로' 로 활용할 계획이다.

4) 전시 및 이벤트 시설

여수박람회장의 전시시설은 주제관, 부제관, 한국관, 지자체관, 국제기구/NGO관, 기업관 등으로 구성되며, 약 118,241㎡의 부지 위에 연면적 124,400㎡ 규모의 건물로 조성할 계획이다.

주제관은 박람회의 주제에 대한 조직위원회의 전략적 제안으로 건축, 장소, 전시가 하나로 통합되어 주제에 대한 강한 이미지를 전달하도록 계획되었으며, 부지면적 3,493㎡에 건축면적은 3,000㎡로 2개층(연면적 6,000㎡)으로 건설할 계획이다.

부제관은 박람회 주제를 구현하기 위하여 해양생물, 기후환경, 해양산업기술, 해양도시, 해양문명, 해양예술의 6가지 전시주제로 분류하여 구성·전시할 계획으로, 시설규모는 부지면적 36,512㎡, 건축면적 25,500㎡이며, 2,500명의 관람객을 동시에 수용할 수 있도록 하고, 엑스포디지털가로를 중심으로 해양문명/도시, 해양예술의 흐름이 자연스럽게 연결되도록 배치하였다. 또한, 해양산업기술관과 해양생물관, 기후환경관은 주제 관련 주요공간인 Big O와 다도해공원을 둘러싸는 형태로 배치하여 주제와의 연관성을 강조하였으며, 주제 관련 공간적 집약을 도모하였다.

해양생물관은 Big O와 연계하여 해양을 주제로 한 여수박람회의 주요 테마공간이자 관객유치 시설로 기능을 부여하여 아쿠아리움 내에 설치하며, 연면적 18,000㎡, 수조규모 7,000㎡로서 수용인원은 3,000명으로 해양생물의 연구교육기능(공공성), 매력 있는 전시·비지니스 기능이 상호 조화롭게 상행할 수 있도록 하고, 박람회 기간 중 해양생물의 전시관으로 사용할 계획이다.

한국관은 주최국으로서 전시 주제에 대한 메시지를 전달하고 한국의 비전과 역할에 대하여 건축과 전시를 통합하여 상징적으로 표현할 수 있도록 계획하였으며, 전시관 외에 영빈관 등을 마련하여 주최국으로서의 의전 및 다양한 공식행사의 공간으로도 활용할 예정으로 그 규모는 부지 면적 8,308㎡, 연면적 5,000㎡로 동시 수용인원은 1,300명으로 계획하고 있다. 아울러, 엑스포 이후에는 엑스포 기념관으로 활용할 계획이다.

지자체관은 우리나라 16개 시도의 지자체가 참여할 수 있도록 공동전시관으로 구성하였고, 박람회 기간 중 지자체들의 화합과 만남이 이루어질 수 있는 공간적 여유를 전시관 내에 부여할 계획으로, 규모는 부지면적 5,890㎡, 연면적 2,200㎡로 동시 수용인원은 700명으로 계획하고 있다.

국가관(국제관)은 가장 넓은 면적의 전시관으로 주최국이 건설하여 참가국에 임대하고, 오대양으로 전시공간을 배치해, 개별 및 공동 국가관으로 구분하여 구성된다. 엑스포 이후에는 UN대학, 상업업무공간으로 전환이 가능토록 할 것이며, 국제관 규모는 71,700㎡로서, 개별전시관 57,500㎡, 공동전시관 14,200㎡이다.

국제기구관(5,600㎡)은 UN, UNESCO 등 해양 및 지구환경과 관련된 국제기구들이 공동으로 참여하고, 해양, 환경과 관련된 국내의 NGO 단체가 전시에 참여하는 시설로서, 규모는 1,720㎡의 부지에 연면적 2,000㎡의 전시장으로 구성되며, 국제기구의 활동과 특징을 전시하는 공간으로서 참여 기구의 개성을 살리면서 관람객 주목을 받을 수 있도록 건축할 계획이다.

기업관은 다국적기업 및 중소기업, 해양산업의 홍보장으로서 조선 및 첨단해양산업 관련 국내기업들이 적극 참여토록 유도할 계획으로, 독립기업관은 부지 4,850㎡에 연면적 5,200㎡의 전시시설이 설치되며, 임대기업관은 7,078㎡의 부지에 6,800㎡의 전시장이 들어서게 된다.

이벤트시설은 부지면적 약 96,433㎡, 건축면적 18,000㎡로서 다목적 공연장, 수변광장, 광장, 수변테크, 오션타워 등으로 구성할 계획이며, 바람, 강우, 태풍, 파랑, 지진 등의 자연조건에 견딜 수 있는 견고하고 안전한 구조물로 건축할 예정으로, 박람회장 전면부에 위치하여 해양과 문명의 만남, 주제구현과 즐거움을 동시에 추구할 수 있도록 계획하였다.

시설별로 살펴보면 첫 번째, 다목적공연장은 박람회 기간 중 다양한 문화행사 · 학술행사를 개최하는 장소이며, 특히 주제공연을 장기적으로 개최하는 장소로 구성하였으며, 세계적 수준의 공연·연극·뮤지컬 등 다양한 공연이 가능한 복합적 전문공연장으로 좌석배치 변형, 홀 분할 등이 가능하도록 건립하여 사후활용에도 대비할 계획이다. 그 규모는 부지 9,929㎡, 건축면적 8,200㎡, 연면적 10,500㎡로서 전문음악공연장, 멀티퍼포먼스 극장, 컨벤션 홀 등으로 구성되며, 여수엑스포의 대표적 상징건축물이자 주제관과 연계되는 종합건축물로서 최상의 디자인을 구현할 수 있도록 시설배치계획을 수립하였다.

두 번째로, 수변광장은 세계인이 모여 함께 바다와 연안에 대한 주제의식을 공유하고, 다양한 문화를 소통할 수 있도록 녹지축과 연안, 바다가 함께 만나는 지점의 열린 공간에 계획하여 다목적공연장과 한국관, 국가관으로 둘러싸여 있는 배치구조로, 한국관에서의 공식행사, 공연장과 국가관에서의 문화행사와 연동하여 이벤트 개최가 가능하도록 하였다. 면적은 12,837㎡로서 박람회의 주제를 구현하고 기념적인 건축물로서 별도의 상징조형물을 설치할 계획이다.

세 번째로, 광장은 해양문명/도시관 앞에 위치하며, 수변을 향해 열려 있도록 하고, 연안, 바다가 함께 만나는 지점의 열린 공간으로 다양한 이벤트 개최와 함께 휴식과 조망이 여유롭도록 계획하였으며, 면적은 12,837㎡이다.

네 번째로, 수변데크는 Big O와 다도해공원 사이에 조성되는 보행관람시설로서 바다위의 선박 전시물이나 해상이벤트를 감상하는 공간과, 바다를 조망하며 휴식할 수 있는 공간으로 구성하고, 수변광장에서 출발하는 수변데크는 오션타워로의 진입로 역할과 함께 자연스럽게 해양생물관으로 이어지는 동선을 형성함으로써 주요 핵심시설을 연계하는 기능을 수행하게 되며, 그 규모는 폭 20~30m, 길이 2,330m이다.

다섯 번째로, 오션타워는 박람회장 BiG O의 중간에 놓인 2기의 해중타워로서 하늘을 향하는 일반적 타워와 달리 바다를 향하는 형태로 계획하였고, 관람객은 인공으로 조성된 해양생태계를 가까이에서 관람함으로써 해양에 대한 새로운 체험 및 인식전환이 가능하도록 구성하였으며, 그 규모는 높이 10m, 직경 54m, 38m의 2개 Tower형태로 구성되며 두 타워를 연결하는 길이 50m, 높이 4m의 인공 수중터널로 연결할 계획이다.

5) 건축계획

엑스포장내 시설중 주제관, 한국관, Big O 등 박람회를 대표할 수 있는 기념비적 시설은 해양연구센터, 교육기관 및 엑스포 기념관 등으로 활용할 계획으로, 이들 영구 보존·운영할 건축물에 대해서는 국제현상공모를 통해 시행함으로써 최상의 디자인으로 건축할 계획이다.

그리고 국가관, 지원시설 해상 레스토랑 및 카페테리아 등 개조 후 사용할 용도전환건축물은 사후 용도변경에 대응할 수 있도록 증개축이 가능한 유연한 구조로 건축할 계획이다.

아울러, 부주제관을 비롯한 엑스포장 내 다양한 건축물은 국내의 젊고, 참신한 건축가들을 참여시켜 독창적인 설계를 유도하고자 한다.

6) 환경과 신재생에너지 활용계획

여수엑스포는 박람회장 직접시설 구역인 박람회장뿐만 아니라 개최도시와 인근지역까지 고려한 환경계획을 수립하여 친환경 국제행사의 모델이 될 수 있도록 박람회장을 조성·운영할 계획으로. 사전 계획단계부터 사후관리까지 모든 과정에 걸친 환경친화적 계획을 수립하고, 박람회 최초로 계획, 건설, 운영, 사후관리 등 전 과정에 걸쳐 구체적인 환경관리 지침을 제정하여 운영할 계획이다.

「저탄소 녹색성장」의 새로운 국가 비전을 구체적으로 실현하기 위해 신재생에너지 사용의 극대화, 친환경 건축, 물 이용 최소화로 탄소배출을 획기적으로 절감하고, 종사자 숙박시설인 엑스포타운을 그린 홈 시범사업으로 추진할 계획이다.

또한, 지역환경을 획기적으로 개선하는 새로운 협력모델로 정립하기 위해 개최지 지자체, NGO, 시민들이 함께 협력하여 물, 공기 등 시민들이 참여하는 지역 환경개선 종합대책을 수립 추진하고, 개최지 연접지역인 다도해, 한려수도 등으로 자연생태 환경사업을 확대하여 오동도 및 남해안 국립공원 일원의 자연생태 환경을 체계적으로 보존 · 복원, 생태관광 장소로 제공하여 남해안 생태관광 벨트의 중심축으로 발전시킬 계획이다.

그 실천 전략의 일환으로 주요 행사는 탄소중립형으로 개최하고 태양열, 해상풍력 등 다양한 신재생에너지를 적용해 시험 사용하고 해양에너지공원, Big O의 조력시험발전소를 설치하여 사용할 계획이다. 또 탄소배출량 제로 엑스포를 지향하기 때문에 엑스포 내 신교통수단을 도입하고 친환경 건축 재료를 사용할 계획이다. 또한 유연한 모듈 사용으로 사후 다용도로 전환 가능하도록 하는 구조 시스템을 도입할 계획이며, 사일로, 유휴철도 등 기존 시설을 발전적으로 활용할 계획이다. 아울러, 엑스포 해양에너지공원을 설치하고 운영하기 위해 준설토 투기장 부지를 활용하고 엑스포 관람객들에게 해양 및 신재생에너지에 대한 시연을 보여줄 것이다.

4. 전시 주제의 전개와 연출

1) 주제 및 부주제

엑스포의 주제는 “살아있는 바다, 숨쉬는 연안(The living Ocean and Coast)”이고, 부주제는 “자원의 다양성과 창조적 활동(Diversity of Resource and Creative Activities)”으로 주제는 인류의 생존과 직결되는 바다에 대한 가장 바람직한 미래상을 함축하고 있으며, 부주제는 해양의 미래상을 구현하기 위한 일종의 행위준칙으로 자원, 종, 문화 등의 다양성 보전을 추구하면서 생산과 소비가 균형을 유지하는 지속가능한 이용이 전제되어야만 바다와 연안의 생명력 유지가 가능하다는 것이다.

2) 수요자중심의 주제 전개 및 연출 추구

테마파크보다 익사이팅한 상상의 미래바다 체험을 중심으로 구상할 것이다. 인류보편의 현안과제 그리고 해양의 미래와 직결되면서 한국의 신해양경제를 열어가는 5가지 소주제를 도출하였다. 해양과학기술, 해양생물의 다양성, 해양과 기후변화, 바다와 도시, 바다와 문화 등 5가지 소주제를 중심으로 수요자인 일반대중, 학생, 전문가, 기업, NGO 등을 대상으로 리서치를 실시하여 그 결과를 토대로 전시콘텐츠, 연출 및 참여자 기준과 지침을 마련할 계획이며, 수요자가 선정하는 상상의 '스타프로젝트'에 대한 전시연출의 국제공모(국가, 기업 연결)로 홍보와 마케팅을 동시 추구할 계획이다.

3) 전시콘텐츠 개발과 전시연출의 고품질화 유도

참여 국가에 대한 상세하고 명확한 지침을 제시하며, 콘텐츠 개발, 연출, 디자인 등 부문별 평가 award 시스템을 적극 도입하며, 개발대상국 참여 지원조건으로 엄격한 기준과 실행방안 관리 등을 모색하고 있다.

4) 참여주체의 다양화 유도

종래 전통적 참여주체인 국가에서 유치대상(관련기업, 연구소, NGO, 도시 등) 다양화를 유도하고, 수요자(관람객, 전문가 등)와 참여주체를 연결하여 신개념 콘텐츠를 개발하고 전시연출을 도모할 예정이다. 또 참여주체의 경쟁력 있는 콘텐츠 아이디어를 실현할 수 있도록 이를 지원하는 방안을 마련할 계획이다.

5) 전시관 배치와 공간적 확대

엑스포장 내 공식적 전시관은 대표적으로 국제관이 있는데, 국제관은 오대양(남북극해 통합) 클러스터로 구성되어 대양별로 연접한 국가들이 개별, 공동으로 전시를 진행한다. 또한 한국관은 엑스포 주최국인 대한민국의 비전과 역할을 제시하는 엑스포의 상징 건축물이다. 주제·부주제관(연면적 21,600㎡ / 5개 개별 건축물, 1개 공동건축물, 1개 가로)은 엑스포의 주제와 부주제를 포괄적으로 구현하는 전시관과 가로로서 해양을 주제로 한 환경, 예술, 문명, 도시, 산업기술 등의 전시를 진행한다. 기업관(연면적 11,200㎡)은 다국적 기업 및 해양 기술 관련 기업들이 참여하여 전시를 진행하는 곳이다. 국제기구관(연면적 5,600㎡)은 UN 및 UNESCO와 같은 글로벌 국제기구들이 참여하여 전시하는 곳이다.

이와 함께 순천만 갯벌, 엑스포타운, 도시관리현장 등 주제 관련 연안 및 도시관리 현장의 사례 전시장을 지정·안내할 계획이다. 또 엑스포장의 모든 장소, 모든 시설을 전시공간 시설화하고 엑스포디지털거리 및 광장, 가로시설, 보행길 등을 정비할 예정이다.

6) 여수엑스포장 교통 계획

박람회 개최 전에 주요 교통시설을 대폭 확충하고 박람회장으로의 접근성을 획기적으로 개선할 계획이다. 이를 위해 전주-광양, 목포-광양간 고속국도를 2011년까지 건설하고, 전라선과 경전선을 복선화하며, 고속철도를 운행할 계획이다. 또한 여수신항내 국제 크루즈 터미널을 개설하고, 도로, 철도 등의 일부 병목 구간을 해소하며, 연안 해운 활성화를 통해 빠르고 편리하게 박람회장에 접근할 수 있도록 지원할 계획이다.

5. 여수엑스포 문화·학술행사 계획

여수를 뛰어넘어 남해안, 국가, 세계행사로서의 위상을 확보하고, 지속적인 범국민 참여와 세계적인 관심·흥미를 유도하는 등 문화엑스포를 추구할 계획이다. 기본방향으로는 부대행사가 아닌 문화엑스포 차원에서 접근하고, 세계적으로 남길 수 있는 문화유산(주제가, 뮤지컬 등)을 창조하며, 국내외 최고전문가를 예술감독으로 위촉하여 예술성과 이벤트성을 창출할 계획이다.

또한 엑스포를 통한 해양분야 국제 전문가, 이해관계자들의 네트워크를 구축해 2012 여수선언 및 여수프로젝트의 성공적인 시행기반을 조성하고자 한다.

6. 여수엑스포 이후 여수 발전(2015 비전)

여수는 엑스포 이후 '국제해양관광레저의 중심도시'로 재탄생하게 된다. 현재 여수 관광객은 연 500만 명이나 2015년에는 1,000만 명 이상이 될 것으로 추산되며, 단순방문 위주에서 체류형 관광으로 전환될 것으로 예측된다. 특히 외국인 관광객이 엑스포를 기점으로 43만 명에서 100만 명 이상으로 증가하고, 관광시설도 대폭 증가되어 리조트가 현재 1개소에서 3개소 이상으로 늘어나고 관광호텔 및 콘도 객실 수도 3,240개에서 15,261개로 약 12,021개 이상 증가될 것이다.

여수는 사통팔달의 '선벨트의 3축 도시'로 거듭나게 된다. 서울-여수간 KTX가 2010년 상반기 중 완공되고, 부산-목포 간 복선전철화가 2013년 말까지 완공되며, 2개의 고속도로 및 2개의 국도가 2012년 초까지 완공되고, 크루즈와 해외 여객선이 여수를 왕래하게 되어 부산, 목포와 함께 남해안 선벨트의 3축 도시의 하나가 될 수 있을 것이다.

여수는 신해양경제의 선도도시로서 입지를 구축하게 된다. 엑스포장의 사후 활용 계획(Blue Ecopolis)에 따라 신성장 동력원이 확보되어 21세기 신산업인 신해양경제를 선도하게 되는 것이다. Blue ecopolis에는 '여수 프로젝트'를 지휘할 '국제개도국 지원센터'가 입지하고, 이와 함께 해양연구소와 첨단 R&D 기업 100개 이상이 유치되어 활동하게 되며 세계유명해양연구소가 참여하는 '국제해양전문대학원'이 설치되어 신해양경제의 한 축을 담당한다. 또한 연안오염방지, 수질정화, 파랑 등 각종 해상 실험의 센터 기지 역할을 하게 될 것이다.

7. 기본계획 수립 향후 일정

기본계획에 대해서 각계각층의 의견을 11월까지 수렴하여 정부지원위원회에 상정한 다음, 정부 계획으로 11월 중에 확정하고, 12월초 BIE의 공식 승인을 받으면 국내외 사전절차가 완료되어, 2009년 초부터 참가국 유치, 각종 수익사업, 국내외 마케팅 등 공식적인 박람회 유치활동을 본격 전개하게 될 것이다.

세계박람회와 대학

– 전남대학교의 역할을 중심으로

김창규 | 전남대학교 연구교수

2012년에 개최될 여수 엑스포의 정식 국문 명칭은 "2012여수세계박람회"이고, 영문 명칭은 "International Exposition Yeosu Korea 2012, EXPO 2012 YEOSU KOREA"이다. "살아있는 바다 숨 쉬는 연안(The Living Ocean and Coast)"을 주제로, 2012년 5월 12일부터 8월 12일까지 3개월간 개최된다. 개최 장소는 여수시 신항 일대 97만㎡로 전시구역은 약 25만㎡이며, 여기에는 주제관·해양테마관·국가관·국제기구관·협력기업관·상징탑·아쿠아리움 등이 들어설 예정이다. 참가규모는 795만 명(내국인 752만 명, 외국인 43만 명), 80개국 10개 국제기구로 예상되며, 그 파급효과로 10조 300억 원의 생산유발이 4조 120억 원의 부가가치 창출이 전망된다.

정부는 5대 국정지표 가운데 '섬기는 정부' 항목 중 일반과제로 '2012여수세계박람회의 성공적 개최 추진'을 구체적으로 명시해 여타 국제행사들과 대조를 보이고 있다. 정부가 여수 엑스포의 성공적 개최를 국정과제로 확정함으로써 사업 추진에 더욱 탄력이 붙게 된 셈이다. 여수시 관계자도 "국내에서 열리는 몇 가지 대규모 국제행사를 제쳐두고 새 정부가 '2012여수세계박람회의 성공적 개최 추진'을 국정지표로 명시한 것은 의미가 크다"면서 박람회 개최 준비에 만전을 기하고 있다.

엑스포를 개최함으로써 그 파급효과가 매우 클 것으로 예상되고 있다. 여수엑스포는 인류 공동번영을 꾀함과 동시에, 약 10조원의 생산유발 효과, 9만여 명의 고용유발효과를 거둬 획기적인 전남 발전을 기대할 수 있다고 한국해양수산개발원은 추산한다. 전라남도 또한 여수엑스포·서남권 개발 조선산업 클러스터를 구축하여 동북아 해양 경영의 중심지를 만들고, 1천개의 기업을 유치함으로써 전라남도가 만년 낙후 지역의 오명을 떨어내고 힘차게 도약한다는 목표를 설정하였다. 이를 위해 전라남도는 우선 2012여수세계박람회를 세계인의 축제로 완벽하게 준비해 전남을 세계 5대 해양강국 실현의 거점지역으로 만들 계획이다.

여수시 관계자도 '살아있는 바다, 숨쉬는 연안(The Living Ocean and Coast)' 이라는 주제를 통해 '위기의 바다' 를 '희망의 바다' 로 바꾸기 위한 비전을 전 인류에 제시하겠다는 포부를 밝혔다. 나아가 2012 여수세계박람회장을 찾는 관광객들에게 환경개발과 보존의 조화를 통해 자연과 인간, 선진국과 개도국이 다 함께 번영할 수 있는 메시지를 전달하겠다는 비전을 분명히 제시하였다.

그러나 앞서와 같은 장밋빛 희망만이 있는 것만은 아니다. 기대와 동시에 우려의 목소리 또한 적지 않다. 박람회장은 물론이고 국제적 규모의 항만, 공항, 도로, 숙박, 유락 시설 등이 갖추어져 있지 않는 상태에서, 이를 준비하기 위한 4년이란 기간은 촉박하다는 것이 그 하나일 것이다. 더군다나 정부가 국책사업으로 확정했지만 주무부처인 해양수산부가 폐지된 데에 대한 우려의 목소리도 높다. "여수세계엑스포 주무부처인 해양수산부가 폐지돼 행사를 잘 치를 수 있을지 염려스럽다"는, 빈센테 곤잘레스 로세르탈레스 세계박람회기구(BIE) 사무총장의 언급이 이를 잘 말해준다. 여수엑스포는 해양·연안·환경·정책 등이 상호 보완돼 추진돼야 하는데 새 정부의 정부조직 개편으로 이런 기능이 분리돼 과연 제대로 행사를 할 수 있을지 걱정된다는 것이다.

그렇다면 항간의 우려를 불식시키고 엑스포를 성공으로 이끄는 데에 대학은 과연 어떠한 역할을 하여야 할 것인가? 대학은 엑스포를 성공적으로 견인할 수 있는 학술적·교육적 역량과 인프라를 가장 잘 갖추고 있으며, 대학은 또 학술 연구와 인재 양성이라는 본연의 역할 이외에, 동시에 지역사회에 대한 봉사라는 의무를 지고 있기 때문이다. 더불어 최근의 성공한 엑스포나 국제적 규모의 행사는 대학이 어떤 역할을 수행해야 하는지를 잘 보여주고 있다. 지역거점대학으로서 전남대학교의 적극적 역할이 필요한 이유이다.

이에 최근에 개최된 엑스포에서의 대학의 역할을 더듬어 보고자 한다. 이어 전남대학교의 역할을 제안하여 보되, 여수의 상징화와 엑스포의 방향성 제시, 그리고 전문 인재의 양성과 시민 교육에 초점을 모으고자 한다. 여수엑스포의 성공적 개최는 물론이고, 진리·창조·봉사라는 창학 이념의 구현에 도움이 되었으면 한다.

2. 엑스포의 성공적 개최와 대학

EXPO란 Exposition의 앞부분에서 따온 말로 그 어원은 상품의 매매교환 또는 문화의 정보를 교환하는 장에서 비롯되었다. 전시회나 설명회의 의미를 포괄하나 국제박람회사무국(Bureau of Inter-national des Exposition) 공인 엑스포는 가능한 상업성을 배제하는 의미로 사용되었다.

근대적 의미에서 최초의 엑스포는 1851년 영국 런던에서 개최된 만국박람회(The Great Exhibition of the Works of Industry of All Nations)로, 이른바 수정궁박람회라고도 한다. 산업혁명이 절정에 이르면서 국가 간의 교역이 활발하게 전개되고 다양한 기술과 문화가 양산되던 당시 사회경제적 상황을 배경으로 근대 엑스포가 탄생하였다. 런던 엑스포는 당시 유럽 제국을 자극하여 프랑스·독일 등의 산업혁명이 박차를 가하는 촉진제가 되었으며, 이에 따라 각국이 경쟁적으로 개최하기 시작하였다. 그리하여 엑스포는 올림픽·월드컵과 함께 개최국의 권위와 업적을 과시하는 세계 3대 이벤트 중 하나가 되었다.

1851년 영국의 수정궁박람회 이래 역대 엑스포는 인간·문화·경제·평화·스포츠·레저·환경·섬유·농업·건설·원예·물·해양·에너지·테크놀로지 등을 주제로 총 105회가 개최되었다. 국가별 엑스포 개최 횟수를 보면 미국 30회, 영국 14회, 프랑스 12회, 벨기에 7회, 이탈리아와 스페인 5회, 일본 4회 스웨덴 3회 등 총 105회로, 대부분의 엑스포는 선진국에서 개최되었다. 엑스포의 성공적 개최는 곧 선진국에 진입하는 첩경인 셈이다. 엑스포의 성공적 개최의 당위가 여기에 있다 하겠다.

엑스포를 성공으로 개최하기 위해서는 역대 엑스포, 그 중에서도 최근에 개최된 성공한 엑스포와 실패한 엑스포를 거울삼아 볼 필요가 있다. 2000년 하노버엑스포의 경우 개막식 관객이 몇 백 명 수준으로 그리 성공적이지 못한 엑스포로 평가받고 있다. 그 이유의 하나는 주제의 실패를 들 수 있는데, 인간·환경·기본욕구·영양·건강·에너지·교통·작업·지식·비전의 지구·21세기 등, 너무 많은 소주제를 설정하여 주제의 명료성이 들어나지 않았으며, 산만한 전시 구성으로 주제와 전시와의 연계성이 부족하였다. 또한 지역사회에 대한 설득에 실패하여 개막일 당일까지 반대 시위가 벌어졌으며, 반환경성과 과도한 투자로 인하여 환경단체의 반발이 개막일 당일까지 이어졌다. 적절한 주제의 선정과 주민에 대한 설득, 그리고 개발과 보존의 병행이 엑스포의 성패를 가늠하고 있음을 보여주는 예이다.

반면에 1998년 리스본엑스포의 경우, 개최 후 월평균 관광객이 100만 명으로 박람회 3개월간 관람객이 무려 1,000만 명에 달하여 성공한 엑스포로 평가받고 수 있다. 그 성공으로 포르투갈은 EU 의장국의 지위를 활용하여 국가별로 외교를 집중하였던 것을 꼽을 수 있다. 하지만 보다 중요한 이유의 하나는 시의적절한 주제의 개발이었다. 바스코 다 가마의 인도 항로 발견을 기념하고 리스본이 바다에 인접한 특징을 고려하여 "해양, 미래를 위한 유산(The Ocean – A Heritage for the Future)"이라는 주제를 제시하였던 것이다. 특히 정유시설 오염지역과 슬럼가 100만평을 재개발하는 등 개발과 보존을 병행함으로써 엑스포를 성공으로 이끌 수 있었다.

최근 2005년 일본에서 개최된 아이치엑스포 또한 우리에게 많은 시사점을 던져준다. 아이치 엑스포는 "자연의 예지"라는 주제를 통하여 혁신과 전통의 조화를 추구하였으며, 일방적 성장주의를 반성함으로써 일본의 문제의식을 시대통찰적인 주제의식으로 승화시켰다. 더불어 아이치엑스포는 전시장 사용 후 원상복귀(Reduce, Reuse, recycle)를 모토로 아이디어를 도출하였다. 또한 시민의 여론을 적극적으로 흡수하여 박람회장의 부지를 변경하고 시민행사를 수용함으로써 시민의 참여와 행동변화를 유도할 수 있었다.

이렇듯 최근의 성공한 엑스포는 명확한 목표의식과 문명에 대한 통찰력이 있는 주제의식이 있어야 하며, 또한 시대의식과도 일치해야 함을 시사해 준다. 더불어 지역사회의 동의와 시민의 적극적 참여가 있어야 하며, 동시에 행사 후 활용방법에 대한 명확한 계획을 가지고 추진해야 성공할 수 있음을 잘 보여준다.

그렇다면 지식의 탐구와 신지식의 보급 및 인재의 양성, 그리고 지역사회에 대한 봉사를 본연의 임무로 삼고 있는 대학은 과연 엑스포의 성공적 개최를 위해 어떤 역할을 하여야 하는가? 최근 일본의 아이치 엑스포의 성공적 개최에서 그 시사점을 찾아볼 수 있다. 나고야 대학은 아이치엑스포에 자연이라는 주제에 맞춰 '환경문제 포럼' 심포지엄과 같은 학술대회 개최 등의 방법으로 참여하였다. 더불어 전체학생 1만7천 명 중 세계 70여 개 국 1천5백 명의 유학생을 활용하였는데, 나라마다 박람회부스를 설치하고 전시함으로써 이들 유학생들이 문화교류에 있어 큰 역할을 하였다. 학술포럼과 인력양성을 통해 아이치엑스포의 성공적 개최에 한 몫을 하였던 것이다.

엑스포와는 경우는 다르지만 전통과 문화가 결합된 성공모델의 하나로 중국의 곡부공자문화절도 주목해 볼 필요가 있다. 올림픽이나 엑스포 등이 정해진 기간과 공간 속에서 행해지는 단기성 행사라 한다면, 곡부국제공자문화절의 경우는 지속적이고 세계적이라는 측면에서 더 좋은 벤치마

〈표 1〉 공자학술토론회의 내용

회수	개최연월	주관기관	토론 내용 및 쟁점
1	1978. 10	산동대학 문과이론토론회 (山東大學 文科理論討論會)	·4인방이 공자를 전면적 부정한 것은 잘못이라고 평반
2	1980.10~11	곡부사범학원 (曲阜師範學院)	·공자사상과 전제주의와의 관계가 약하다고 공자상을 재건 ·중국공자기금회를 창립하는 계기
3	1983. 4	곡부사범학원 (曲阜師範學院)	·공자사상 중 정화는 계승하고 조박은 버려야 한다 ·존공과 비공 모두 과거의 이야기일 뿐 ·문혁기의 "타도공자점(打倒孔子店)"이라는 구호는 호적이 과거에 한 말 로, 문혁 시기의 의의는 자산계급 민주주의를 타도하자는 것
4	1984. 9	곡부사범학원	·중국공자기금회를 만들어 중국공자연구회를 주비 ·공자와 유학의 국제화를 목표로 제시
5	1985. 6	중화공자연구소 (中華孔子研究所)	·중국적 특색을 가진 사회주의 물질문명과 정신문명을 건설하기 위해서는 공자 학술 가운데 민주적 정화는 선양하고 봉건적 조박은 반대하여야 한다 ·북경에서 국제학술토론회 개최
6	1987. 8~9	중국공자기금회 동아철학연구소 (中國孔子基金會 東亞哲學研究所, 싱가포르)	·유학은 중국의 개혁개방정책 실행, 동아시아 공업국의 문화사상 건립 그리고 서양 발달국가 모두에 대하여 문화적 가치와 현실적 의의를 지니고 있다 ·국제학술토론회라는 명칭 하에 곡부에서 개최

이 표는 이경용, 「중국 1980·1990년대 문화논쟁의 '인문 정신'과 공자 위상」, 『중국근현대사연구』 22(2004), 145~146쪽을 참조하여 작성한 것이다.

킹의 예가 될 수 있다. 여수엑스포는 지엽적이지 않는 국제적·세계적인 행사이어야 하고 또 단기성이 아닌 지속성을 고려하여 개최하여야 하기 때문이다.

'곡부공자문화절'의 개최과정을 통해서 볼 때도 대학의 역할이 매우 컸다. 대학과 연구소는 이미 1980년대 초부터 '공자학술토론회'를 꾸준히 개최하여 학적 토대를 마련하였는데, 그 내용은 아래와 같다.

학적토대를 마련한 후 비로소 중앙정부가 적극적으로 참여하기 시작하여, 2004년에는 곡부가 소재하고 있는 제령을 중화문화표지성(中華文化標地城)으로 지정하였다. 이어 2005년에는 국가광전총국(國家廣電總局), 국제유학연합회(國際儒學聯合會), 중국공자기금회(中國孔子基金會), 중화민족문화촉진회(中華民族文化促進會)가 공동으로 주관하여 국제적 규모의 '전구연합제공(全球聯合祭孔)'를 개최하였다. 동시에 2000년 5월에는 중국공자기금회와 곡부사범대학이 孔子文化大學을 개교하였다. 또한 중국과 세계 각국의 우호관계를 발전시키고 세계인의 중국의 언어와 문화에 대한 이해를 증진시킨다는 명목으로 공자학원(孔子學院, Confucius Institute)을 설립하기에 이르렀다.

이상에서 살펴보았듯이, 이왕의 그리고 앞으로 개최될 엑스포나 국제적 행사는 모두 대학의 적극적인 역할을 요구하고 있다. 학적토대의 마련은 물론이거니와 인력양성 그리고 시민을 대상으로 한 교육 프로그램을 제시할 수 있는 원천은 대학이기 때문이다. 이로써 보면 성공적인 여수엑스포를 위한 전남대학의 역할과 기능은 자명해 진다.

2. 학적 토대의 마련과 인재의 양성

1) 학적토대의 마련

여수엑스포가 성공을 거두기 위해서는 "명확한 목표의식"을 가지고, "전통과 문화에 대한 통찰력이 있는 주제의식"이 있어야 하며 또한 "시대의식과 일치"해야 한다고 할 수 있다. 따라서 여수엑스포는 여수가 가진 상징성도 충분히 활용해야 하고, 그에 걸맞은 역사적인 사실의 확인과 함께 설득력 있는 이론도 계발해야 한다. 나아가 한민족 전체가 해양활동이 활발했고, 해양문화의 발전을 통해서 동아시아의 경제와 평화증진에 기여했다는 사실을 세계의 많은 이들에게 알려주어야 하다. 여수의 상징화가 필요한 이유이다.

여수는 '침략과 저항' 의 도시이고, 또한 '교류와 소통' 의 도시라 할 수 있다. 더불어 여순사건에서 볼 수 있듯이 외세의 침략과 저항의 여파로 인한 내부의 '갈등과 반목' 이 일어난, 즉 한국근현대사의 내용이 응축된 곳이기도 하다. 이제 여수는 '침략과 저항' 보다는 타 지역과 그리고 세계와의 '교류와 소통' 의 장이어야 할 것이고, 아마도 엑스포는 그 계기가 될 것이다. 따라서 대학은 이러한 여수의 역사성을 정립하는 작업을 우선 수행하여야 한다.

대학은 또 역사와 문화 그리고 자연이 잘 조화를 이룬 명품 도시의 페러다임을 여수가 제시할 수 있는 학적 토대를 제공해야 한다. 문화와 역사가 응축된 곳이 도시이나 우리나라는 도시의 문화와 역사가 빈약하다. 경주의 경우, 문화유산과 품격은 아직도 국제적인 경쟁력을 갖춘 것이 아니다. 이탈리아의 베니스·피렌체·나폴리 그리고 스위스나 네덜란드의 도시는 대개가 명품도시다. 도시의 품격만큼 나라의 품격과 경쟁력이 다른 것을 이들 나라의 도시가 생생하게 보여준다.

나아가 대학은 여수엑스포의 추진 방향을 명확히 제시하여야 한다. 앞전의 성공사례가 보여주듯이 여수 엑스포는 주제의식이 전시와 행사에 일관되게 관철되어야 하고, 지역사회의 동의와 시민의 적극적 참여가 있어야 하며, 특히 행사 후 활용방법에 대한 명확한 계획을 가지고 추진해야 한다. 곧 문화유산과 자연경관, 전통과 현대가 어우러지는 미래지향적인 새로운 축제의 원형을 제시해야 한다. 그럼으로써 여수를 세계적인 명품도시로 만듦은 물론이고 국가의 선진화를 이룩할 수 있다고 판단되기 때문이다.

더불어 관광사업을 활성화시켜 경제적 효과를 극대화시킬 수 있는 방안을 강구해야 한다. 특히 일본과 중국의 관광객을 유치하기 위해 한중일 3국 문화와 역사의 同異를 찾고, 더불어 일본과 중국에서 개최한 엑스포나 국제적 행사를 벤치마킹하여야 한다. 아울러 국내자본과 해외자본을 유치하는 실제적 연구를 중시하여야 한다. 전남대학교 '한상연구단' 의 연구결과와 네트워크 구축을 참고하는 것도 그 방법의 하나일 것이다.

이를 위한 연구의 주체와 방법 그리고 연구 내용을 구체적으로 거론하여 보면, 먼저 연구 주체와 방법의 문제이다. 전남대학교 여수캠퍼스의 이순신해양문화연구소가 중심이 되고 여기에 광주캠퍼스의 호남학연구원, 문화전문대학원 등이 참여하는 연구 클러스터를 구축하여야 할 것이다. 여수를 상징화하고 엑스포의 방향성을 제시할 수 있는 연구 인프라를 이들 연구소(원)가 갖추고 있기 때문이다. 더불어 전남대학교 여수캠퍼스의 해양수산 관련학과 및 광주캠퍼스의 해양관련 학과의 적극적인 참여를 유도하여야 할 것이다. 이왕의 문화콘텐츠 개발이 인문 분야에만 과도하게 치중된 느낌을 주고 있기 때문이다.

또한 전남대학교 한국공룡센터의 '남해안공룡화석지 세계유산 등재추진단' 과 협력을 강화하여, 지역의 우수한 유산을 세계에 알리는데 힘을 모아야 한다. 또 전남대학교의 한상연구단의 연구 성과와 네트워크 구축을 적극적으로 활용하여, 외자 유치와 해외 한인들의 적극적인 엑스포 참여를 유도하는 방안도 강구하여야 할 것이다.

전남대학교뿐만 광주 전남, 경남 부산에 소재한 대학의 연구소 및 학회와의 연계를 강화하여 연구 성과를 공유하는 방안 또한 강구하여야 한다. 여수라는 지역의 한계를 벗어나 남해안 연안 지역 모두가 참여하여 엑스포의 주체가 됨으로써, 엑스포를 성공적으로 이끌 수 있을 것으로 판단되기 때문이다.

다음으로는 연구 대상의 문제이다. 자의적이기는 하지만 역사문화·생태환경·자연지리·과학기술·해양수산 분야로 나누어 접근하여 보는 데에는 별 무리가 따르지 않을 것이다. 역사문화의 경우, '침략과 저항' 이라는 주제를 통하여 동아시아인의 갈등과 반목을 역사적 맥락에서 추적하고, 더 나아가 "교류와 소통"을 주제로 바닷길을 통한 동아시아 및 세계의 교류 등을 추적하는 것은 매우 의미 있는 작업일 것이다. 이는 여수의 역사성과 관련되는 주제일 뿐만 아니라, 여수엑스포가 궁극적으로 지향할 바라고 판단되기 때문이다. 유교와 불교를 주제로 한중일 3국의 관련 학술 세미나를 개최할 필요가 있는데, 이들은 한중일 삼국 문화의 공통분모이기 때문이다. 이외에도 『토지』·『태백산맥』을 주제로 하는 연구와 및 테마 여행, 한국의 전통이 살아 숨 쉬는 낙안 민속마을, 도서 지역의 생활사 스토리텔링, 남도 특성의 음식 문화에 대한 연구 등도 의미 있는 주제라 할 수 있다.

생태환경 분야는 세계 4대 철새도래지 순천만의 생태 연구, 장흥과 보성의 갯벌에 대한 연구와 체험 활동, 보성 녹차의 효능과 다원의 관광자원화 모색, 벌교 조성의 선사시대 공룡 발자국에 대한 연구 등을 꼽을 수도 있다. 자연지리 분야는 지리산, 섬진강, 백도, 거문도 등에 대한 자연지리·인문지리학적 연구, 산 강 그리고 바다 등을 활용한 관광 활성화 방안 연구 등을 들 수 있다.

과학기술 분야의 경우, 여수와 광양의 근대 공업 및 산업의 발달에 대한 연구로 석유화학, 제철, 조선 등에 대한 연구가 필요하며, 벌교와 흥국사의 홍교, 구례의 운조루, 진남관, 송광사, 선암사 등 전통 건축에 대한 연구도 필요하다.

2012년 여수엑스포가 '살아있는 바다, 숨 쉬는 연안(The Living Ocean and Coast)' 이란 주제를 통해 '위기의 바다' 를 '희망의 바다' 로 바꾸기 위한 비전을 인류에 제시하겠다는 포부를 밝힌 바에서와 같이, 해양과 수산 분야에 대한 연구는 성공적인 엑스포를 견인하는 가장 중요한 연구라는 데에 이론의 여지가 없을 것이다. 따라서 여수 연안 지역의 해양지리 및 수산 양식에 대해서도 연구력을 집중해야 할 것이다. 더불어 해양을 통한 교류와 소통 등 해양문명사에 대한 연구도 매우 의미 있는 연구라 할 것이다.

2) 전문 인재의 양성과 시민 교육

(1) 인력양성사업의 필요성

인력양성사업은 여수 시민과 거류민을 대상으로 하고, 보다 구체적으로 공무원·엑스포 진행자·통역원·안내원·문화유산해설사 등 엑스포에 직간접적으로 종사하는 이들에 대한 교육을 의미한다. 더불어 국제적 수준의 연구와 어학 능력을 갖춘 전문가 양성을 의미한다.

그 필요성은, 첫째 시민의식의 함양과 자발적인 참여가 엑스포의 성패를 결정하기 때문이다. 아이치 엑스포가 성공할 수 있었던 데에는 시민을 상대로 한 아카데미 개설이 한 몫을 하였다. 이를 통해 반대여론을 적극적으로 흡수(박람회장 부지 변경, 시민행사 수용)할 수 있었다. 반면에 2000년 하노버 엑스포의 경우, 지역사회에 대한 설득에 실패하여 개막일 당일까지 반대 시위가 벌어지고, 심지어는 영어 팜플렛조차 없는 등 관객배려에 소홀함으로써 실패하였다. 시민에 대한 교육적 지원이 필요한 이유이다.

둘째, 엑스포 개최에 따른 인력 수요에 대비해야 하기 때문이다. 여수 엑스포 개최는 국가적으로 우리나라의 국가적 브랜드 가치를 획기적으로 상승시키고, 세계 5대 해양 강국으로 진입하는 계기가 될 것으로 전망된다. 경제적으로 엑스포은 10조 300억 원의 생산을 유발하고, 부가가치는 4조 100억 원에 이를 것으로 예상되며, 특히 고용유발 인원이 9만 명에 달할 것으로 보인다.

셋째, 국제적 수준의 연구와 어학 능력을 갖춘 인재의 양성이 필요하기 때문이다. 여수 엑스포는 지역 문화·관광 사업을 주체적으로 추진해 나갈 수 있는 고급 전문 인력의 양성을 필요로 한다. 더불어 세계화와 무한 경쟁 시대에 민족문화 및 지역문화의 우수성을 부각시켜 국가와 지역의 이미지 제고에 일익을 담당할 전문가 육성이 절실하다. 또 IT산업과 CT산업 분야의 세계적 경쟁력을 갖춰 나가기 위한 전문가의 필요성이 증대되고 있다. 이를 위해 전문 인재 양성 과정을 신설하여 교육과정을 혁신하고 신개념 교육인프라를 구축하여야 하며, 그럼으로써 국제적 수준의 전문 인

〈표 2〉 문화콘텐츠분야 총 인력 수급 현황 (단위 : 명)

구분	2002	2003	2004	2005	계
총 종사자수	164,000	181,000	200,000	223,000	768,000
수요인력	20,000	22,700	29,400	29,400	97,900
공급인력	13,800	14,500	15,100	15,100	58,300
부족인력	6,200	8,200	14,300	14,300	39,600

문화관광부, 『문화산업백서』, 2003.

력을 양성·배출하여 지역과 국가발전을 견인할 수 있을 것으로 기대된다.

넷째, 문화콘텐츠 관련 인력 양성의 필요성이 증대되고 있는 시점에, 국가 차원의 문화콘텐츠산업 인력 수급에도 대비할 필요가 있기 때문이다. 문화산업의 급성장에 따라 고용 인력이 매년 증가하고 있는데, 2003년 국내 문화산업 종사자는 약 46만 명으로 문화상품에 대한 수요증가와 다양한 상품 등장 및 해외 진출 등으로 2008년에는 약 100만 명 수준으로 고용이 늘어날 전망이고, 향후에도 이러한 추세는 지속될 것으로 예측된다.

다섯째, 대학의 특성화 전략과 부합되기 때문이다. 전남대학교는 교육개혁, 지역에 대한 역할 강화, 대학 구조개혁, 특성화 학부 집중 육성(선택과 집중), 국제교류 활성화, 행정 개혁, 법학전문 대학원(Law School) 인가 추진을 전남대학교의 7대 아젠다로 제시하였으며, 그 가시적인 성과가 서서히 나타나고 있다. 엑스포 지원사업의 경우, 지역에 대한 역할 강화, 특성화 학부 집중 육성, 국제교류의 활성화 전략에 부합되는 사업이다.

여섯째, 졸업생의 취업률이 획기적으로 증대될 것으로 예상되기 때문이다. 여수 엑스포는 고용 유발 인원이 9만 명에 달할 것으로 예상된다. 따라서 지원단은 지속적으로 여수시, 여수 엑스포 추진위, 여수지역에 소재한 기업들과 "산학민관" 협력시스템을 구축하여 미래지향적 맞춤형 인재를 양성하여, 취업률을 획기적으로 제고시켜야 할 필요가 있다.

이러한 필요성에도 불구하고 이에 대비한 인력양성은 전무하다하여도 과언은 아니다. 물론 전남대학교 광주캠퍼스에는 문화전문대학원, 연계전공과정 등에 문화유산 관련 전문가 양성 프로그램이, 여수캠퍼스에는 문화콘텐츠 학부 등 문화유산 전문 인력 양성 과정이 마련되어 있으며, 이외에도 사학과·인류학과·지리학과 등 유관 학과에서도 관련 프로그램을 운영하고 있다. 또한 평생교육원에서도 일반인을 위해 해당 강좌를 개설하고 있다.

현행 인력양성 프로그램은 학부와 대학원에 다양한 교과과정이 마련되어 학생들은 자신의 관심에 따라 다양한 분야의 연구가 가능하며, 대학원 과정에 해당 전 과정이 개설되어 심화 연구도 가능하다. 아울러 다양한 교과과정을 개설함으로써 문화이론, 원형에 대한 다양한 연구가 가능하다는 장점이 있다.

하지만 현행 인력양성 프로그램은 다음과 같은 문제점을 가지고 있다. 즉 ① 여수 엑스포 개최에 필요한 인력 수요에 대응한 전문가 양성 프로그램의 전무, ② 국제화 수준에 맞는 연구와 어학능력을 갖춘 인재 양성 프로그램의 미비, ③ 우수 연구 인력의 확보가 어렵고, 국제적 수준의 연구능력에 미치지 못함, ④ 기존 프로그램이 문화 원형이나 이론에 치중되었고 엑스포를 겨냥한 현장 교육이나 실습이 전무, ⑤ 인문분야의 전문 지식과 자연과학적(해양문화) 지식을 동시에 갖춘 인재 양성에 소홀, ⑥ 엑스포 이후 지속적으로 관광객을 유치하고 지역 발전을 견인할 미래지향적 인재 양성 프로그램의 미비 등이다.

따라서 '여수 엑스포', '인문과 자연', '어학', '현장에 대한 풍부한 지식'을 가진 미래지향적이고도 국제적 수준의 전문 인재 양성이 요청된다 하겠다. 즉, ① 여수의 역사·문화 리소스 연구 인력 양성, ② 전문 연구인력 양성을 통한 지역사회 발전과 문화산업 활성화에 기여, ③ 사회적 수요와 국제적 수준에 부응하는 교육 시스템 개편·운영, ④ 지역·교류·문화를 아우르는 통합적이고 혁신적인 교과 과정 마련, ⑤ 체계적이고 효율적인 학생지원 시스템 구축, ⑥ 국제적 감각을 향상시키는 국제화 프로그램 구축 등이 절실한 셈이다.

(2) 인력양성 방안

현장 중심의 엑스포 아카데미 운용

엑스포의 성공적 개최는 시민의식의 수준에 의해 좌우되나, 현재 전 시민을 대상으로 한 프로그램이 전무한 편이다. 기존의 전문가 양성 프로그램(아래 표 참조)의 경우 '문화관광해설가' 양성에만 국한된 점이 있고, 교과과정 또한 이론, 역사, 문화, 고고, 민속, 건축에만 치중되어 이에 대한 개선이 필요하다.

지역, 인문, 해양을 아우를 수 있는 전문가의 양성이 필요하다는 것이다. 그 방법으로는 역사문화 분야, 생태환경 분야, 해양수산 분야, 과학기술 분야 등을 포괄하는 강좌의 개발(아래 표 참조)과 설강을 들 수 있다.

〈표 3〉 엑스포아카데미교과 구성안

분야	강좌명	분야	강좌명
역사문화	엑스포 역사와 의의 여수의 역사성과 문화적 특징 문학 작품을 통한 여수지역 테마 여행 여수 도서 지역의 생활사 스토리텔링 여수지역의 음식과 문화	해양수산	해양을 통한 교류와 소통 여수 연안지역의 수산 양식 여수와 해양문화
생태환경	여수 연안지역의 자연·인문지리 여수 연안지역의 생태환경과 관광자원화 여수 연안지역의 선사시대 화석	문화콘텐츠	여수지역의 해양문화콘텐츠 개발 여수 연안 자연자원의 문화산업화 여수 연안과 섬을 활용한 관광활성화
		과학기술	여수 연안과 도서 지역의 건축 문화 여수 지역의 산업과 과학

이를 위해 여수 캠퍼스의 평생교육원과 협력 체제를 구축하여 다양한 엑스포 아카데미를 단계적으로 운영할 필요가 있다. 단계별로는, 공무원을 위한 엑스포 아카데미(2008년 하반기 시행), 시민을 위한 엑스포 아카데미(2009년 하반기 시행), 청소년(학생)을 위한 엑스포 아카데미(2011년

하반기 시행), 해외이주민을 위한 엑스포 아카데미(2011년 하반기 시행) 운영 등이다.

그리고 매년 국내의 저명인사는 물론이고 국내에 체류 중이거나 일시 방문 중인 외국학자를 섭외하여, 특강 및 세미나를 개최하여 관련 지식뿐만 아니라 외국어에 대한 적응력을 배양해야 할 필요가 있다. 기존의 강의 담당자 대부분이 지역의 인사에 지나치게 의존한 느낌을 주고 있기 때문이다.

외국인 유학생을 홍보대사 혹은 통역원으로 활용

외국인 유학생의 증가에 따라 이들을 활용하여 여수 엑스포를 홍보할 필요가 있고, 더불어 외국어에 능통한 유학생들을 통역원으로 활용할 필요성이 있다. 전남대학교의 경우 해마다 외국인 유학생이 늘고 있는데, 2007년 외국인 유학생의 수는 아래 표와 같다.

홍보대사의 경우 당장에 활용할 필요가 있다. 통역원의 경우, 학부생은 단기 유학으로 곧 귀국하여 활용가치가 떨어진다. 때문에 엑스포 개최 기

〈표 4〉 전남대학교 외국인 유학생 수(2007년 10월 1일 기준)

국가	학사	석사	박사	계	국가	학사	석사	박사	계
네팔			1	1	말레이시아			1	1
러시아		1		1	방글라데시	1	1	7	9
몽골	5	4	1	10	우즈베키스탄	3	7	1	11
미국		1		1	인도네시아		3	2	5
인도		2	6	8	카자흐스탄	1			1
일본		5	6	11	캄보디아	2	4	2	8
중국	146	113	55	314	키르키즈스탄	1	1		2
캐나다		1		1	탄자니아			1	1
필리핀		3	1	4	파키스탄		1	1	2
베트남	3	31	11	45	총계	162	178	96	436

전남대학교 대외협력처 자료제공

간 동안에는 학부과정보다는 석·박사과정 유학생을 적극적으로 활용할 필요가 있다. 유학생을 대상으로 전문통역원을 모집·선발 후 소정의 교육을 실시한 후 이들의 활동을 평가하여 "대학과 사회봉사", "호남의 역사와 문화" 등의 과목으로 학점을 부여하는 방안도 강구하여 볼 필요가 있다.

어학능력 향상을 위한 체계적 지원시스템 구축

2012 여수 엑스포는 약 43만 명의 외국 관광객이 여수를 방문할 것으로 추산된다. 따라서 국제적 수준의 어학능력을 갖춘 인재의 양성이 필요하다. 엑스포 실무요원, 자원봉사단, 학생지원단 등을 대상으로 하고, 영어, 불어, 중국어, 일본어 등을 교육 내용으로 구성할 수 있다.

기초단계+심화단계를 거쳐 인증제를 추진하고, 전남대학교 여수캠퍼스 언어교육원을 활용하면 가능할 것이다. 또 전남대학교(여수/광주)의 외국인 교환학생과 유학생을 활용할 필요가 있는데, 아카데미 수강생 및 시민들의 외국어능력을 증진하도록 유학생들이 중심이 된 외국어 학습 소모임을 활성화하고 이를 지원할 필요가 있다.

문화해설사(문화유산안내자, 여행인솔자) 인증제도의 시행

엑스포가 개최되면 전문지식을 갖춘 엑스포 안내자의 수요가 급증할 것이다. 문화해설사(문화유산안내자, 여행인솔자) 인증제도의 시행이 필요한 이유이다. 대상자로는 모든 전공자를 대상으로 하되, 특히 역사, 문화, 지리, 해양학 관련 학생들에게 권장할 필요가 있다. 대상 학생들에게 역사문화 분야, 생태환경 분야, 해양수산 분야, 과학기술 분야에 걸친 지식을 테스트하고, 필요할 경우 전남대학교의 교양과목 중에서 매 분야에 해당되는 과목을 구체적으로 제시함으로써 학생들은 사전에 이를 인지하여 선 수강 후 응시하도록 배려하여야 한다.

취업률 제고를 위한 산학관 협력 체계의 구축

엑스포 지원사업이 학생과 시민의 호응을 얻어 그 결실을 맺기 위해서는 맞춤형 산학관 협력 프로그램 운영 및 협약 체결이 시급하다 할 수 있다. 이를 위해서 대학은 여수시청, 엑스포준비위원회, 여수지역에 소재한 기업 및 경제단체 등과 공동으로 이를테면 '현장실습교과과정 운영협약서' 등의 협약을 체결하고, 이와 병행하여 취업정보 풀 시스템을 구축(채용정보DB구축)하여 지원단의 홈페이지에 취업정보 코너를 마련하여야 할 것이다. 또한 여수시/엑스포 조직위원회 관련자를 수시로 초빙하여 학생들에게 다양한 취업정보를 제공하는 등, 다양한 취업정보에 대한 채널을 형성하여 자연스런 취업을 유도하여야 할 것이다.

연계전공 신설

인력양성사업은 엑스포 개최에 필요한 인력의 공급은 물론이고, 개최 후 지속가능성과 대학의 특성화 등을 고려하여 연계전공을 신설할 필요성이 있다. 이를 위해 단기적으로는 엑스포 전문 연구자를 양성하고, 엑스포 개최 후에는 관광산업, 문화콘텐츠산업 등의 지속가능성을 고려한 인재를 양성할 수 있는 프로그램을 마련하여야 할 것이다. 그럼으로써 특히 여수캠퍼스는 '해양문화'를 전문적으로 연구하고 교육하는 대학으로 특성화 될 수 있을 것이다.

보다 구체적인 방법으로 2009년부터 2012년까지는 '엑스포 연구자' 혹은 '엑스포 전문가'를 양성하는 교육과정을 운영하여 지역사회와 국가가 요구하는 엑스포 관련 전문가와 우수한 연구자를 배출하고, 2012년 이후에는 해양문화를 전문적으로 연구하는 교육과정으로 전환하여야 한다.

대학원의 연구 인력을 점진적으로 확보하기 위해서는 전공자에게 대학원생들의 소규모 학술활동모임(독회, 세미나 등), 학회발표, 논문게재 등을 지원하며, 필요하다고 판단될 경우 해외 자료수집, 자매대학의 학점취득, 해외 현장실습 등도 적극 지원하여야 할 것이다.

끝으로, 전문 인재의 양성과 시민 교육이 성공을 거두기 위해서 먼저, 대학은 자치단체 및 연고 기업 등과 산학관 협력시스템 구축하여 수강생들에게 비전을 제시해야 할 것이다. 엑스포 종사자, 통역원, 행사도움이, 문화해설사 등에게 특전을 부여할 수 있는 협력체제를 구축함으로써, 인력양성사업에 대한 관심을 이끌어 낼 수 있기 때문이다. 따라서 여수시, 엑스포 준비위원회, 산업체 등과 인력지원협정 체결이 시급한 셈이다. 더불어 대학의 특성화 사업과 연계되도록 자격증 제도, 학위과정 신설 등을 서둘러야 할 것이다. 그럼으로써 전남대학교 여수 캠퍼스가 해양(수산)문화 분야로 특성화 될 수 있다고 여겨지기 때문이다.

대학은 지역에서 개최되는 세계적 행사를 성공적으로 견인할 수 있는 학술적·교육적 역량과 인프라를 가장 잘 갖추고 있다. 대학은 또 학술 연구와 인재 양성이라는 본연의 역할 이외에, 동시에 지역사회에 대한 봉사라는 의무를 지고 있다. 최근의 개최된 엑스포나 국제적 규모의 행사는 대학이 어떤 역할을 수행해야 하는지를 잘 보여주고 있다. 즉 학적토대의 마련은 물론이거니와 인력양성 그리고 시민을 대상으로 한 교육 프로그램을 대학이 제시하여야 한다.

성공적인 2012여수엑스포를 위한 전남대학의 역할과 기능은 자명해진다. 그 이유는 전남대학교가 지역거점대학이기 때문만은 아니다. 엑스포 개최에 있어서 운영이나 행정 재정 등은 추진기관이나 자치단체 등에 의해서 가능하나, 학적토대의 마련과 인재 양성은 대학에서만 가능한 일이다. 전남대학교는 이를 위한 인프라가 잘 구축되어 있으며, 그리고 지역과 중앙 그리고 세계적 안목을 가진 인재를 양성할 만한 역량을 가지고 있다. 엑스포를 지원할 수 있는 학술적·교육적 역량과 인프라를 충분히 갖춘 대학은 지역대학 중에서는 전남대학교가 유일한 셈이다.

전남대학교의 학술활동은 여수 엑스포가 명확한 목표의식을 가지고, 전통과 문화에 대한 통찰력이 있는 주제의식이 있어야 하며 또한 시대의식과도 일치하도록 연구에 그 역량을 집중하여야 할 것이다. 학술사업 못지않게 중요한 사업의 하나가 인력양성 사업이라 할 수 있다. '여수 엑스포', '인문과 자연', '어학', '현장에 대한 풍부한 지식'을 가진 미래지향적이고도 국제적 수준의 전문 인재 양성이 절실하기 때문이다. 전남대학교의 엑스포 지원은 지역사회에 대한 봉사라는 대학 본연의 역할을 다 할 수 있고, 나아가서는 이를 토대로 해양문화 분야를 특성화시킴으로써 대학의 특성화에 기여하여 대학의 경쟁력을 제고시킬 수 있는 절호의 기회인 셈이다.

전남대학교 여수엑스포지원특성화사업단 총서 01

2012 여수세계박람회 포럼

초판1쇄 찍은 날 2008년 12월 31일
초판1쇄 펴낸 날 2008년 12월 31일

지은이 이철, 허민, 윤양호, 정관식, 조현서, 이영호, 김현주, 최경식, 조양기, 이상길, 김양래, 강신겸, 김준, 변동명, 이주노, 김병일, 김창규
펴낸곳 전남대학교 여수엑스포지원특성화사업단
주　소 500-757 광주광역시 북구 용봉로 77(용봉동) 전남대학교 용지관 403호
전　화 062-530-4083
팩　스 062-530-4083

만든곳 도서출판 심미안
주　소 503-821 광주광역시 남구 양림동 24-18번지 2층
전　화 062-651-6968
팩　스 062-651-9690
이메일 simmian03@hanmail.net
등　록 2003년 3월 13일 제05-01-0268호

ISBN 978-89-91329-92-8 94080

값 15,000원